# ADVICE, COACHING, MENTORING

## ESCOLHA E IMPULSIONE SUA PERFORMANCE!

ADVICE, COACHING, MENTORING
ESCOLHA E IMPULSIONE SUA PERFORMANCE!

Shirlene Ribeiro

Valdir Ribeiro Borba

**Impressão e Acabamento**
Digitop Gráfica Editora



sarvier

**Sarvier Editora de Livros Médicos Ltda.**
Rua Rita Joana de Sousa, nº 138 – Campo Belo
CEP 04601-060 – São Paulo – Brasil
Telefone (11) 5093-6966
sarvier@sarvier.com.br
**www.sarvier.com.br**

**Dados Internacionais de Catalogação na Publicação (CIP)**
**(Câmara Brasileira do Livro, SP, Brasil)**

Advice, coaching, mentoring : escolha e impulsione sua performance! / organizadores Shirlene Ribeiro, Valdir Ribeiro Borba. -- 1. ed. -- São Paulo, SP : Sarvier Editora, 2022.

Vários autores.
Bibliografia.
ISBN 978-65-5686-032-9

1. Administração 2. Administração de pessoal 3. Desenvolvimento profissional 4. Gestão de negócios 5. Liderança I. Ribeiro, Shirlene. II. Borba, Valdir Ribeiro.

22-129206 CDD-658.4092

**Índices para catálogo sistemático:**

1. Liderança : Administração 658.4092

Eliete Marques da Silva – Bibliotecária – CRB-8/9380

Sarvier, 1ª edição, 2022

# ADVICE, COACHING, MENTORING

## ESCOLHA E IMPULSIONE SUA PERFORMANCE!

Organizadores

SHIRLENE RIBEIRO

VALDIR RIBEIRO BORBA

Autores

ALEXANDRA NARA RIBEIRO MACHADO

GIANCARLO SILVA REGO PEREIRA

NELSON P. BRESSAN FILHO

RICARDO SANTOS

ROSANNA VENEZIA BORBA

ROSIMERI DALAGNOL SEVERO

sarvier

# Agradecimentos

Este livro é do início ao fim um profundo exemplo de trabalho em equipe. E por que não dizer, de uma equipe de alta performance!

A soma das contribuições no compartilhamento de conhecimentos e experiências trouxe para o conteúdo um valor agregado difícil de mensurar porque não tem a ver apenas com os números. Tem a ver com a paixão de cada um dos autores pelo que faz e a forte ética na forma como atuam.

Então os agradecimentos vão para todos que acreditaram na possibilidade de tangibilizar o resultado: esta obra!

Em especial, queremos agradecer ao Prof. Pedro Mandelli, mentor, consultor, professor, autor e que muito nos honrou ao aceitar o convite de escrever o prefácio deste livro e recomendá-lo.

Nosso sincero agradecimento a Deus, nossa família e amigos que nos apoiaram ao longo desta jornada.

# Apresentação

O protagonismo que a vida pessoal e organizacional passou a exigir como condição básica para a sobrevivência num espaço que, ou você faz a diferença ou está fora do jogo, trouxe à tona a real necessidade para cada pessoa discutir suas forças, fraquezas, ansiedades e destinos como um imperativo para não perder tanto o tempo que é cada vez mais escasso quanto a competitividade pelo ar fresco, pelo campo do aproveitamento das perspectivas na vida organizacional

Se bem me lembro, tinha 27 anos quando me tornei executivo, o que na época era considerado muito precoce. Assim que assumi a liderança de um grupo de quase vinte pessoas, entendi que meu papel era ajudá-los a resolver problemas e por isso deveria saber mais e não demonstrar minhas fraquezas. E mais: que eu não teria nenhum tipo de apoio nesse sentido. Naquele momento, um executivo fazer perguntas não era um bom sinal. Experimentei de maneira amarga a solidão enorme e trabalhava sempre na defensiva.

Da metade dos anos 80 até 2000, passamos por um processo em que não sobrou pedra sobre pedra. Foi um período de reengenharia, terceirização, downsizing, aquisições e fusões. Em 1997, a Editora Abril lança a revista Você S.A. cuja mensagem era uma só: deixe a atitude defensiva para trás e seja protagonista. Assim, saímos da solidão para o desespero. Era preciso ajustar a postura, mas como?

Ao mesmo tempo, começam a surgir ferramentas de avaliação de desempenho. Ou seja, saio da atitude de defesa para o desespero sob avaliação, em um mar de protagonismo compulsório. Então, os executivos entram nos anos 2000 se perguntando: com quem eu posso conversar? Quem é o meu grilo falante? Na falta de alguém para dar conselho o único caminho era: encontre os seus espelhos!!

Neste momento, eu já atuava como professor há mais de 10 anos e passei a ser muito requisitado: não conseguia tempo de coffee break nem para ir ao banheiro, porque sempre havia uma fila de gente me pedindo conselhos.

Foi nesse período que começou a entrar em cena a orientação" na vida dos executivos: o(a) coach, o(a) mentor(a) e o aconselhador(a).

Esta atuação de uma maneira preparada, estudada, estruturada passou a fazer a diferença tanto na gestão da vida e da carreira como na ajuda para lidar com os 360 graus de influência que cada pessoa ocupa dentro de uma organização.

Os intervalos e finais de aula deram lugar a um único conselho: procure profissionais preparados, certificados e com experiência solida para você confidenciar sua vida e decidir seus passos de destino.

Como sempre e aos poucos o próprio mercado foi selecionando os melhores profissionais nesse sentido e hoje vejo com muita satisfação pessoas custearem do seu próprio bolso a contratação de seus orientadores.

Este livro, que tive o privilégio de ter acesso ainda em sua versão original, incompleta, resume as contribuições dos seus autores na aplicação do ferramental no exercício dessa profissão de "orientar".

É especialmente bem-vindo para quem busca conhecer conceitos com profundidade e pratica o mundo do coaching, mentoring e "*Advice*" para profissionais que buscam alta performance.

A leitura atenta do seu conteúdo, fruto de décadas de reflexões honestas e proveitosas, é um grande passo para a orientação de contratados e contratantes nos processos desse aconselhamento: insisto que todos deveriam ter um ao seu lado, mas com larga experiencia e profundidade metodológica e conceitual.

Saímos então direto da reatividade que a solidão trazia para a proatividade, para o protagonismo das pessoas "validas" nesse mundo novo! Escrever sobre esse assunto de maneira consistente e não comercial foram os atributos dos autores.

Recomendo a leitura por parte de profissionais de qualquer atividade que orientam ou buscam orientação para seus caminhos. Recomendo também para os iniciantes para que não cometam os mesmos erros que muitos cometeram.

**Pedro Mandelli**

Consultor, professor, autor e mentor
em Gestão de Pessoas, Mudanças e
Comportamento Organizacional

# Sumário

## Parte 1

### VISÃO HOLÍSTICA DA LIDERANÇA E DA GESTÃO DE ALTA PERFORMANCE



## Parte 2

### FUNDAMENTOS E PRÁTICAS ESSENCIAIS

## Parte 3

### ALTA PERFORMANCE: O QUE É E COMO OBTÊ-LA

# Introdução

***O que há de novo e diferente?***

Já é lugar comum, falar a respeito das mudanças nas relações de trabalho, seja em função das novas tecnologias, das novas gerações, mundo VUCA, BANI, cultura ágil e tantos outros termos presentes neste século. Por mais que existam teorias e fontes de informação disponíveis é preciso qualificar o conhecimento. Mais do que nunca, tem se falado em cooperação, *co-construção, coworking,* ambientes nos quais as pessoas buscam aprender com outras e compartilhar conhecimentos.

Neste contexto, os temas abordados neste livro estão bastante atuais. Primeiro porque foram construídos em conjunto. Segundo pela diversidade dos autores que o escreveram trazendo pontos de vista diferentes e, ao mesmo tempo, complementares. Terceiro, porque o momento é de ajuda. Ajudar os outros e solicitar ajuda.

A proposta é apresentar à geração de líderes de todas as profissões, um conteúdo atualizado que possa favorecer o aprimoramento de sua performance, aumentar o senso crítico, reconhecer o que existe no mercado e possibilitar ter contato com metodologias e ferramentas que serão úteis na sua prática de liderança. Além dos conhecimentos técnicos específicos de liderança, todo o livro foi construído com base nas ferramentas e metodologias de *Coaching, Mentoring e Advice visando potencializar a performance dos líderes na sua prática profissional.*

Os temas apresentados expandiram substancialmente nos últimos anos. Muitas pessoas têm buscado ampliar suas competências e o coaching ocupa um lugar de destaque no cenário gerencial. A metodologia aplicada por um profissional experiente, com formação adequada e ética profissional potencializa os talentos preexistentes. O coach ajuda as pessoas a se tornarem melhores do que acreditam que podem ser.

O entendimento universal define Coaching como a metodologia que possibilita construir um caminho para alcançar resultados, saindo do ponto A (situação atual) para o ponto B (situação futura e desejada) e envolve, predominantemente, objetivos e metas factíveis.

Mentoring é a metodologia aplicada, com ou sem o processo de coaching, que possibilita a transferência de conhecimentos e compartilhamento de experiência de um profissional de alta performance, com bastante vivencia no assunto, para um ou mais profissionais. O principal objetivo é apoiar o *mentee* no seu processo de desenvolvimento na carreira escolhida, sendo muito usado nas orientações para fundadores, gestores, CEO (s), profissionais considerados de alta performance, entretanto, não se trata de processo de consultoria, mas de orientação.

E o Advice é definido como um processo de aconselhamento para determinados assuntos ou situação, nos quais se busca ampliar o conhecimento, a percepção, obter novos pontos de vista e aprofundar a visão sistêmica. Geralmente aplicados à todos os profissionais que buscam a excelência.

***O profissional*** que se propõe a exercer tal papel tem como exigência, além de uma boa formação em escolas especializadas, ter uma profunda dedicação para ajudar outras pessoas, além de *soft skills* que atestem competências com evidências práticas no exercício da atividade. *Um bom coach, mentor ou Adviser* ajuda o indivíduo a esclarecer quais metas deseja alcançar, e a partir daí, através de um questionamento cuidadoso e empático, auxiliando-o a escolher o melhor caminho para a sua realização pessoal e/ou profissional. As questões éticas e de confidencialidade no processo são requisitos essenciais no relacionamento que se estabelece entre as partes.

***Tais profissionais*** propiciam uma experiência profundamente enriquecedora e mutuamente gratificante. A pessoa que está sendo aconselhada irá aprender, crescer e realizar seus sonhos e projetos se estiver disposta a dedicar seu tempo e energia para tal. É preciso ter consciência de que quem busca tal processo é o protagonista da própria história. E, quaisquer mudanças, seja na vida pessoal, na carreira, na forma de ver o mundo e o seu propósito, dependem exclusivamente das escolhas e decisões realizadas pelo próprio indivíduo. A alta performance pode ser obtida e conquistada desde que o investimento para mantê-la também esteja em foco.

Finalmente, é bom lembrar que atualmente muito se fala a respeito do Coach, Coaching, Coachee, Mentoring, Advice e tantas outras práticas que existem no mercado de trabalho, por isso o tema merece maior atenção. Infelizmente houve uma certa banalização de conceitos e métodos empregados.

Os autores pretendem resgatar, de forma séria e consistente, conceitos, métodos e técnicas, incluindo aspectos éticos da profissão, indicando algumas ferramentas de suporte para ampliar a compreensão de cada um dos processos orientativos citados. Propositalmente, há visões diferenciadas a respeito dos mesmos temas, incluindo abordagens que passeiam por técnicas e metodologias já conhecidas pelo público gerencial, porém aplicadas também em processos de desenvolvimento. Dessa forma, o livro pode ser lido de acordo com o interesse de cada um, visando aprofundar o conhecimento buscado. O que se pretende é reunir o conhecimento a respeito dos temas e instigar o pensamento holístico e transcendente.

O principal desafio foi abordar um assunto tão vasto como "Coaching, Mentoring e Advice para profissionais de Alta Performance" de forma a reunir conteúdos relativos a muitas disciplinas tais como: Gestão, liderança, desenvolvimento pessoal e organizacional. Trazer diferentes pontos de vista foi a solução encontrada para enriquecer o conteúdo. A formação eclética dos autores facilitou ampliar a visão sobre os temas discutidos. Administrador, engenheiro, psicólogos, advogado, contador, teólogos, médico. A maioria tem doutorado ou pós-doutorado e todos são professores de escolas de referência. O curriculum completo encontra-se ao final do livro.

Visando ajudar o leitor, o livro foi dividido em três partes, sendo possível iniciar a leitura em qualquer parte que lhe pareça interessante e prosseguir com o livro em qualquer ordem. Cada parte representa um aspecto dos temas: Coaching, Mentoring e *Advice* para profissionais de Alta Performance. São elas:

**Parte 1** – A parte um, reunidos nos capítulos 1 e 2, contempla os temas liderança e gestão utilizando-se dos processos de Coaching, Mentoring e Advise. Os temas são abordados dentro da perspectiva holística baseada na teoria quântica e visão humanizada da liderança, bem como aborda a inteligência emocional e espiritual.

**Parte 2** – Na segunda parte do livro, são apresentados os **Fundamentos** e práticas essenciais **compostos das abordagens de Coaching, Mentoring e Advise.** Estão representados nos capítulos de 3 a 7. O capítulo 3 é o ponto de partida, ou seja, trata de como ajudar o indivíduo. A autoliderança é a base para o exercício da liderança de alta performance. O autoconhecimento possibilita a regulação das emoções e o posicionamento adequado do líder nas diferentes situações de sua carreira executiva. Daí a importância do desenvolvimento de competências chamadas *soft skills*. A coletânea de capítulos aqui reunidos apresenta os conceitos, métodos, a aplicabilidade e os benefícios do Coaching, Mentoring e *Advice* sob diferentes perspectivas e olhares.

**Parte 3** – Nesta parte do livro, foram reunidos capítulos que tratam, especificamente do tema **alta performance**. Do ponto de vista do indivíduo e do ponto de vista da Organização. O **capítulo 8** aborda a importância do alinhamento comportamental das pessoas para se obter a alta performance. São considerados aspectos da cultura organizacional e da gestão como fatores essenciais para se obter organizações de alta performance**. E o que seriam Empresas de alta performance? O capítulo 09** traz os principais conceitos e práticas para garantir entregas de produtos e serviços de excelência.

Às vezes são necessárias **ferramentas** para ampliar o entendimento **e estratégias** que possibilitem ao líder ampliar sua percepção visando alcançar e manter a alta performance. Por isso, **nos capítulos 10, 11 e 12** são oferecidas perspectivas que reúnem diferentes técnicas e ferramentas que, se bem empregadas, conduzirão os profissionais à alta performance.

Nossa expectativa é que, através da leitura deste livro, você leitor, aumente a sua compreensão sobre como alcançar e manter a sua alta performance no exercício da liderança. Fundamentalmente, esperamos que você possa construir um novo caminho na sua carreira, seja como alguém que busca tal profissional para apoiá-lo na fase de transição de carreira, seja através da sua prática como ***coach, mentor ou Adviser*** no mundo do trabalho ou na sua vida pessoal, visando agregar valor e oferecer benefícios à sociedade na qual vivemos.

**Shirlene Ribeiro e Valdir Borba**

Dezl/2020

PARTE 1

# Visão Holística da Liderança e da Gestão de Alta Performance

- Uma Organização com Visão Holística é uma Empresa que Encanta
- Liderança Humanizada, Alta Performance com Inteligência Emocional e Espiritual

CAPÍTULO 1

# Uma Organização com Visão Holística é uma Empresa que Encanta

* Valdir R. Borba

## INTRODUÇÃO

Antes de adentrar ao conteúdo específico do livro cumpre-nos apresentar as características de uma empresa organizada e dirigida por líderes com conhecimento e expertise prática de coaching, mentoring e especialmente Advice em grupos sociais e empresariais, para que se possa demonstrar a praticidade do método nas empresas de alta performance.

A empresa de alta performance que encanta clientes, colaboradores e profissionais de alta performance é desenvolvida pela Gestão integrada, participativa, proativa e com abrangência holística e liderança com honra. É o tipo de empresa que permite a sensação de conectividade e de interatividade com o todo e que proporciona uma visão abrangente do universo social e empresarial.

Essa empresa, sem dúvida, além da técnica e dos resultados mensuráveis em balanços patrimoniais, valoriza também o homem, clientes e colaboradores, entendendo que o processo da cadeia de produção ou de serviços pode e deve ser humanizado. É um encontro dos fatores altamente técnicos e objetivos empresariais com o estratégico-espiritual das relações humanas na organização.

A Gestão orientada pelo Advice integra o universo da organização, agrupando e potencializando as partes, na busca do desenvolvimento organizacional e humano e de resultados otimizados e sustentáveis, com criatividade, intuição, flexibilidade, conhecimento técnico e modernas metodologias, misturados pela sinergia do processo Advice através da liderança com honra, transformadora e renovadora em busca do engajamento do todo e das partes.

A Gestão holística orientada pelo Advice é exercida por um líder, Adviser (conselheiro) com alta capacidade técnica e igualmente holístico e espiritual, centrado e equilibrado com as forças universais que move o Todo, inclusive pessoas e empresas, conforme Figura 1.

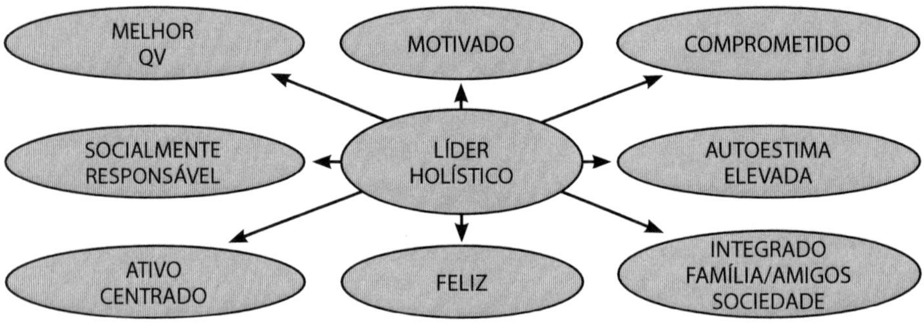


**Figura 1** Liderança Holística. * Modelo preconizado pelo autor. (BORBA, 2011).

## O SER QUÂNTICO – BASE PARA O LÍDER HOLÍSTICO ADVISER

Tal qual a partícula subatômica que possui dois aspectos, partícula/onda, o profissional também tem necessidades simultâneas de relacionamento e de individuação. Ou seja, em momentos é extrínseco e em outros intrínsecos. Com o aspecto partícula (férmions) isola-se em si mesmo e guia-se pelo seu ponto de vista e das suas próprias crenças e valores individuais, e pela nossa característica ondulatória, também é bóson, especialmente de feixes de laser sendo impulsionado e atraído por outros humanos e entrelaça com eles. Essas duas características fundamentais se assemelham aos aspectos masculino e feminino no Ser humano e nos seus relacionamentos.

A convergência como produto do processo Advice, é, portanto, principio essencial em si mesmo, e com isso a integralidade se faz físico-espiritual, individual/coletivo, interior e exterior.

A Convergência Advice é o caminho da parte para o todo. É a realidade físico-natural da essência quântica do próprio Ser Humano que mantém os seres íntegros e relacionados. É a conversão na integração dos diversos eu (s) em um Eu integrado, sendo esse um dos grandes objetivos dos processos de Advice. Nesse estado de ser, os homens tornam-se unificados com a consciência mais aberta e tornam-se livres de preconceitos e de dogmas e os conhecimentos e o poder se reúnem em sua integração eficientemente coordenada e libera e recebe energia em plena sinergia entre as pessoas e o ambiente, especialmente no trabalho, e assim tornam-se unificados. (Metáfora dos campos unificados da física quântica).

Deste modo o profissional Adviser reconhece que todos estão intrinsicamente ligados, pois todos têm origem no mesmo reservatório de energia do campo quântico, como também estão trocando constantemente essa energia. Todos os Seres humano são, portanto, participantes da dança constante da vida. Ao reconhecer essa Inter conexidade profunda, toma-se conhecimento dessa mudança de consciência. Transcendentalmente compreende-se que os humanos são muito mais que meros seres físicos e produtos da teoria da evolução das espécies, são seres com inteligência espiritual que somente pode ser alcançada pelos métodos Advice, sem conotação religiosa, e forma-se a consciência do coletivo e compreende-se que assim como não há separação entre dois feixes de laser, também não há separação real entre os homens e deles com o universo.

Se a fusão nuclear libera energia do sol, e o mesmo sol através da gravidade mantém-se unido. Se as leis e princípios que dirigem e mantém o equilíbrio do universo: expansão e atração, fusão e gravidade, separação e relação, divergência e convergência, dispersão e conversão são os mesmos que nos regem e nos mantém, e como todos provem da mesma fonte, então somos de fato produtos físicos e espirituais, portanto o humano tem a mesma essência quântica, daí a metodologia Advice ter por missão a vida pessoal e profissional, em especial no ambiente de trabalho, com propósito e com ob jetivo de deixar excelentes legados e essa é a essência do profissional Adviser.

O profissional Quântico-Adviser é aquele com essa capacidade de interconectar-se, de convergir, de trocar energia e essencialmente de relacionar-se integralmente, sem considerações condicionadas, pois é através das relações que realiza o seu potencial como o potencial de outras pessoas, quando se aprende essa técnica e desenvolve essa habilidade, aumenta a capacidade de aceitar incondicionalmente as pessoas com quem se relaciona, essencialmente no trabalho. Ou seja, ao aprender a amar e amando de fato, expressa-se essa natureza holística e divina em si.

## COACHING, MENTORING E ADVICE: ADMINISTRANDO COM AS MÃOS, MENTE E O CORAÇÃO

Sem dúvida, o futuro que nos espera é de altíssima tecnologia, (geração 4.0 com tecnologia 5G) com formação de redes de todos os tipos, com características institucionais, funcionais, corporativas, mentais e intelectuais, como demonstra a teoria da abrangência das redes em administração defendida pela doutora Sofia Mountian (MOUNTIAN & HAMA,2001). Será até de integração por chips e com emprego da nanotecnologia no ser humano, como apresenta o professor Martin Rees, em seu livro Nossa hora final (*Our Final Hour, 2005).*

Porém, em sua Concepção, o modelo de gestão de integralidade Convergente através das metodologias de gestão de pessoas, com a modernidade do coaching, mentoring e Advice, será indubitavelmente de altíssima tecnologia mas com fidelidade nas relações, de respeito com o humano, Será não apenas nas teorias acadêmicas da física, matemática com aplicações na Engenharia e administração, mas de sentimentos, de intuição, de visualização, de parceria e essencialmente de Fidelidade, ou seja, da **gestão com as mãos, mente e com o coração.** Nesse intuito prevê-se a mudança de paradigmas, conforme Tabela 1.

Essa abordagem de integridade convergente em administração, que agora se evidencia como um modelo teórico para este século, será um enfoque a concentrar todas as teorias, corrigindo distorções e criando um mundo tecnológico (5G) mais humano, convergente, neural e dirigido para o relacionamento entre os homens, governos e organizações em geral. É um modelo do qual não se pode fugir, mesmos com todos os percalços, distúrbios e disfunções pelos quais se tenha que passar. Mas, em um futuro muito breve, teremos a harmonia do universo em sua crescente expansão, formatando nosso novo modo de vida e, por evolução das próprias ciências que evidenciarão tais fenômenos, alcançar-se-á na administração a gestão holística, tecnológica, virtual e neural, mas com ética, qualidade, respeito e humanização, o que se denomina de Teoria da Integralidade Convergente e que será regida pela metodologia Advice dentro das organizações, formatando a liderança servidora, liderança espiritual e especialmente a liderança com honra.

Sabe-se que, da mesma forma como ocorre nos saltos quânticos, em que a energia de um quantum de luz aumenta com a frequência (que,

**Tabela 1** Gestão de integridade convergente. Fonte: BORBA, 2004, 2011 e 2014.

| DE: teorias modernas de gestão virtual | PARA: gestão de integridade convergente |
|---|---|
| Conectividade tecnológica | Interconectividade humanizada |
| Interatividade | Interatividade holístico-humanizado |
| Competição (concorrência acirrada entre concorrentes competidores) | Coopetição (cooperação entre competidores) |
| Economia industrial (setorial) | Economia social (global) |
| Blocos econômicos e políticos | Integração e integralidade social e politico |
| Lucro empresarial | Resultado corporativo social |
| Desequilíbrio dinâmico | Equilíbrio dinâmico |
| Responsabilidade corporativa | Responsabilidade corporativa social e comunitária |
| Relacionamento | Fidelização |
| Terceirização | Parcerias inovadoras |
| Sociedade de organizações | Sociedades de pessoas |
| Ecologia e conscientização | Cuidados e sustentabilidade ambiental |
| Disputa (dissenso) | Consenso l\a |
| Gestão tradicional: tecnológica, virtual, autocrática, mecanicista | Gestão de integralidade convergente: participativa, holística, humanizada e tecnológica |
| Poder concentrado | Poder compartilhado |
| Rede virtual corporativa: vpn, internet | Rede virtual humanizada – rede de relacionamentos |
| Corporação virtual tecnológica | Corporação de integralidade convergente |

quanto maior, maior será a energia), o mesmo ocorre com as habilidades quânticas do pensamento. Tais habilidades representam um conjunto complexo de comportamentos interativos que, se praticados simultaneamente, podem produzir saltos quânticos na consciência, levando uma forte ligação entre a criatividade e a intuição, permitindo transcender os limites do pensamento logico e linear. Esse é o modelo preconizado pelos principais Adviser.

Do ponto de vista da física, somos efetivamente seres quânticos, cujos corpos são constituídos das mesmas partículas subatômicas que compõe a realidade física que conhecemos. Somos mantidos "coesos" pelas mesmas forças eletromagnéticas, que modelam as estrelas e o nosso planeta. Nosso ingrediente básico é a energia que, pela lei natural do próprio universo, está constantemente em movimento, gerando atividade elétrica.

O coração é o gerador dos mais fortes sinais eletromagnéticos de nosso corpo, desenvolvendo uma atividade em torno de sessenta vezes mais intensa que a do cérebro. As frequências do coração (contidas no seu campo eletromagnético, que pode ser medido a distância do próprio corpo) mudam conforme os pensamentos e as emoções (inteligência emocional). Emoções negativas diminuem a coerência das ondas eletromagnéticas, enquanto as emoções positivas a elevam, o que aumenta os sentimentos de criatividade e de intuição.

Pela metodologia Advice a Gestão **com o coração** implica em escolher e focalizar os aspectos positivos de uma situação, procurando ter sentimentos positivamente quânticos, passando para um estado de sincronia entre o cérebro e o coração, que os terapeutas ocupacionais denominam de **focalização**.

Se o coração é a fonte de frequência eletromagnética do nosso corpo, o cérebro é uma espécie de transdutor de informação originadas num campo quântico fora do tempo e do espaço, muito mais ligadas às teorias que podem estar relacionadas à supraconsciência. A relação da integridade convergente entre a física e a psicologia pode nos levar à consciência de que vivemos em um universo reconciliado, no qual somos plena e significativamente parte do todo. Universo no qual não se separa mais a mente da matéria. Portanto, chega-se a integração, descobrindo os fios que unem a filosofia, a psicologia e a física, sendo esse um campo fértil para os processos de Advice.

## A NOVA ORGANIZAÇÃO

A Gestão de Integralidade Convergente se estabelece pelo método Advice mediante um modelo de organização com corpo, Alma e Espirito, ou seja, com espiritualidade.

A Organização com a espiritualidade formatada pelo método Advice é aquela onde a diversidade é respeitada, os colaboradores e sócios são proativos e buscam, além dos resultados objetivos e materiais, os resultados intangíveis ou de valores coletivos, como ser feliz no trabalho e ter o prazer de construir uma organização mais bem estruturada do ponto de vista de resultado social para coletividade.

Espiritualidade tem a ver com significado e sensibilidade e está diretamente ligada ao coração, a alma; portanto, na organização, a espiritualidade não está nos processos mecanicistas, mas nas relações, no respeito, na cultura, no atendimento e no provimento das necessidades. Espiritualidade nas organizações é o caminho sensitivo, intuitivo e de revelação superior no trabalho.

Espiritualidade é na realidade uma consciência expandida, que nos permite sentir e ter conhecimento de quem somos, individualmente e no conjunto relacional com os semelhantes, fazendo-nos perceber essa integralidade de supraconsciência e a interação dos Seres humanos em qualquer ambiente, que se expressa nessa intrincada rede de relacionamentos e de sentimentos.

A partir dessa consciência expandida, que nos permite a conexão humana e espiritual, tomamos consciência de que todos nós fazemos parte de um plano divino, e o trabalho é a forma que Deus nos oferece oportunidades para exercitarmos os nossos relacionamentos nesse plano humano e divinal.

O professor e escritor Roberto Adami Tranjan, escreveu um belíssimo livro sobre a Empresa Corpo, Mente e Alma, no qual apresenta o conceito de empresa equilibrada ou plenamente desenvolvida, quando se apresenta em plena harmonia com seus vértices: estrutura e tecnologia, desenvolvimento mental e intelectual do negócio, e finalmente a parte mental com objetivos, missão e valores que a compõe. Nesse trabalho demonstra-se claramente que a organização tem corpo (estrutura e tecnologia) mente (estratégias, políticas, visão, conhecimentos e gestão) e alma (cultura, filosofia, princípios, valores e motivação). Observando esse modelo teórico, percebe-se claramente que a parte mental é aquela que pensa e cria diferencial tecnológico e estratégias, enquanto a alma é aquela que sente e estabelece relacionamentos, e que trata da qualidade desses.

Se o corpo representa a parte físico-estrutural com prédios, maquinas, métodos, tecnologias e outros fatores ligados ao processo produtivo, a mente representa o processo estratégico decisório, com definições e ações que levam a competitividade e que são bem definidas pelo planejamento e pela gestão estratégica; enquanto a alma está mais relacionada com a satisfação dos clientes externos e internos, com o marketing de relacionamento, com a comunicação e com a cultura organizacional e seus modelos de gestão, onde se enquadram a administração participativa e a gestão holística.

Um outro autor, Marco Aurélio Ferreira Vianna, também escreveu um interessante livro sob o título: "A empresa ponto Omega", com abordagem humana para o futuro das organizações, além de outros autores, como Carol Orsborn com "Excelência Interior", que muito contribuíram para o entendimento de uma nova abordagem da Administração, adotando princípios transcendentais do aspecto humano da organização, levando-nos a compreender o lado espiritual nas organizações. A Figura 2 demonstra como é uma empresa com corpo, alma e espírito.

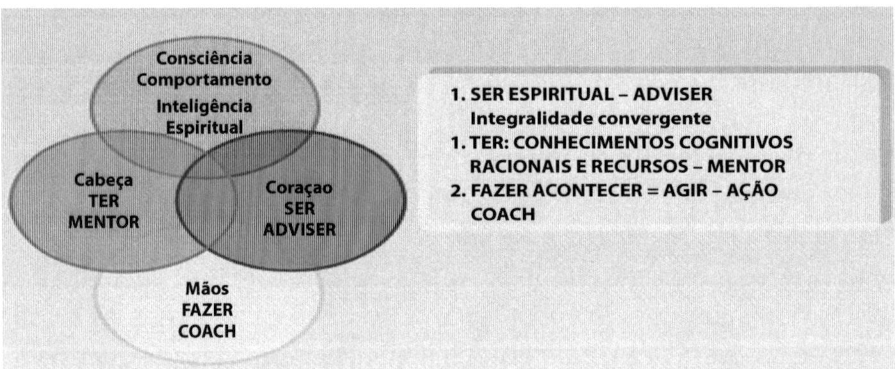


**Figura 2** Coach, mentor e Adviser. Fonte: BORBA, 2011 e 2019.

## A EMPRESA COM CORPO, ALMA E ESPIRITO

Essa Organização certamente é uma empresa conceituada como "Empresa corpo, Alma e espirito." É uma empresa viva, entendendo que espiritualidade é a capacidade de "Pensar, Sentir, Querer e Agir". É a empresa semelhante ao homem e, por isso, trabalha o "ser", "saber" e "fazer", onde o ser é a essência espiritual do homem ou da organização, o saber, a parte cognitiva ou de conhecimento necessários para o desempenho (por tanto é a alma da pessoa ou da organização) e, finalmente, o fazer refere-se à parte objetiva e pratica. É por onde as coisas acontecem. É o corpo material da pessoa ou da organização.

O Ser/espirito é, sem dúvida, a energia que move o corpo. É a substancia que o mantem vivo, tanto no caso do homem, como por analogia, na organização.

Por sua vez, a parte saber/Alma é a porção intermediaria entre o espirito e o corpo, ligando o mundo espiritual e filosófico com o mundo material e operacional. A alma trabalha para o espirito sobre a matéria (são os conhecimentos e os valores), que torna tangíveis a missão, a visão e os valores, no processo de produção e na realização das atividades. Portanto a alma é, na realidade, uma ferramenta do espirito para atuar no corpo físico-operacional.

Considerando por analogia a organização como um ser vivo, sendo, portanto, uma somatória dos seus recursos humanos, pode se estabelecer uma conjectura definindo que:

- **O Espirito da organização (ser/vida)** – é a sua consciência intuitiva, imaginativa, filosófica, que serve para definir a identidade e a cultura organizacional, como luzes que clareiam a missão, a visão, os princípios e os valores da organização. O espirito é quem abastece a alma e é por meio da alma (caminho) que o espirito (consciência) toma conhecimento dos problemas do corpo (verdade processo e operações) da organização. Caminho (alma/saber), verdade (corpo/fazer) e vida (espirito/ser): essa é a tríade de espiritualidade na gestão.
- **Alma da Corporação (saber/caminho)** – Se materializa através de políticas e estratégias, além da metodologia e da tecnologia para o trabalho. Aqui se encontram os modelos de gestão, o estilo gerencial, a cultural organizacional. Os conhecimentos gerais e especializados sobre mercado, finanças, relacionamentos, marketing, recursos humanos, sistemas e também as normas de procedimentos e de conduta. É a parte cognitiva do planejamento estratégico do alinhamento através dos mapas estratégicos do BSC. É a parte que recebe do espirito a missão, a visão e os valores (éticos, morais e corporativos) para interação em sintonia fina com estratégicas, politicas, métodos e sistema para levar ao corpo (produção).
- **Corpo da organização (fazer/verdade)** – é a hora da verdade, de fazer acontecer. É a parte operativa e mensurável da organização. É o processo em si, que se configura em resultados. Lucro, retorno do

capital e outras variáveis operativas. O corpo funciona em perfeita sintonia fina com os pensamentos (conhecimento/saber) ou alma da organização, atuando e respondendo conforme estratégica e planos de metas e na sanidade (qualidade e acreditação), para entregar produtos excelentes a sociedade que serve.

O planejamento estratégico nessa organização orientada pela metodologia Advice deve levar em conta a tríade proposta acima, procurando garantir que as estratégias sejam estabelecidas em interação e sobreposição com a missão e valores, atendendo à visão da organização para que se tenham operações efetivamente integradas em seus três níveis (estratégico, tático e operacional). Ao mesmo tempo, deve integrar também os três vértices Espiritual/ser/identidade/vida (processos de Advice) da organização, com a alma/saber/(processos de mentoring) caminho escolhido pela organização e que funciona como mapa estratégico e, finalmente, com o corpo/processos produtivos (processos de coaching). Nesse tipo de organização, nunca mais se terá planejamento estratégico árido e frio ou de abordagem exclusiva de objetivos corporativos. Certamente, serão incorporados a esses objetivos aqueles também do coletivo humano e social de sua força de trabalho.

## O HOMEM NA ORGANIZAÇÃO COM ESPIRITO, ALMA E CORPO

Assim como o homem, a organização precisa estar plenamente harmonizada em seus três vértices de Espirito/Ser (Advice), Alma/Saber (mentoring) e Corpo/fazer (coaching), pois, sem isso, os produtos finais do homem (reputação/sustentabilidade/salvação) e da organização (reputação/sustentabilidade/perenidade) estarão comprometidos. Portanto, considerando que a empresa é a somatória dos seus recursos humanos, acionistas, lideres, liderados, executivos e operacionais, é preciso cuidar do homem no trabalho, mediante qualidade de vida no trabalho (QVT), tanto quanto se cuida da qualidade total dos produtos e serviços. Um não é possível sem o outro.

É estratégico e traz excelentes resultados cuidar da espiritualidade da organização, entendendo que para isso é necessário preocupar-se com a espiritualidade do grupo, mantendo excelentes práticas e transformando o ambiente de trabalho em um melhor lugar para se trabalhar. Deve-se constituir uma organização com alto índice de QVT e, se possível, com excelente reputação, além de ser considerada por seus recursos humanos como excelente empresa para se trabalhar e ser feliz.

As organizações têm que buscar esse modelo de excelência e felicidade no trabalho (processos integrados pelo coaching, mentoring e Advice). Esse padrão é aquele nomeado Relacional/Espiritual e que somente se obtém mediante a construção de um ambiente com inteligência espiritual. Esse novo ambiente. Ao contrário do que apregoam os mecanicistas ortodoxos da administração, não coloca em risco a disciplina e a produtividade, (coaching) antes produz sinergia espiritual no grupo, elimina o medo e a coerção e traz participação. Participar na organização, em qualquer nível, é tão necessário quanto respirar. É, portanto, uma necessidade básica do ser humano.

## REFERÊNCIAS BIBLIOGRÁFICAS

BORBA, V.R. Integralidade Convergente. Editora DOC CONTENT, Rio de Janeiro, 2014.

BORBA, V.R. Coaching, Mentoring e Advice para profissionais de saúde, Editora DOC CONTENT, Rio de Janeiro, 2019 – no prelo.

BORBA, V.R. et all. Liderança e Inovação: a marca do líder internacional. Como construir-se líder de gestão padrão mundial. Editora Sarvier, São Paulo-Sp, 2019.

BORBA, V.R. Espiritualidade na Gestão Empresarial: Como ser feliz no trabalho. Qualitymark, Rio de Janeiro, 2011.

BORBA, V.R. Marketing de relacionamento para organizações de saúde: fidelização de clientes e gestão de parcerias. São Paulo, ATLAS, 2004.

BORBA, V.R. Espiritualidade na Gestão Empresarial. Editora Qualitymark; Rio de Janeiro, 2011.

BORGES, D.F. Os Es da Gestão. Editora Ser Mais Ltda. São Paulo – Sp. 2013.

BORGES, D.F. Como Vencer a Crise: Superando desafios com liderança estratégica e Inteligência Espiritual. Editora Gulliver – Selo Artigo A. Divinópolis MG, 2016.

COVEY, Stephen R. O 8º hábito: da eficácia à grandeza. Rio de Janeiro: Elsevier, 2005.

GILLEY, Kay. Liderança com o Coração Aberto. 9ª Ed. Trad. Paulo César de Oliveira – Cultrix. São Paulo, 2003.

HASSON, Bob. SILK, Danny. Negócios de Honra: Restaurando a Essência dos Negócios. Editora Chara. Brasilia-DF, 2018.

LOSIER, M.J. O Propósito da Sua Vida. Editora Casa da Palavra- LEYA – Rio de Janeiro, Rj. 2017.

MARCIC, Dorothy. Como Administrar com a Sabedoria do Amor. 9ª Ed. Trad. Marcus Rogério Tavares Sampaio Salgado, Cultrix. São Paulo, 2003.

MOUNTIAN, Sofia. HAMA, Toshiko. Teoria da Abrangência: Um conhecimento inédito de transformação e mudança nas organizações. São Paulo. Cultrix Amaná-Key. 2001.

REES, Martin. Hora Final. São Paulo. Cia de Letras, 2005.

SHELTON, Charlotte. Gerenciamento quântico. São Paulo: Cultrix-Amaná-Key, 1997.

TRANJAN, Roberto Adami. A Empresa de Corpo, Mente e Alma. Editora Gente. 5ª Edição revista e ampliada. São Paulo, 2004.

VIANNA, Marco Aurélio Ferreira. A Empresa Ponto Omega. Editora Gente. São Paulo, 1996.

CAPÍTULO 2

# Liderança Humanizada, Alta Performance com Inteligência Emocional e Espiritual

ROSANNA VENEZIA BORBA[1]

## INTRODUÇÃO

Neste capítulo será oferecida uma visão geral sobre o líder de alta performance que transforma a sua Organização, liderando-a de forma humanizada. Para tal, aplica princípios do Advice, que será aprofundada no capítulo 8. A liderança humanizada inspira toda a Organização a tornar-se responsável por suas ações, o que inclui o respeito ao macrossistema onde está inserida.

### O segredo do líder de sucesso

Seja o modelo, a inspiração a ser seguida, sendo o melhor que você pode ser, para isso estabeleça os mais altos padrões pessoais e potencial de alta performance, tendo liderança.

A autoliderança é um processo contínuo de autocontrole, autoconhecimento, autodisciplina e autodesenvolvimento. É saber o que quer e fazer acontecer. É saber direcionar seu grupo na direção de suas metas, é focar no objetivo seja pessoal ou do grupo.

Temos que entender, que a inteligência emocional é a habilidade de reconhecer nossos sentimentos e adequá-las às situações vividas, dirigir as emoções para a realização de um objetivo, reconhecer as emoções em

[1] Formação em Contabilidade. Especialista em Master Coaching, Mentoring e Advice humanizado ISOR, pelo Instituto Holos, Palestrante e motivadora na área de Liderança e Inteligência Emocional.

outras pessoas e relacionar-se com elas, de nos motivarmos, de administrarmos nossas emoções e nossos relacionamentos interpessoais. É a capacidade de identificar e gerir nossas emoções dentro de nós e nos nossos relacionamentos.

A habilidade essencial da liderança consiste na iniciativa e na coordenação de esforços de um grupo, e na habilidade de obter do grupo o reconhecimento da liderança e a cooperação espontânea. Consiste em prever e resolver conflitos. Capacidade para identificar e compreender os desejos e os sentimentos dos indivíduos, reagir, adequadamente, de forma a canalizá-los ao interesse comum. Capacidade de detectar e identificar os sentimentos e os motivos das pessoas.

As emoções e motivações são tão importantes, pois abordam a participação da emoção na inventividade e na gestão de negócios. Não se trata de incentivar a impulsividade ou a falta de controle racional, mas de usar a emoção como energético e impulsionador da ação.

Ter inteligência emocional não significa manter a emoção represada, mas sim equacioná-la, mantê-la viva, contudo, a serviço da ação, e não da paralisação.

A liderança humanizada bem-motivada, tanto empresarial, quanto familiar, busca crescer como um todo, cada dia se descobrindo mais, e fazendo de sua equipe, um grupo em ambiente alegre, agradável, motivador e produtivo para conviver.

As lideranças emocionais, são as interfaces de todos os segmentos da empresa. Estão na ponta e no centro. As organizações que conseguirem avançar no entendimento da subjetividade humana e que, realmente, apostarem em recursos de interação mais solidários e respeitosos, certamente, largarão na frente e estarão na liderança de seus respectivos segmentos.

O líder humanizado, irá entusiasmar o grupo para o trabalho, transmitirá energia e será confiável, e o grupo sentirá que pode apoiar-se nele se precisar, exercitará a imparcialidade, demonstrará ser justo. Ele atuará como um mediador de conflitos. O líder conquistará o respeito de todos ao demonstrar conhecimento da tarefa. Terá que dominar o conjunto de saberes e práticas necessárias à tarefa realizada pela equipe.

O líder demonstrará que dá voz aos liderados, saberá ouvir sugestões, mesmo que não as utilize. Demonstrará que sabe o quanto o exercício do feedback é um instrumento essencial para o desenvolvimento das pessoas, dos grupos e das equipes. Ele demonstrará empatia, se colocará no lugar do outro, mostrará que sabe diluir alguma tendência existente no sentido de considerar apenas seu próprio ponto de vista como referência ou modelo.

Ele será muito claro e objetivo na comunicação com todos, irá exercitar a comunicação em todas as suas modalidades. O líder visionário, expressão usada para indicar quem consegue ver a frente de seu tempo, será um gerenciador de talentos, conseguirá ver a árvore onde há ainda somente a semente.

Empresas e funcionários, precisam de líderes humanistas, proativos, inteligentes emocionalmente, agentes de mudanças e desenvolvimento. Os modelos de gestão precisam estar antenados a uma perspectiva humanista, que valorize o talento e a dedicação de seus colaboradores. As lideranças precisam, portanto, conhecer os processos e exercitar a compreensão empática, colocando-se, frequentemente, no lugar do outro.

Ao contrário do que muitos pensam, um detalhe não é apenas um detalhe, é parte de um todo e fala pelo todo. Dessa forma, a constante atenção dos líderes a todas as possibilidades de erro ou risco é essencial.

A inteligência emocional faz com que as pessoas consigam realizar suas atividades com maior poder de criar relações positivas e duradouras com seus pares, clientes e fornecedores, para aplicá-la e se destacar no trabalho e na vida pessoal, você precisa:

1. Do autoconhecimento, o começo de tudo é fazer uma autoanálise de suas emoções. Quais situações do dia a dia fazem você sentir medo, raiva, alegria, motivação, frustação, estresse, satisfação, contentamento, realização e outros sentimentos. Do autocontrole, pensar antes de agir. Administrar ou controlar estas emoções. Usar com inteligência as emoções. Perceber o progresso e fazer os ajustes necessários.
2. Da automotivação, buscar os motivos que fazem com que você mantenha a positividade e o foco no futuro sustentável. Manter o entusiasmo em tudo o que faz, ser uma referência para os demais no que diz respeito a superação e atingimento de metas.
3. Da empatia, saber se colocar no outro para buscar o entendimento das emoções alheias em vez do julgamento precipitado, interpretar as emoções e saber apoiar os demais quando necessário.

4. E do networking, criar e manter uma sólida rede de contatos virtuais e, principalmente o contato direto. Por isso, é importante agir no sentido de manter as relações pessoais e profissionais com contatos periódicos.

Só assim, é possível minimizar erros, evitar desperdícios e problemas, impactando de forma expressiva nos custos operacionais. Enfim, no exercício da liderança humanizada com inteligência emocional, o que mais voga nos dias atuais, é o conjunto de competências que se associam com a habilidade de conhecer, controlar e dirigir os próprios sentimentos e identificar e lidar com os sentimentos dos outros. É o fruto da investigação a respeito do diálogo interativo entre emoção e inteligência, o que pressupõe a complexidade de sua conceituação, como também as objeções metodológicas resultantes desse processo. É a relevância no exercício da liderança, que definem um líder imbuído de inteligência emocional e do exercício da liderança de modo pleno e emocionalmente inteligente.

## INTELIGÊNCIA EMOCIONAL, RELACIONAL E ESPIRITUAL APLICADAS NA LIDERANÇA HUMANIZADA PELO MENTORING E ADVICE DE ALTA PERFORMANCE

Alguns tipos ou modelos de liderança configuram bem os tipos de Inteligência que definem o processo de liderança humanizada[2]: a Liderança Servidora apresentada por James Hunter; A Liderança com Inteligência Emocional de Daniel Goleman: A Liderança com Inteligência Social ou Relacional com Ética e Honra, apresentada por Bob Hasson e Danny Silk, e a Liderança com Inteligência Espiritual defendida por Danah Zoahar e Ian Marshall, e especialmente a liderança voltada para a integralidade convergente, defendida por Valdir Borba.

Esses modelos de liderança são plenamente humanizados e, portanto, eficazmente aplicáveis aos processos de Mentoring e Advice dentro das empresas e configuram a renovação e humanização dentro das organizações.

A seguir apresenta-se aqui dois modelos altamente utilizáveis nesses processos: A Liderança com Inteligência Emocional e Relacional, ou seja, a Liderança com honra; e a Liderança com Inteligência Espiritual.

[2] Os autores citados e suas obras estão relacionadas ao final do capítulo.

## Inteligência e liderança espiritualizada na gestão empresarial

Inteligência Espiritual é um dos temas mais recentes e apaixonantes em todas as áreas do conhecimento humano e incluindo à área de gestão empresarial. Os estudos a respeito foram inicialmente desenvolvidos por Danah Zoahar e Ian Marshall, que após vários anos de estudos definiram três grandes tipos de organização neural: o tipo racional (QI) inteligência racional; aquele que destaca o pensamento associativo e emotivo (QE) inteligência emocional e que tem como ícone Daniel Goleman, e o terceiro tipo que permite *insigths* ligados a criatividade e intuição, denominado de Inteligência Espiritual (QS) sendo esse o sentido de inteligência que gera a liderança espiritual.

Tanto a Inteligência cognitiva (QI) quanto a inteligência emocional (QE) e especialmente a inteligência espiritual (QS) quando somadas a um grupo de pessoas (trabalho) impactam a suas características no ambiente, formatando e disciplinando comportamento nesse ambiente (por exemplo no trabalho).

A inteligência Espiritual gera a liderança e a gestão espiritualizada, no sentido de processo de gestão Amorizada – Administrado com o Coração. Tem como característica os aspectos permeados pela visão holístico-transcendental, que toma por base o método da quinta disciplina concebido por Peter Senge (1994).

O autor citado, desenvolveu o modelo de organizações que aprendem, e que se integra aos princípios de convergência do Pensamento Coletivo na organização. Agrega, dessa forma, os princípios, ações e valores do QEC – Quociente Emocional-Espiritual Coletivo da organização, ou Quociente Coletivo Espiritual da Organização. Este conceito é aplicável à tradição, aos valores e princípios da própria empresa e por isso é muito perceptível nos processos de Advice.

## O quociente emocional-espiritual coletivo

O centro ou núcleo do QEC – Quociente Emocional-Espiritual Coletivo, que é formado dentro da teoria das organizações que aprendem, representam os objetivos comuns da organização (acionistas ou gestores) e de seus clientes, colaboradores, comunidade e fornecedores, trazendo a ideia de agregação de valores comuns a todos, dentro do princípio de convergência e integração de conhecimentos ou domínios que formam essa atmosfera.

Deste modo, pode-se afirmar que a força desse núcleo é a sinergia da atração e da coesão, que atrai e mantém unidos os princípios e valores materiais e espirituais, determinando o nível de coesão emocional, espiritual e material, por isso, holístico-transcendental e emocional-espiritual.

Essa abordagem é futurista e demonstra a convergência e a coesão dos objetivos coletivos, tanto nos aspectos físico-quantitativos, quanto nos aspectos emocional-espiritual no ambiente de trabalho, sendo um dos fatores essenciais ao alto desempenho.

Geralmente a inteligência emocional e espiritual emprega instrumentos clássicos e intangíveis de formulação de estratégias competitivas. Insere os aspectos da dimensão motivacional e espiritual, procurando através do QEC – Quociente Emocional-Espiritual Coletivo, estabelecer esse novo estilo de gestão reconhecendo que o clima organizacional, os objetivos coletivos, a responsabilidade social, a motivação, o senso de justiça, o reconhecimento pessoal e profissional e a participação levam a um clima emocional equilibrado. Tal clima permite processos proativos e de alta performance, resultando em empreendedorismo interno na organização com alto grau de satisfação, maior lucratividade, efetividade e, especialmente fidelidade.

## Objetivo da liderança espiritualizada

Um dos objetivos da liderança ou gestão espiritualizada é o desejo e a meta para uma organização ser amada e reconhecida de forma que possa tornar-se longeva, e para isso é preciso trabalhar o presente de forma integral para que o futuro seja alcançado. É preciso crer nesse futuro, dissemina-lo no seio da organização e no seu ambiente externo e projeta-lo com a participação de todos e para o benefício da coletividade.

Assim, obtém-se a satisfação e a fidelidade como objetivo maior de todos os envolvidos, o que aumentará o QEC – Quociente Emocional-Espiritual Coletivo e por consequência os resultados em todos os níveis serão otimizados, pois é de um ambiente coeso e com ressonância da motivação que se alcança os fins desejados.

A inclusão dos princípios de valores transcendentais e espirituais, na formulação da visão com abordagem holística da empresa de alta performance, ampliam o sonho dando-lhe nova dimensão, com um colorido especial pelos novos valores, não apenas empresariais, mas também espirituais. A consequência é a potencialização do processo em busca desse sonho ampliado, formulando uma nova organização, ou seja, uma empresa humanizada com excelência em seus processos e relacionamentos que lhe proporcionam resultados otimizados. Essa nova organização é produto desse novo modelo de holístico-transcendental ou espiritual.

## Postura Estratégico-espiritual

A empresa com liderança espiritualizada tem a visão não apenas estratégica, mas um sonho nessa dimensão transcendental, que entende que a saúde espiritual do grupo é o combustível essencial para o seu próprio desenvolvimento.

Possui uma abordagem totalmente nova, formada pelos componentes estratégicos do negócio com esses princípios e valores que transcendem a dimensão meramente empresarial. Essa nova abordagem formada tanto do ponto de vista estratégico quanto do emocional-espiritual assenta-se em um modelo com três grandes estruturas, simbolizadas por metáforas.

1. **Metáfora espiritual (QS)** configura a parte filosófica, cultural e de valores do planejamento holístico transcendental onde se incluem a Missão, princípios, valores, filosofia, cultura e outros elementos também emocionais e espirituais que formam o credo da organização.
   a) Esse credo ou conjunto de valores da organização e do grupo que a compõe, inclui acionistas, gestores, colaboradores, prestadores, fornecedores e tomadores de serviços ou produtos (clientes).
   b) Essa nova abordagem assume um papel relevante no processo, determinando o jeito de ser, os códigos de honra e de conduta e especialmente a qualidade do sonho, dos relacionamentos e dos resultados. É a essência filosófica e cultural da organização.
   c) É de fato aquilo em que o conjunto (organização) efetivamente acredita, correspondendo no eu creio, ou na fé que o pensamento coletivo tem. É a fé ou a sinergia do QEC – Quociente Emocional-Espiritual Coletivo.
2. **Metáfora Cerebral (QI)** configura a parte cognitiva e intelectual da cultura que impacta no planejamento, desenvolvendo e integrando objetivos, políticas, diretrizes e estratégias de forma que possam ser transformados em ações de gestão estratégica e em projetos que possam ser plenamente executados.
   a) O conjunto da metáfora cerebral é idêntico ao conjunto de instrumentos do planejamento estratégico convencional, entretanto,

no modelo holístico-transcendental recebe também toda a carga do sonho ou da visão transcendental. Inclui valores emocionais e espirituais, agregando o credo composto por missão, valores, filosofia e princípios dessa nova abordagem.

b) Portanto o conjunto cerebral trabalha também com esses novos componentes em sua gestão estratégica em busca da configuração da vantagem competitiva a partir do seu grande diferencial, ou seja, do seu elevado QEC – Quociente Emocional-Espiritual Coletivo.

c) No modelo atual e convencional de gestão, tem-se que nos negócios, a paz é um elemento cada vez mais raro, pois a existência de competidores agressivos está mais presente e circunstancial.

d) Entretanto no modelo com inteligência espiritual (QS) com valores transcendentais e espirituais, não há espaços para contendas, pois o diferencial da empresa com liderança espiritualizada não está somente na sua tecnologia ou na sua capacidade de concorrer no mercado, mas fundamentalmente nos valores essenciais do respeito e do amor coletivo e da motivação na organização; deste modo a empresa que pretender supera-la terá que trilhar o mesmo caminho, mas com um índice emocional-espiritual ainda maior, oferecendo maior satisfação para obter fidelidade.

3. **Metáfora Corporal (QE)** configurada pela parte físico-funcional da organização e que recebe a ação estratégica de fazer acontecer. No modelo de liderança espiritualizada, inclui-se não apenas a estrutura física, os recursos e a tecnologia, mas essencialmente as pessoas com suas emoções e que processam essas ações, daí a importância de se incluir toda a visão ampliada e todos os métodos humanizados no processo operacionais, com gestão das emoções.

   a) A dimensão corporal é a parte que faz acontecer e por isso é o campo da aplicação de todo o processo e de onde resultará a lucratividade, a rentabilidade e essencialmente a otimização e a perenidade do conjunto.

   b) É nessa dimensão que se aplica de fato os princípios, a filosofia e se agregam os valores do credo institucional, transferindo do transcendental-espiritual e do cerebral para o corpo, tornando-se tangíveis os valores estratégicos e os transcendentais espirituais.

c) O processo espiritualizado pode ser sentido pelo nível emocional, motivacional e de amor pela organização que se expressam pela fidelidade. Esse é o grande diferencial da organização que opta pela liderança espiritualizada, transcendental físico-emocional-espiritual, pois são princípios e valores que vão muito além da pratica comum do mundo corporativo. É, de fato, o grande ou talvez o único e definitivo diferencial, pois com ele se obtém todos os demais.

d) Liderança espiritualizada destacada no sentido de entusiasmo é a chave para o dinamismo e a fonte da criatividade, da saúde, da energia vital e essencialmente da qualidade e do sentido da própria vida.

4. **Espiritualidade (QS)** tem a ver com significado e sensibilidade e está diretamente ligada ao coração, a alma; portanto, na organização, a espiritualidade não está nos processos mecanicistas, mas nas relações, no respeito, na cultura, no atendimento e no provimento das necessidades. Espiritualidade nas organizações é o caminho sensitivo, intuitivo e de revelação superior no trabalho.

## A ESPIRITUALIDADE E A SABEDORIA NA GESTÃO DE ORGANIZAÇÕES:

Não é comum ouvir falar de amor e de espiritualidade nas organizações, ouve-se sobre lucros, resultados, processos tecnológicos, estratégias competitivas, mas sobre sabedoria, espiritualidade, intuição e outras essências da criatividade e da harmonia são raríssimas as oportunidades de se estudar e comentar. Entretanto a essência da prosperidade está exatamente na coesão desses princípios.

As escolas de administração nunca ensinam princípios subjetivos ou de intuição e de criatividade espiritual para os acadêmicos, ensinam tão somente metodologias do processo administrativo, operacional e de tomada de decisão, levando os futuros executivos aos processos, cada vez mais, mecanicistas e pragmáticos.

Não se vê sequer teses ou dissertações com pesquisas qualitativas, com métodos de pesquisa-ação. Na academia observam-se apenas trabalhos de estudo de casos e com emprego de métodos de pesquisa operacional, o que é uma pena, pois com esses métodos não se alcança a alma e o espírito da organização.

As organizações que esperam alto desempenho somente terão sucesso se respeitarem seus talentos e valorizarem sinceramente a participação das pessoas, gerando confiança, compromisso e envolvimento.

## O modelo de gestão espiritualizada

O modelo de gestão espiritualizada é perceptível em organizações em que os colaboradores são entusiasmados, motivados e especialmente felizes, sendo essa uma das suas principais características, pois a gestão holística ou quântico-espiritual conduz o clima da organização para esse estado de alegria, com resgate da autoestima coletiva.

Isso ocorre porque as pessoas gostam que acreditem nelas, que reconheçam o seu valor. As pessoas são sensíveis, emotivas e intuitivas e por isso gostam de acreditarem e de confiarem nos colegas; gostam de desafios, de segurança, de inter-relacionamentos e especialmente da comunhão de valores.

As empresas que seguem as leis espirituais participam da comunidade e da solução de seus problemas, por isso são vencedoras, pois tratam com espiritualidade não apenas na vida comunitária, mas na condução de seus negócios. Nesse tipo de organização o processo de sentir e de intuir é muito relevante e a presença espiritual da força ondulatória do bem é sensivelmente perceptível.

Na área de gestão do conhecimento e do processo das organizações que aprendem, as leis espirituais são mais facilmente percebidas, onde Fé, dignidade, integridade, respeito, motivação, reconhecimento de talentos e valorização do Ser humano formam a alma da organização. Fazem parte de uma dimensão espiritual. Se as pessoas acreditarem nesses processos a dinâmica será altamente sinérgica.

## Empresas que priorizam a gestão e o "bom negócio"

As organizações já estão compreendendo que "bons negócios" são aqueles que trazem benefícios para todos e estabelecem relações de respeito, fidelidade dignidade, e compartilham a sua visão holística de negócios com a comunidade em geral.

Fidelidade e credibilidade em uma organização são pontas de um mesmo processo de respeito e de reciprocidade, mas para se alcançá-lo é preciso manter um senso de justiça, com um sistema justo de remuneração, respeito à diversidade, prestação de serviços e humildade dentro de uma abordagem integrada que garanta a efetividade e a afetividade nas relações.

A questão de justiça é base para imparcialidade e gera credibilidade no grupo, inspirando confiança, o que permite a adoção de métodos abertos e participativos na tomada de decisões.

No aspecto de justiça na remuneração implicam em equidade, participação nos lucros. A justiça deve ser o princípio no qual se assentam a partilha dos lucros, a reciprocidade e o reconhecimento da força do elemento humano na organização, com fatores de resultados positivos e do lucro.

A prestação de serviços de uma organização tem por obrigação social almejar a satisfação do cliente e quando o trabalho é executado com o verdadeiro espírito de servir, beneficia não somente a empresa, mas todos os envolvidos nessa cadeia de serviços, incluindo clientes, fornecedores, acionistas e membros da comunidade em geral, dando novo sentido espiritual ao trabalho.

Cuidar dos outros e ver isto como um fator importante, não apenas para organização ou sistema social, mas para o verdadeiro sentido de servir, cria um propósito e um sentido mais elevado do trabalho na conscientização do trabalhador.

Nos serviços essenciais e de organizações sociais, tais como: hospitais, Organizações do terceiro setor, escolas e outras, essa satisfação é um verdadeiro objetivo e uma missão espiritual, dentro de uma lógica não apenas corporativa, mas também evangélica de servir ao próximo.

A espiritualidade não é incompatível com lucros, entretanto não se compra espiritualidade e nem se torna espiritual apenas com o propósito do lucro, antes dos resultados econômico-financeiros, uma organização, além de sua tecnologia e consistência operacional, deve ser fundada no Amor e nas virtudes, pois trazem suas próprias recompensas.

## LIDERANÇA COM HONRA: BASE PARA O ADVICE ORGANIZACIONAL

No mundo corporativo é comum os relatos de empresas que se destacam positivamente com excelentes resultados e aplicações de boas práticas embasadas em normas de *Compliance* bem estruturada. São empresas que também são consideradas as melhores para se trabalhar. Mas, existem também em contrastes, aquelas com más práticas, mesmo tendo manuais de *Compliance* e verdadeiras perolas de descrição de valores, mas na prática não são efetivas. Portanto, é facilmente observável, pelos resultados e práticas, aquelas que tem honra e as que não tem honra.

A imprensa de uma maneira geral tem dado notícias sobre as empresas que não praticam a honra e a "Lava Jato" está aí para demonstrar o quanto são nefastas para o país e para a sociedade essas empresas que sonegam e prejudicam todo o desenvolvimento do meio. São empresas que desonram a reputação de toda a nação.

Geralmente essas empresas de desonra são dirigidas por pessoas também com desvios, não apenas de recursos financeiros, mas desvios de caráter que roubam a dignidade e o sonho do brasileiro. São aquelas que mediante conluio com governantes desviam bilhões e a Lava Jato corre para recuperar e fazer acordos de leniência que possam promover a recuperação de altas somas, e já recuperou mais de 4 bilhões de reais.

Esse trabalho não tem a finalidade de apresentar as empresas ou governantes com traços de desonra, mas sim, aquelas organizações e profissionais que têm o estilo de Liderança com honra, principalmente as personalidades que demonstram essas qualidades, e que merecem o respeito pela lisura ética no trato da coisa pública e do relacionamento corporativo.

É Intenção apresentar o processo honroso que constroem negócios de honra e que influenciam a cultura empresarial nesse nível, como uma forma de recuperar a boa fama do país e de seu povo.

## Lideres de alta performance com honra

Como todos líderes de alta performance e donos de empresas sabem, construir uma empresa de sucesso requer muita dedicação e trabalho, o que requer motivação consistente, sabendo-se que motivação tem tudo a ver com a espiritualidade reinante e coletiva dentro da organização e isso não é religiosidade, mas instrumentos do Advice, sendo esse é um dos temas nas agendas dos Conselheiros, orientadores, o Adviser que ministra para CEO, Fundadores e conselheiros no sentido de perenizar suas organizações.

Geralmente um líder de alta performance na condição de Fundador, CEO, gestor estratégico, membro de Conselho de Administração é movido por essa motivação do consciente coletivo espiritualizado que impregna na organização, e até o fim de sua vida, ele nunca para de experimentar, inovar e aperfeiçoar o negócio para que ele se torne um ambiente com a sua marca e perpetue-se no mercado com boa fama ou com honra. Isso é o que se denomina de "Liderança com honra" na organização de alta performance.

Os governantes e ou lideres com honra possuem e implantam códigos de conduta com missão, visão e valores na organização de modo que se possa governar com excelência, mas primando pelo respeito e bondade. É realmente governar com a mente (processos cognitivos na organização) com as mãos (fazer acontecer) e com o coração, ou seja, saber o porquê da existência da organização, qual o seu valor social e efetivo para seus funcionários, para os clientes e para a nação.

Essas organizações com liderança de honra possuem o sentido espiritualizado de entusiasmo como chave para o dinamismo e fonte da criatividade e inovação, da saúde e energia vital para a qualidade de seus produtos e ou serviços. O sentido de espiritualidade está ligado, ou melhor, embasa os princípios de sustentabilidade física e financeira da organização. Sendo assim, o sentido de espirito de organização, de família organizacional **nas** empresas, leva ao sentido de espirito **da** própria organização. É a sua identidade que faz fluir a força motriz do desenvolvimento sustentável com honradez.

## O líder com sentido espiritualizado no mundo corporativo

O sentido espiritualizado no mundo corporativo, com princípio de honra faz com que ele possa integrar o espiritual com o gerencial e ter seguidores e ótimos defensores. É possível citar alguns exemplos, como os notáveis Kay Gilley com o seu trabalho sobre "liderança com o coração aberto", Dorothy Marcic com "Como Administrar com sabedoria e amor", Carol Orsborn, com "Excelência Interior – Uma ligação entre a Ética nos negócios e a Espiritualidade", dentre outros internacionalmente conhecidos[3].

Em nosso país, dentro dessa visão social espiritualizada em processos de Aconselhamento ou Advice, encontramos educadores, doutrinadores, evangelistas e gestores de notoriedade que mesmo não atuando de maneira clássica como Adviser, são realmente exemplos diferenciados dessa metodologia, tais como: Cristovam Buarque, Ricardo Semler,

[3]Leia também, BORBA, V.R. Espiritualidade na Gestão Empresarial Qualitymark 2.011; e BORBA, R.V. et all. Liderança e Inovação: a marca do líder internacional. Como construir-se líder de gestão padrão mundial. Editora Sarvier, São Paulo, 2019.

Dr. Roque Savioli, (médico do Instituto Incor que faz da sua profissão verdadeira seara de profissionalismo e fé), missionário Romildo Ribeiro Soares, Luiza Helena do Magazine Luiza, Paulo Magnus da MV Informática e especialmente os saudosos Airton Senna e Dr. Adib Jatene, Valdir Borba com os seus conceitos e princípios de Integralidade convergente, e tantos outros, que atuam com muito amor, liderança humanizada, emocional e motivada[4].

O coração de honra no centro da cultura de uma organização, leva administrar tão bem os relacionamentos que a torna capaz de construir; sustentar e proteger e com isso constrói um legado de crescimento sustentável e com honradez. Certamente isso é transferido para empresa pelo próprio caráter de honradez de seus gestores e que permite a longevidade organizacional e a consolidação respeitosa no mercado.

Empresas honradas criam culturas relacionais saudáveis que encorajam as pessoas a produzirem resultados positivos e esse é o papel dos líderes e consultores que aplicam o Advice nas organizações e as qualificam como empresas honradas.

## Líderes com perfil de Adviser

Líderes com perfil de Adviser realmente querem construir empresas de alta performance e que tenham perenidade ou grande durabilidade, excelência, integridade e legado. Querem que suas empresas sejam amadas por seus funcionários, e que seus parceiros, fornecedores e clientes confiem nelas, e que sejam valorizadas pela sociedade, constituindo-se em um patrimônio intangível de maior valor do que o próprio valor patrimonial, pois essas empresas querem negócios de honra.

Geralmente essas empresas dirigidas com honra querem impactar uma cidade, mercado, nação e até mesmo o mundo e os seus clientes internos sentem-se honrados em participar de organização com esse perfil de honradez.

Os processos de Advice nas organizações e junto aos líderes de alta performance devem despertar a prática de olhar além da superfície e iluminar os valores centrais, os motivos e as crenças empresariais com honra e que alcancem as emoções e toquem os corações.

[4] Leia também, BORBA V.R. Integralidade Convergente, Editora DOCCONTENT, Rio de Janeiro, 2014.

## LÍDERES ORIENTADOS PELO PROCESSO DE ADVICE

Os líderes de alta performance orientados pelo processo de Advice e formatação de liderança com honra, aprendem a caminhar na verdadeira identidade e a administrar com excelência os relacionamentos, bem como, promover a honra e a cultura nas equipes da organização. Entendem que o principal cliente é o seu corpo de colaboradores, pois eles quando alinhados a essa filosofia e metodologia de trabalho (Advice) entendem e atendem os clientes externos dentro desse mesmo princípio de honra.

Não existe nada mais digno do que ajudar as pessoas a construírem vidas, relacionamentos e cultura com honra e especial no campo dos negócios, pois isso gera uma atmosfera com propósitos positivos e que permitem construir legados.

Nessas organizações, cada um dos membros é especialmente motivado a buscar o significado de honra que representa ver o que é maravilhoso e milagroso em outras pessoas e apreciar, admirar, amar, reconhecer e responder a elas da maneira que merecem, com honra.

Isso gera uma mentalidade e identidade de riqueza com confiança e respeito que emanam dos aconselhamentos e práticas de Advice dos líderes de alta performance, que resultam em uma cosmovisão de altíssimo valor e de cuidado com o ambiente e especialmente com as pessoas.

## O LÍDER NA CONSTRUÇÃO DA IDENTIDADE ORGANIZACIONAL

A principal visão do líder Advice é a cosmovisão em relação aos clientes internos que se embasa nos seguintes pontos: Generosidade; Serviços; visão de longo prazo; trabalho em equipe; recompensa pelo serviço fiel; valorização dos membros da equipe; disposição para encarar as verdades difíceis; humildade, disposição para mudanças e liderança servidora.

Adotando esses pontos essenciais cria-se a identidade do negócio focada na metodologia Advice para alta performance, que se equilibra no verdadeiro sucesso nos negócios e na vida. Permite a busca de metas baseadas na honra da conexão saudável, da interdependência e da família (sentido de família no grupo, organização ou no time: família da organização).

Para construir essa identidade de família na organização, ou nos times organizacionais é preciso vencer a batalha do medo e aprender a caminhar nessa identidade que constrói e fortalece alicerces que sustentam e protegem a honra das equipes e ou da organização nos relacionamentos de negócios.

A lucratividade é o objetivo principal de uma organização e deve ser objeto de atitudes corajosas, confiantes, poderosas e de prosperidade, e que permita avançar nos processos de honra. Não pode ser apenas o lucro pelo lucro, mas o lucro com honradez, pois antes de tudo é preciso oferecer honra nos relacionamentos negociais.

A lucratividade com honra faz com que se aprenda a superar o medo, e permite abraçar a identidade e cultivar a mudança propositiva, saudável e sustentável em todos os sentidos. Sempre com base na motivação de valores pétreos de honra nos relacionamentos, o que leva a um alto nível de comprometimento com a honestidade nos negócios em todos os níveis do ecossistema relacional, e isso deve ser uma prioridade focal para honrar e ser honrado nos negócios.

É essencial que haja uma identidade interna saudável e que se desenvolve no contexto da construção de relacionamentos igualmente saudáveis e honrados. Especialmente no nível e círculo interno da equipe executiva de tomadores de decisões, com os níveis e círculo dos executores da decisão representados pelos coordenadores, supervisores e funcionários. Assim executivos e líderes Advices, promovem a execução das decisões por gestores, que são verdadeiros mentores alinhados com os processos de Advice honrando compromissos começando pelo alto da pirâmide organizacional.

O diferencial e a vantagem que as organizações têm em suas lideranças não são apenas o conhecimento individual e o talento ou habilidades, mas essencialmente o princípio de honra que permite oferecer o melhor para os seus colaboradores e clientes e para isso valorizam a motivação interna, compromissos de caráter, engajamento total, foco no servir e prontidão para assumir responsabilidades e compromisso com as decisões.

## MANTENDO CONEXÕES SAUDÁVEIS PARA A MISSÃO COMPARTILHADA

Líderes de alta performance orientados pelo Advice utilizam o princípio de fazer o que é excelente e correto com amor às pessoas, por isso trazem a característica de grandeza no trato com a pessoas e aos negócios que administram. Esses líderes atuam com experiência de conexão saudável e criam oportunidades para relacionamentos igualmente saudáveis, e para isso, investem tempo e recursos nesses relacionamentos pessoais e profissionais, pois sabem que uma pessoa honrada reconhece quando está sendo honrada e por isso retribui igualmente com honra.

Promovendo essa conexão de relacionamento é possível definir a missão compartilhada que promove a avaliação sobre o comportamento, possibilita a aplicação de coaching que demonstra por onde e como o grupo pode crescer e aprender sobre honra nas relações. Além disso, permite a aplicação de feedback que mostra como o grupo está evoluindo e caminhando para identidade de equipe de honra.

A declaração de missão compartilhada deve demonstrar claramente a prioridade de elevar a qualidade de vida dos colaboradores e de suas famílias criando um ambiente em que cada colaborador possa alcançar o seu potencial e ser recompensado pelo sucesso da organização e seu próprio sucesso. É aplicar o entendimento que o colaborador é fator de riqueza com honra para a organização.

## O LÍDER E A CHAMA DO PROPÓSITO

O verdadeiro líder de alta performance tem por objetivo manter a chama do propósito viva em uma organização fazendo e desenvolvendo as interconexões dos grupos e equipes de forma a alcançar alto grau de sucesso nos resultados alinhados pelo bem comum. Por isso os grupos sociais, os times, as equipes dentro da organização olham para os líderes de alta performance em busca de inspiração e encorajamento, pois esses colocam combustível no processo e transformam os colaboradores e equipes. Inspira a serem não apenas condutores da tocha do proposito e dos resultados com honradez, mas a serem a própria tocha do sucesso.

A responsabilidade desses líderes Adviser de serem modelo, significa que devem ser primeiro uma pessoa que carrega os valores centrais de uma identidade honrada e que conduz a equipe para altos desempenhos igualmente com essa identidade de honra, tendo como papel principal preparar pessoas para funções de liderança iguais que moldam e transformam as organizações elevando o desempenho para alta performance com honradez.

Esses líderes também desenvolvem e aplicam os princípios da liderança servidora e da liderança espiritualizada. Eles se veem a si próprios como lideres servidores e responsáveis por fortalecer o seu pessoal e atender as necessidades, para que a equipe, a empresa ou organização possam servir e atender as necessidades dos clientes. Criam oportunidades para atribuir responsabilidades, mas ao mesmo tempo protegem a liberdade e oferecem apoio para exigir resultados.

Esse processo faz aflorar líderes que promovem o alcance do propósito e torna o pessoal receptivo e responsável por seu trabalho. Isso significa empoderar as pessoas dando a elas a liberdade de agir e serem verdadeiramente responsáveis por seus resultados.

Esses líderes são responsáveis por garantir que os mesmos padrões e expectativas de comportamento e de resultados se apliquem a todos, pois as pessoas no alto da pirâmide são tão responsáveis por honrar quanto os que estão na base. Nesse processo a ninguém é permitido desonrar, não apenas porque o código de Compliance assim prescreve, mas por um princípio pétreo de honradez de toda organização.

## CONCLUSÃO: CAMINHANDO COM HONRA

O líder de alta performance deve criar um credo de honra, ou uma declaração de honra para conduzir seus liderados, garantindo a caminhada da equipe dentro das expectativas de altíssimos resultados, mas embasados na honra, esse manual ou declaração deve conter, no mínimo:

- Ajudar a equipe a receber amor respeito e faze-la descobrir a identidade com honra.
- Demonstrar muito bem a prioridade de administrar relacionamentos honrando compromissos.
- Capacitar a equipe para que possa crescer e se desenvolver respeitando a liberdade e oferecendo apoio para que possa exigir resultados.
- Proteger a equipe oferecendo feedback.
- Levar a equipe a se superar e cultivar a honra.
- Escolher conexão de integridade e intimidade saudável.
- Praticar a comunicação assertiva.
- Praticar a responsabilidade saudável.
- Sustentar a busca da excelência com encorajamento.
- Assumir responsabilidades.
- Servir com generosidade.
- Perseguir a visão de longo prazo.
- Deixar legados de honradez.

Vale reforçar que não se pretende buscar uma nova teoria ou um modismo acadêmico para os processos de gestão, mas uma nova abordagem. A visão holística com componentes da vertente qualitativa e espiritual no processo de formulação de estratégias competitivas, objetiva não apenas a maximização dos lucros, mas a otimização de resultados globais e comuns para toda cadeia de relacionamentos.

Neste sentido, a gestão espiritualizada direciona-se para o alvo da excelência de produtos e serviços, com qualidade de vida no trabalho, além de compromissos e responsabilidade de todos os integrantes do processo, visando a satisfação, efetividade e fidelidade de todos os elos da cadeia corporativa.

## REFERÊNCIAS BIBLIOGRÁFICAS

BORBA, Rosanna Venezia. et all. Liderança e Inovação: a marca do líder internacional. Como construir-se líder de gestão padrão mundial. Editora Sarvier, São Paulo, 2019.

BORBA, V.R. Integralidade Convergente. Editora DOC CONTENT, Rio de Janeiro, 2014;

BORBA, V.R. Marketing de relacionamento para organizações de saúde: fidelização de clientes e gestão de parcerias. São Paulo, ATLAS, 2004.

BORBA, V.R. Espiritualidade na Gestão Empresarial. Editora Qualitymark; Rio de Janeiro, 2011.

BORGES, D.F. Os Es da Gestão. Editora Ser Mais Ltda. São Paulo, 2013

BORGES, D.F. Como Vencer a Crise: Superando desafios com liderança estratégica e Inteligência Espiritual. Editora Gulliver – Selo Artigo A. Divinópolis MG, 2016.

COVEY, Stephen R. O 8º hábito: da eficácia à grandeza. Rio de Janeiro: Elsevier, 2005.

GOLEMAN, D. Inteligência Emocional. Ed. Objetiva, Rio de Janeiro, 1996.

GILLEY, Kay. Liderança com o Coração Aberto. 9.ª Ed. Trad. Paulo César de Oliveira – Cultrix. São Paulo, 2003.

HASSON, Bob. SILK, Danny. Negócios de Honra: Restaurando a Essência dos Negócios. Editora Chara. Brasília-DF, 2018.

LOSIER, M.J. O propósito da sua vida. Editora Casa da Palavra- LEYA – Rio de Janeiro, 2017.

MARCIC, Dorothy. Como Administrar com a Sabedoria do Amor. 9.ª Ed. Trad. Marcus Rogério Tavares Sampaio Salgado, Cultrix. São Paulo, 2003.

MOUNTIAN, Sofia. HAMA, Toshiko. Teoria da Abrangência: Um conhecimento inédito de transformação e mudança nas organizações. São Paulo. Cultrix Amaná-Key. 2001.

SHELTON, Charlotte. Gerenciamento quântico. São Paulo: Cultrix-Amaná-Key, 1997.

TRANJAN, Roberto Adami. A Empresa de Corpo, Mente e Alma.Editora Gente. 5.a. Edição revista e ampliada. São Paulo, 2004.

VIANNA, Marco Aurélio Ferreira. A Empresa Ponto Omega. Editora Gente. São Paulo, 1996.

### Site consultado

www.mentoresdobrasil.com.br. acesso em 15.01.2020.

PARTE 2

# Fundamentos e Práticas Essenciais

- Autoconhecimento Como Ponto de Partida. Como o Coach pode Ajudar neste Processo?
- Coaching, Mentoring e Advice
- Os Benefícios do Processo de Coaching
- Metodologia Mentoring: Uma Visão Geral
- Neurociência Aplicada a Mentoria

CAPÍTULO 3

# Autoconhecimento como Ponto de Partida. Como o Coach pode Ajudar neste Processo?

SHIRLENE RIBEIRO

*"O analfabeto do séc. XXI não será aquele que não consegue ler e escrever, mas aquele que não consegue aprender, desaprender e reaprender"*

**Alvin Toffler**

Neste mundo de transformações e turbulência, chamado de VUCA[5], e mais recentemente, BANI[6], as pessoas precisam aprender a aprender. Isso significa, muitas vezes, pedir ajuda para desaprender antigos conceitos, mudar as crenças, enxergar, sob um novo ponto de vista, problemas antigos. O processo de coaching tem sido uma importante ferramenta neste sentido, como já foi apresentado no capítulo anterior.

As competências chamadas de *soft skills*, têm sido consideradas diferenciais no contexto atual no qual as lideranças vivem a exigência de constante alinhamento entre a estratégia da Empresa versus a cultura organizacional. O novo perfil do líder está bastante conectado ao desenvolvimento de pessoas e, em especial, de equipes de alta performance. Para tal é fortemente recomendado que este líder conheça, antes a si mesmo e invista no seu autodesenvolvimento, para, posteriormente investir no desenvolvimento de outras pessoas.

[5]VUCA – O termo V.U.C.A. surgiu nos anos 90 dentro de um contexto militar e é uma sigla para descrever um ambiente, uma situação ou condições de volatilidade (*volatility*), incerteza (*uncertainty*), complexidade (*complexity*) e ambiguidade (*ambiguity*).

[6]BANI – O termo BANI significa Brittle, Anxious, Nonlinear and Incomprehensible. A tradução para o português seria: Frágil, Ansioso, Não linear e Incompreensível.

Embora não exista um método único, considerando a extensa literatura a respeito, procurei reunir alguns autores de renome nesta linha de pesquisa e atuação, que colheram resultados concretos tais como: mudança de percepção e alteração de comportamento, descoberta de estilos mais eficientes e eficazes de liderança, formação de equipes de alta performance, maior equilíbrio entre vida e trabalho.

No cenário do futuro do trabalho, há mudanças substanciais nas relações profissionais com o uso de tecnologias ágeis e avançadas e maior necessidade de profissionais capacitados para tomar decisões complexas e sustentáveis. Se, por um lado as *hard skills* estão voltadas ao conhecimento e uso de tecnologias, tais como automação, robótica, realidade virtual, biotecnologia, impressão 3D e inteligência artificial, por outro as *soft skills*, tais como a capacidade para resolver problemas complexos, pensamento crítico, aprendizagem ativa, criatividade, dentre outras foram alvo de discussão no último Fórum Econômico Mundial (2020) para profissionais, pensando no futuro do trabalho até 2025.

A nova era é marcada pelo *lifelong learning*, ou aprendizado contínuo e pela importância de habilidades humanas consideradas fundamentais para se adaptar às novas exigências. Na Tabela 1 são apresentadas as principais competências eleitas pelo Fórum Econômico Mundial.

**Tabela 1** Algumas das competências discutidas no Fórum Econômico Mundial em 2020. Fonte: Adaptado pela autora do capítulo de acordo com bibliografia disponível ao final.

| Competência | Descrição da competência |
|---|---|
| Inteligência emocional | Está relacionada a capacidade de identificar e lidar com as próprias emoções. Ter consciência de si mesmo e como as emoções afetam os relacionamentos interpessoais. Exercer o autocontrole, desenvolver *mindset* de crescimento eliminando modelos mentais que bloqueiam a percepção da autoestima positiva e autoconfiança para lidar com os desafios e oportunidades no ambiente. |
| Pensamento Analítico e Inovação | Inovar está relacionado a ampliar a percepção para novas ideias, oportunidades e solução de problemas, em especial em meio a mudanças rápidas e constantes. Neste sentido, é preciso identificar padrões e criar soluções verdadeiramente inéditas. Desbloquear crenças limitantes. |

| | |
|---|---|
| Flexibilidade cognitiva | Desenvolver esta competência está relacionado a capacidade adaptativa sustentada por aprendizados e feedbacks passados que são analisados à luz do que acontece nos diferentes contextos. A flexibilidade cognitiva aprimora a comunicação com diferentes interlocutores. |
| Julgamento e tomada de decisão | Capacidade para organizar as informações, analisa-las e realizar julgamentos em relação aos custos x benefícios relacionados a potenciais ações e escolhas (tomada de decisão). Para desenvolvê-la exige prática, foco e muita disciplina, tendo em vista a quantidade de dados gerados pelas novas tecnologias. Saber julgar significa integrar diferentes competências incluindo o controle das emoções no processo decisório. |
| Negociação | Para realizar uma boa negociação é preciso, além de ter informações baseadas em fatos e dados, ser capaz de aplicar a empatia, identificar as necessidades da outra parte e entender os interesses envolvidos visando obter cooperação entre os envolvidos. Aqui entram ainda outras competências igualmente importantes, como gerenciar conflitos, identificar prioridades, admitir e saber lidar com as diferenças para se obter um resultado que seja bom para todos os envolvidos. Comunicar com empatia constrói relações de confiança e cooperação. |

Na sequência, será apresentado como o processo de coaching pode contribuir para o desenvolvimento de competências, tendo como ponto de partida o autoconhecimento como metodologia para potencializar a alta performance de líderes em diferentes tipos de negócio.

## Coaching: como utilizar este processo para o desenvolvimento?

Esta pergunta poderia ser respondida simplesmente como: o coaching é uma ferramenta de suporte ao processo de desenvolvimento do profissional em busca e/ou manutenção da alta performance. Porém, para ser verdadeira a afirmativa é preciso considerar quatro premissas.

- **Primeira**: promover o autoconhecimento. Ele é o principal guia para o desenvolvimento pessoal e profissional – sem o qual a pessoa terá maior dificuldade de perceber como obter ou manter a sua alta performance.
- **Segunda**: desenvolver competências socioemocionais. A excelência no processo de liderança se dá na relação entre líder e liderado,

bem como dentro dos diferentes relacionamentos interpessoais. Fatores como colaboração, engajamento, comprometimento, excelência nos resultados só podem ser obtidos quando há um ambiente de abertura, diálogo transparente e honesto, quando se constrói confiança.

- **Terceira:** criar um ambiente facilitador para a realização pessoal e profissional. Já está comprovado que não é possível motivar alguém e sim criar um ambiente que seja estimulador, desafios que sejam encarados como oportunidades de desenvolvimento. O feedback e o reconhecimento positivo são ferramentas importantes, neste sentido.
- **Quarta:** garantir que fatores críticos de sucesso estejam presentes no processo de desenvolvimento, para a alta performance, visando resultados efetivos.

A seguir serão detalhadas cada uma das premissas com o objetivo de esclarecer como o método funciona.

## PREMISSA 1: o autoconhecimento é o principal guia para o desenvolvimento pessoal e profissional

A sociedade moderna tem experimentado diferentes transformações em todos os seus setores, desde a tecnologia e os processos de globalização até as relações individuais e coletivas. Já virou lugar comum dizer que existe a necessidade de um novo profissional com dezenas de competências a serem desenvolvidas. Portanto, técnicas de condicionamento e/ou ferramentas que apenas instrumentalizem o fazer em detrimento do pensar e sentir, serão pouco eficazes como método para produzir as verdadeiras mudanças.

> ***"A mudança é uma porta que pode ser aberta somente pelo lado de dentro[7]."***

Qualquer profissional que esteja em busca de alta performance, ou mantê-la precisa investir no autoconhecimento para abrir as portas da percepção e ampliar sua visão de si mesmo, dos outros com os quais se

---

[7] *Terry Neill – Andersen Consulting Partner.*

relaciona, enxergar sob novo prisma o ambiente onde atua e agir assertivamente para decisões eficazes e sustentáveis. Ter maior consciência de si e do seu papel na sociedade. Este é o ponto de partida.

No passado, as competências técnicas pareciam ser suficientes para afirmar que alguém era eficiente. As promoções seguiam critérios bastante definidos: quem era o melhor mecânico iria ser o chefe! Quem era o melhor assistente administrativo iria assumir a posição de coordenador ou supervisor. Na atualidade, não basta apenas ter conhecimentos técnicos e tecnológicos – isto é condição. O profissional precisa demonstrar também que possui competências socioemocionais ativas.

A capacidade de relacionar-se em ambientes de forte pressão por resultados, situações ambíguas e incertas, com tempo limitado para tomada de decisões está presente o tempo todo nas novas relações profissionais. O trabalho é cada vez menos individual e mais coletivo, em rede de equipes que compartilham ideias que nem sempre facilitarão o consenso. Conviver com os diferentes e aceitar que cada pessoa é única, deixou de ser apenas um jargão. A diversidade não é modismo; é essencial para se construir soluções inovadoras. Diante deste cenário, há carência de escuta ativa, de paciência genuína, de tempo para o feedback e para o diálogo. Embora, nos diferentes workshops de gestão de pessoas estes elementos sejam bastante apresentados, no dia a dia constata-se a dificuldade de praticar a teoria.

Qualquer que seja o método utilizado para ajudar o líder a construir sua trilha de desenvolvimento, ele somente será eficaz se respeitar a primeira premissa:

> ***"Para fazer a gestão de outros, você precisa, antes, fazer a gestão de si mesmo".***

## COMPREENDENDO A 1ª PREMISSA:
## a construção de si mesmo no processo de autoconhecimento

Os estudiosos do comportamento humano estão de acordo que o primeiro contato com outro Ser Humano, em geral, a mãe, biológica ou não, tem influências importantes ao longo da vida. O recém-nascido necessita ter suas necessidades atendidas, seja para a sobrevivência física ou para a sua sobrevivência cultural, visando agir de acordo com os padrões do grupo ao qual pertence ou pertencerá.

O processo de desenvolvimento psíquico ocorre através da socialização, EU, OUTRO e o MEIO, para uma diferenciação gradual que tornará cada pessoa um ser único e diferente dos demais. Essa relação entre o indivíduo e o meio social é recíproca, considerando que tanto o meio influencia a pessoa quanto ela influencia o meio social por suas ações e reações.

Como o tema é bastante amplo, interessa aqui reforçar o conceito de que a consciência de si é possibilitada pela diferenciação EU-OUTRO. Assim, cada Ser Humano se constrói e se conhece a partir das relações que estabelece consigo mesmo, com os outros e com o ambiente em que se encontra, tornando-se único, com suas particularidades e diferenças. À medida que se desenvolve como adulto, aprende a desenvolver competências para solucionar os inúmeros problemas do dia a dia seja através da aprendizagem formal ou informal (conhecimento tácito). As diferentes instituições (família, escolas, instituições religiosas, amigos, locais de trabalho, etc.) irão possibilitar o refinamento das competências segundo as necessidades e desafios vivenciados.

### *Como tornar-se adulto?*

Do ponto de vista de uma análise psicanalítica, é preciso vencer a ilusão da onipotência. A fase de onipotência ilusória é indispensável para a saúde psíquica do bebê, biologicamente incompleto e psiquicamente imaturo. Segundo os estudos freudianos a onipotência está relacionada a dificuldade de confrontar a dura realidade do desemparo. Para tornar-se adulto, é preciso aceitar a "falta" ou a percepção dela como algo que sempre estará presente.

O ser humano, é, por natureza insatisfeito com o lugar onde trabalha, o lugar onde vive, os relacionamentos que possui. Nada que se faça propicia todas as satisfações possíveis. A ilusão da completude, foi chamada por Freud de "completude narcísica". Ela alimenta a ideia de que o objeto da paixão (coisa ou pessoa) pode preencher o vazio da falta – que é constituinte da nossa existência.

Para tornar-se adulto é preciso aceitar a finitude, é preciso fazer escolhas e, é fato, que todas as escolhas significativas na vida implicam em renunciar a algo, em detrimento de outra coisa. Conviver com paradoxos e saber lidar com eles é a chave da maturidade.

---

[8] A expressão OUTRO será utilizada aqui representando um ser humano que se relaciona com outro ser humano.

Perceber-se incompleto instiga a busca pelo autodesenvolvimento e maior equilíbrio emocional. Em especial em ambientes de mudanças aceleradas e incertezas, como o que se apresenta na atualidade. Desenvolver-se é um investimento que requer protagonismo.

Nossa formação educacional e moral ocorre em diferentes instituições ao longo da vida, que, em geral, não estimulam pensar criticamente o cotidiano. As histórias que ouvimos desde a primeira infância estão repletas de heróis e salvadores que irão, magicamente, nos libertar de nosso infortúnio. Alimentar o desejo de se ter um "salvador", no sentido amplo, faz parte do autoengano.

Neste sentido, apenas o autoconhecimento liberta a ilusão. Ampliá-lo é um processo de longo investimento e poderá ser alvo de estudos profundos orientados por psicólogos, e, em algumas situações mais pontuais voltadas para a carreira, o profissional de coaching.

O **método** mais eficaz consiste em proporcionar ao profissional a possibilidade de conhecer o seu potencial de transformar a si mesmo e inspirar outras pessoas a fazerem o mesmo em qualquer ambiente onde estiverem.

## SEGUNDA PREMISSA:
## é preciso DESENVOLVER competências socioemocionais

O autoconhecimento possibilita maior entendimento de si e do outro, conforme já foi dito. Possibilita também desenvolver as competências necessárias para o relacionamento interpessoal eficaz.

***O que são competências socioemocionais?***

São competências relacionadas a personalidade e ao comportamento humano. As pessoas são contratadas pelas *hard skills* caracterizados pelos conhecimentos técnicos sobre determinado assunto. Porém, são demitidas pela ausência de *soft skills*. Competências técnicas são e sempre serão muito importantes para a entrega de resultados; porém não são mais suficientes para apresentar alta performance. É preciso ter ambas.

***Uma pesquisa da Capgemini Digital Transformation Institute, de 2017, aponta que 60% das empresas sofrem com uma crise de soft skills entre seus colaboradores[9].***

[9] https://www.capgemini.com/

Nos ambientes de trabalho, busca-se profissionais que apresentem comportamentos de colaboração, criatividade e flexibilidade. Competências como: autoconhecimento, coragem, paciência, persistência, controle de impulsos, resistência às frustrações, comunicação e empatia são algumas das principais características que compõe um profissional com *soft skills*. Elas são desenvolvidas de acordo com as experiências, criação e educação de cada indivíduo. Estas habilidades garantem que, no ambiente de trabalho, o profissional esteja preparado para lidar com situações adversas, conflitos, metas, desafios e resultados.

Segundo a teoria da Inteligência emocional, existem três dimensões que a compõem, conforme Figura 1.

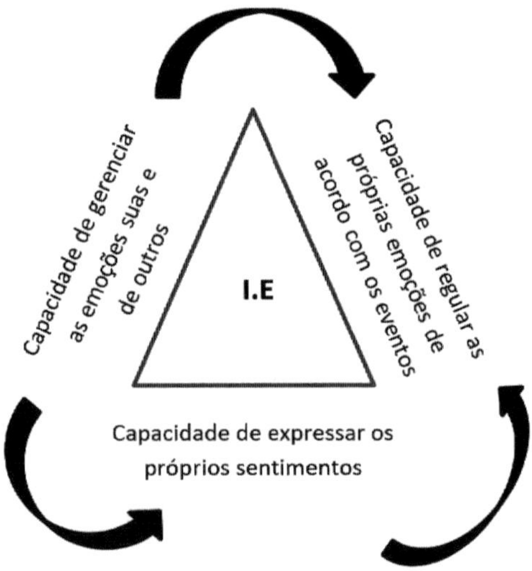


**Figura 1** As três dimensões da inteligência emocional. Fonte: adaptado de Goleman (2006).

As competências socioemocionais estariam na base do desenvolvimento das competências profissionais. Elas fortalecem a autoestima e a autoimagem, além de aumentarem a percepção de controle sobre o ambiente, criando um clima psicológico favorável a novos aprendizados.

***Qual é a importância das competências socioemocionais?***

Se o profissional não aprende a identificar em que contexto está atuando e o que é esperado, possivelmente irá apresentar comportamentos sociais incompatíveis com o requerido. O enfrentamento de situações complexas, decisões difíceis, por exemplo exigem alto controle emocional e o aperfeiçoamento no manejo das emoções.

***O desenvolvimento de habilidades pessoais, via processo de coaching***

Algumas habilidades podem ser desenvolvidas no coachee, através de metodologias e ferramentas que favoreçam ampliar o autoconhecimento e fortalecer comportamentos mais assertivos e fortalecer as competências socioemocionais:

a) **Ampliar a Escuta ativa** – Segundo o IBC – Instituto Brasileiro de Coaching (2019) a escuta ativa possibilita um diálogo eficiente entre interlocutor e ouvinte. Significa prestar atenção, compreendendo e interpretando as informações fornecidas de forma verbal ou não verbal. A demonstração de interesse genuíno significa suspender o julgamento. No ambiente corporativo, são inúmeras as situações em que a escuta ativa pode ser implementada: reuniões, feedback, instruções sobre uma tarefa ou atividade, situações de conflito. Ter humildade é essencial para se colocar à disposição e escutar de maneira focada e ativa.

b) **Aumentar a Empatia** – o conceito mais comum é "colocar-se no lugar do outro". O objetivo é entender o comportamento da outra pessoa de acordo com "os olhos dela". Significa entender quais os motivos que a levaram a agir desta ou daquela maneira. A visão do outro pode ser diferente daquela que parece ser a correta do ponto de vista de quem está ouvindo. É preciso reconhecer, no processo de empatia, o estado emocional e a situação/contexto em que a pessoa está. A base para ser empático(a) é compreender as próprias emoções para observar e interpretar corretamente a outra pessoa sem realizar algum tipo de espelhamento.

c) **Dar feedback autêntico** – o feedback pode ser considerado uma resposta a um estímulo em determinada situação. Porém, a forma de oferecê-lo faz toda a diferença. Para obter maior eficácia, o feedback deve ser fornecido visando o desenvolvimento e, desta forma, ele pode ser para a correção de um comportamento, para reconhecimento de ações que condizem com o que é esperado, ou para situações que superam o que é esperado (elogios). O feedback autêntico é voltado para ajudar o outro a pensar, ampliar sua percepção, gerar consciência para que suas ações e decisões sejam eficazes otimizando a performance individual ou do grupo onde o profissional atua. A posição de liderança inclui tomar decisões duras que muitas vezes retiram a pessoa de sua zona de conforto, portanto é preciso ser objetivo, direto, tratar os fatos e levar em consideração os sentimentos da outra pessoa, visando não expor. O mais importante é resolver o problema e buscar soluções e não identificar os culpados.

d) **Fazer perguntas** – esta é uma técnica poderosa e deve ser utilizada durante todo o período do processo de coach. Ensinar o coachee a fazer perguntas ao invés de buscar respostas favorecerá o seu processo de desenvolvimento.
Para sustentar esta premissa, conta-se que certa vez perguntaram a Einstein – um dos maiores físicos teóricos da história que recebeu o Prêmio Nobel de Física em 1921, onde ele encontrava inspiração para responder as mais difíceis e complexas questões do universo. Interessados em descobrir a fonte de sua sabedoria, perguntaram o que ele faria se tivesse que resolver um problema complexo que salvaria a sua vida tendo um curto espaço de tempo para encontrar a resposta. E Einstein respondeu: "Se eu tivesse uma hora para resolver um problema e minha vida dependesse da solução, eu gastaria os primeiros 55 minutos determinando a pergunta certa a se fazer, e uma vez que eu soubesse a pergunta, eu poderia resolver o problema em menos de 5 minutos." Albert Einstein[10].

e) **Ampliar a confiança em si, nos outros e no ambiente** -. investir em processos que aumentem a autoconfiança, tais como terapia, leituras relacionadas ao tema, técnicas de meditação, dentre outras podem ajudar o coachee. O maior investimento no autoconhecimento e fortalecimento da autoconfiança pressupõe iniciativa e vontade de aperfeiçoamento. Já a confiança em outros e no ambiente podem ser estimuladas pelo Coach ao coachee através da prática de diálogos saudáveis, com mais atenção e respeito. Ter a humildade para pedir ajuda, mostrar fragilidade, reconhecer os erros. Aceitar as diferenças de percepção e opinião sem julgamentos, ater-se aos fatos, sem desconsiderar os sentimentos dos outros.

---

[10] Acesso ao site https://franklincovey.com.br/blog/segredo-da-genialidade/em 20.01.2020.

f) **Identificar crenças limitantes** – apoiar o coachee a identificar suas crenças limitantes que correspondem aos modelos mentais é uma ferramenta importante para ampliar o autoconhecimento. Há ideias que viram crenças e se encontram profundamente arraigadas. São generalizações ou imagens, suposições e casos que influenciam o modo de encarar o mundo e justificam as atitudes. Em geral, o julgamento dos outros está relacionado aos preconceitos internalizados e pressupostos que residem dentro de cada um.

***Como mentalidades rígidas, críticas, podem ser mudadas para uma mentalidade aberta, de aprendizado e transformação, as quais estão no coração da inovação e da resolução de problemas?***

**(Drucker,2002)**

g) **Buscar o seu propósito pessoal** – O Coach deve estimular o coachee a buscar um propósito. Isso significa, conectar a missão de transformar a si mesmo e a sociedade visando um mundo melhor. Deixar um legado. Segundo a teoria do Ikigai[11] que significa ter uma vida (Iki em japonês) em harmonia com os seus desejos e expectativas (Kai) é preciso identificar as diversas áreas que representam a intercessão entre vida pessoal e profissional. A crença que está por trás da teoria é de que quando o trabalho é motivado por um propósito pessoal e há alinhamento entre os valores individuais e os valores da Organização, o profissional torna-se mais produtivo e satisfeito – o que beneficia a todos a seu redor, incluindo a sociedade onde vive. A Figura 2 demonstra um exemplo do Ikigai.

## TERCEIRA PREMISSA:
## criar um ambiente facilitador para a realização pessoal e profissional

Existem ambientes facilitadores e dificultadores para que as pessoas possam ampliar a sua performance. Cabe ao líder no exercício de seu papel criar este ambiente. E ao coach, ampliar a percepção do coachee a respeito para que ele possa exercer este papel, seja em qual posição estiver na Organização.

[11] Ikigai é uma palavra japonesa que significa "razão de viver".

**Figura 2** Ikigai. Fonte: https://capitalsocial.cnt.br/ikigai/acesso em 21.01.2020.

### *O ambiente facilitador*

O ambiente facilitador para o aprendizado e, portanto, para se obter a realização pessoal e profissional é aquele que promove a autonomia do profissional para aprender e desaprender. Traduzindo, isso significa pensar, experimentar, refletir, aplicar e transferir (ERAT)[12] os conhecimentos, as habilidades e os sentimentos adquiridos. O ciclo ERAT é definido como um ambiente de aprendizagem no qual a experiência pessoal e a compreensão de sentimentos e emoções são favorecidas, acompanhado pelo incentivo à autorreflexão para facilitar a aplicação prática e a transferência a novos contextos.

A teoria é baseada na "aprendizagem experiencial" de Kolb (1984), que a define como um processo mediante o qual o conhecimento é criado via transformação da experiência.

Segundo o autor, o ponto de partida do ciclo de aprendizagem é a experiência concreta (sentir), que, para ser melhor aproveitada, requer observação reflexiva, gerando ideias e conceitos abstratos (pensar). Como consequência, emergem novas questões, que devem ser testadas pela

[12] O termo ERAT foi criado e desenvolviduo por Kolb (1984).

experimentação ativa (fazer). Os resultados dessa experimentação orientariam a escolha e a criação de novas experiências concretas, alimentando continuamente o ciclo.

O ERAT pode ajudar a desenvolver uma atitude positiva com relação às situações novas, contribuindo para o desenvolvimento da criatividade emocional. Contribui também para incentivar o profissional a tomar consciência de suas próprias emoções, de como as expressa e as utiliza na prática. Além disso, oferece suporte ao manejo de emoções diante de fracassos e sucessos, oferecendo possibilidades de potencializar as emoções positivas (estratégias adaptativas) e reduzir as emoções negativas (estratégias funcionais).

O Coach deve, portanto, a partir de diferentes ferramentas estimular o desenvolvimento do coachee. Para tal, vale reforçar o cuidado de propiciar um ambiente de empatia, escuta ativa e ausência de censura em relação ao tempo de resposta do coachee. Procurar aplicar técnicas que ampliem a sua percepção visando ajudá-lo a enxergar como as suas ações impactam outras pessoas.

### *O ambiente dificultador e as emoções tóxicas no trabalho*

Peter Frost (2003), professor de Comportamento Organizacional na *University of British Columbia* (UBC), em Vancouver, Canadá definiu "toxicidade" como sendo o sofrimento que drena a vitalidade, diminuindo a autoestima e provocando uma desconexão entre a pessoa e seu trabalho. Tal desconexão é produzida quando atitudes individuais, ou políticas organizacionais, não levam em conta o envolvimento emocional que as pessoas naturalmente desenvolvem no trabalho.

Em geral, esta situação ocorre em ambientes onde existe: o abuso de poder, estilo de liderança incompatível, processos de mudança que não respeitam os valores declarados, diferença de valores entre profissionais e fortes competições internas. Neste ambiente, não há sensibilidade interpessoal que permita relacionamentos nos quais ocorra uma verdadeira troca social. Há pouco feedback positivo, como expressões de aprovação, respeito, estima e afeição.

### *O que potencializa as emoções toxicas?*

Aspectos de personalidade, tais como alto grau de narcisismo, excesso de racionalidade, ausência de crenças morais ou religiosas, desejo incontrolável de poder, ausência de valores que privilegiam as pessoas e sua saúde física e mental são fatores críticos.

Por outro lado, Frost detectou a existência de pessoas que atuam como facilitadores (denominados *toxin handlers*). Os facilitadores têm a habilidade de dispersar o envenenamento emocional ressignificando as mensagens tóxicas de forma construtiva. O que os capacita para tal é a elevada empatia e inteligência emocional que possuem.

## QUARTA PREMISSA: garantir que fatores críticos de sucesso estejam presentes no processo de desenvolvimento, para a alta performance, visando resultados efetivos

No processo de coaching, o coachee tem a rara oportunidade de se ver através do olhar de um profissional experiente e com boa formação que está a seu dispor para apoiá-lo no seu processo de desenvolvimento.

- **O primeiro fator crítico de sucesso é a formação do coach**. Existem muitas escolas atualmente que oferecem a formação para um coach, mentor ou *Advice*. Porém, é preciso ter cuidado e critérios no momento de escolher. É importante ter clareza quanto a proposta de trabalho do Coach, conversar com pessoas que já vivenciaram o processo e verificar a seriedade da fonte. Não é objetivo deste trabalho fazer indicações, apenas alertar para o fato de que para haver confiança e credibilidade é preciso ter, como princípio, fazer uma boa escolha.
- **O segundo fator crítico de sucesso é a relação honesta entre Coach e coachee.** Não é fácil mudar a si mesmo, olhar-se no espelho e ver quem você é e, não, quem gostaria de ser. É bastante comum, o coachee ter uma postura defensiva, expectativas irreais de resultados milagrosos, exercer papel passivo no processo esperando soluções, e, as vezes demonstrar pouco compromisso com os acordos estabelecidos. Neste caso, a atitude do Coach será essencial para alinhar expectativas, comportamentos e resultados esperados.
- **Humildade para aprender de ambas as partes.** Não é apenas o coachee quem aprende numa relação honesta, de feedback autêntico e desejo genuíno de realizar mudanças. O Coach deverá ter a sensibilidade e flexibilidade para mudar o método, perceber os avanços, reconhecer suas limitações.

- **Ética profissional** tudo o que é discutido entre as partes deve ser confidencial e apenas compartilhado se for de comum acordo. No caso do profissional ser indicado por uma Empresa, o contrato psicológico entre as partes deve estabelecer o que pode ou não ser comentado.

Até que ponto o Coach poderá envolver ou não a Área de Recursos Humanos e a Gestão imediata do Coachee para feedbacks, precisa ser discutido. A experiência demonstra a importância desta ação devidamente contratada no início, considerando que a empresa que contratou o processo tem expectativas de resultados e é preciso ser implicada para garantir o seu sucesso.

## Ferramentas utilizadas no processo de coaching e que contribuem para ampliar o autoconhecimento

A utilização de ferramentas pelo Coach não é exclusiva de pessoas com formação em Psicologia, porém há que se ter cuidado com o conhecimento e formação adequada de quem as utiliza. Importante lembrar ainda que a ferramenta é apenas um instrumento facilitador. O coachee, aquele que participa do processo é quem valida o resultado e, portanto, o feedback recíproco é fundamental.

Existem testes específicos de personalidade que podem apoiar o processo de autoconhecimento e que são aprovados pelo Conselho Federal de Psicologia, neste caso, de uso exclusivo de psicólogos.

Entretanto, há no mercado profissionais com diferentes formações, tais como Administradores, engenheiros, pedagogos, entre outras profissões que investem em cursos específicos que, somados à experiencia pessoal e profissional como Gestores, executam brilhante trabalho atuando como coaches.

### OS INVENTÁRIOS DE PERSONALIDADE

Para citar alguns exemplos, é comum a aplicação do MBTI, FACET, DISC e outros instrumentos que são inventários de personalidade; portanto não são testes. A diferença é que os inventários buscam classificar as preferências individuais e não o que está certo ou errado. Em todos os casos, quando se utiliza uma ferramenta é preciso compreender o **objetivo de sua aplicação** que é ajudar quem o realiza a identificar qual o seu perfil e qual a melhor atividade ou área de atuação que trará mais chances de alcançar a realização pessoal e profissional.

O Quadro 1 abaixo traz uma síntese a respeito dos conceitos dos instrumentos citados. Importante lembrar que a utilização do instrumento tem como pré-requisito a formação na respectiva metodologia. Os órgãos certificadores podem ser encontrados na internet.

**Quadro 1** Exemplo de inventários de personalidade. Fonte: informações disponíveis nos sites dos instrumentos citados.

| Instrumento | Conceito/Autores |
|---|---|
| **DISC** | O inventário DISC foi elaborado com base nos estudos de William Moulton Marston, PhD em Psicologia pela Universidade de Harvard. A ideia central foi entender como o ser humano responde ao ambiente em que está inserido e os motivos que direcionam suas ações e reações. De acordo com Marston, o sujeito tem duas esferas comportamentais. A interna diz respeito à percepção sobre o poder pessoal em seu contexto e a externa, a análise do ambiente. Diante disso, o autor traçou quatro variáveis comportamentais: **estabilidade, conformidade, dominância e influência.** |
| **FACET5** | O FACET5 – Tem como base a teoria do BIG5, desenvolvida na década de 1980, pela Redfield Consulting, na Europa. O resultado do inventário possibilita conhecer cinco fatores essenciais da personalidade: **determinação, energia, afetividade, controle e emocionalidade**. Para cada um deles existem 13 subfatores. A combinação destes fatores ajuda o profissional a compreender como as pessoas diferem em sua essência, como se motivam e como buscam alcançar os seus objetivos. |
| **MBTI®** | É um inventário que possibilita a identificação de características de personalidade. Foi desenvolvido por Katharine Briggs e sua filha Isabel Myers e tem como base a teoria dos tipos psicológicos de Carl Jung (psicólogo suíço). O instrumento identifica um tipo psicológico, dentre 16 outros tipos; sendo que cada tipo tem características, forças e pontos de desenvolvimento em diferentes situações de trabalho e relacionamento interpessoal. Neste sentido, a partir do conhecimento de qual é o tipo psicológico torna-se possível compreender e melhorar os relacionamentos e as aptidões, favorecendo o desenvolvimento pessoal e profissional. |

### *O que se recomenda para manter a alta performance?*

Além de ampliar o autoconhecimento, é igualmente importante manter esse processo de fortalecimento da autogestão. Para se obter a alta performance há que se considerar que este é um percurso contínuo que envolve *lifelong learning*, ou seja aprendizado contínuo ao longo da vida.

Os autores Neimeyer et al (2012) recomendaram para o desenvolvimento de competências continuadas, aquelas que propiciam manter a alta performance:

a) **Ser um aprendiz** – a importância de o profissional assumir completamente a responsabilidade por sua jornada, pelo que deseja ser e o que deve fazer para isso.
b) **Buscar e encorajar melhores práticas** visando estimular a articulação entre o conhecimento e sua aplicação (experiência);
c) **Medir os resultados das competências adquiridas** para aperfeiçoar os métodos de aprendizagem e sua difusão (reflexão-*feedback*);
d) **Assumir a responsabilidade pelo monitoramento dos diversos processos de aprendizagem** ampliar as possibilidades de potencializar os efeitos das diferentes modalidades de aprendizagem, como a tácita, a informal e a formal.

O coach, como profissional facilitador deste processo irá guiar o coachee através de interações e feedbacks que favoreçam o alcance do protagonismo, da autonomia e da busca de um propósito maior em sua vida pessoal e profissional.

Concluindo este capítulo, existem diferentes metodologias e ferramentas à disposição do Coach para realizar um bom processo de suporte ao autoconhecimento e, portanto, do percurso de desenvolvimento de profissionais para a alta performance. Cada escola que proporciona a formação de coach define ***aquela metodologia que considera a melhor.*** Porém, é senso comum que **quem atribui valor e qualidade** ao serviço ou ao produto recebido é o cliente. Somente ele poderá avaliar, de acordo com as suas necessidades e expectativas, se os resultados corresponderam às suas expectativas e agregaram valor à sua vida pessoal e profissional.

## REFERÊNCIAS BIBLIOGRÁFICAS

DRUCKER, Peter Ferdinand. O melhor de Peter Drucker: obra completa; tradução Maria L. Leite Rosa, Arlete Simille e Edite Sciulli. São Paulo: Nobel, 2002.

KOLB, D. (1984). *Experiential Learning:* Experience as the source of learning and development. Englewood Cliffs, N. J.: Prentice Hall.

F. M., & FLEURY, M. T. L. (2010). O desenvolvimento de competências organizacionais em diferentes modelos gerenciais de subsidiárias de empresas multinacionais Brasileiras. *Revista de Administração Contemporânea, 14*(4), 575-593.

GOLEMAN, Daniel. (2006). Inteligência social: a nova ciência das relações humanas.

NEIMEYER, G. J., Taylor, J. M., & Cox, D. R. (2012). On hope and possibility: Does continuing professional development contribute to ongoing professional competence? *Professional Psychology: Research and Practice. 43*(5), 476-486.

## Sites consultados

IBC Instituto Brasileiro de Coaching disponível em:

https://www.ibccoaching.com.br/portal/comportamento/escuta-ativa-entenda-como-desenvolve-la-ambiente-de-trabalho/ acesso em 20.01.2020.

COVEY, F. Segredo da genialidade. Disponível em: https://franklincovey.com.br/blog/segredo-da-genialidade/ acesso em 20.01.2020.

MOGI, Ken. IKIGAI. Disponível em: https://capitalsocial.cnt.br/ikigai/ acesso em 21.01.2020.

CAPÍTULO 4

# Coaching, Mentoring e Advice

SHIRLENE RIBEIRO

*"A maior habilidade de um líder é desenvolver habilidades extraordinárias em pessoas comuns."*

**Abraham Lincoln**

## INTRODUÇÃO

Este capítulo tem como objetivo apresentar os conceitos de coaching, mentoring e *Advice ou counseling*, indicando em que situações estes profissionais de referência podem contribuir com pessoas que buscam ampliar a alta performance e/ou mantê-la. Traz alguns exemplos do papel do Coach, do mentor e do *Counselor* (conselheiro), quais são os tipos de coaching e como o processo ocorre, sem pretensão de esgotar o tema. Apresenta também a aplicação destes papéis nos processos de transição de carreiras e sucessão.

### Coach e coaching

A origem do **coach** remete ao século V a.C., quando Sócrates, por meio de diálogos e questionamentos com seus discípulos, tão bem descritos por Platão, e baseado no princípio de que a verdade está dentro de cada um, já praticava um dos métodos de coaching, demonstrando sua eficácia. Em 1500, a palavra "coche", do inglês medieval e, no atual, "coach", carruagem, significava o instrumento/carruagem que transportava pessoas de um lugar onde estavam para onde desejavam ir. A palavra sempre deu a ideia de levar ou transportar.

Coaching tem hoje o sentido de treinar, de ajudar as pessoas a se dedicarem e a ter entusiasmo no cumprimento de seus objetivos. A palavra ainda traz consigo a ideia de ajudá-las a sair de um estado atual e a alcançar um estado desejado. Em 1850, a palavra, Coach" era usada nas universidades da Inglaterra para denominar o tutor de uma pessoa, aquele que ajudava os estudantes a se prepararem para os exames.

***Nos esportes todo bom atleta tem um ótimo coach.***

Para Krausz (2007), o **coaching** é uma atividade profissional em construção, uma arte que exige sutileza de quem a pratica e técnicas amparadas na expansão do conhecimento científico, particularmente do conhecimento humano, dos processos de aprendizagem e do conjunto de fatores socioculturais que atuam num determinado contexto.

A autora aponta que o termo **coaching** parte de alguns pressupostos, entre os quais destacam-se:

- As pessoas sabem mais do que acham que sabem;
- As pessoas possuem recursos nem sempre adequadamente aproveitados para elevar sua performance;
- Perguntas adequadas, úteis e estimulantes produzem mais resultados que ordens e comandos;
- Toda falha apresenta uma oportunidade de aprendizado;
- Metas desafiantes e viáveis, fazem emergir o que há de melhor nas pessoas;
- Toda aprendizagem é precedida de alguma forma de experimentação;
- Querer é o primeiro passo para o poder e o fazer.

Whitmore (2006) afirma que o coaching consiste em libertar o potencial de uma pessoa para incrementar ao máximo seu desempenho; além de ajudá-la a aprender em lugar de ensiná-la. Daí a necessidade de pensar as pessoas não apenas em relação ao desempenho apresentado no passado, como também no potencial latente, ainda não utilizado.

***O coach desperta o potencial e maximiza o desempenho!***

Importante destacar, para melhor entendimento, que **coaching** diz respeito ao processo, **coach** diz respeito ao profissional que facilita o processo e **coachee** aquela pessoa que o vivencia visando ampliar o seu desenvolvimento. O plural de coach é **coaches**.

A Tabela 1 abaixo apresenta alguns conceitos sobre Coaching, de acordo com a visão de autores e instituições formadoras deste tipo de profissional: o coach.

**Tabela 1** Conceitos sobre Coaching. Fonte: adaptado pela autora conforme bibliografia ao final.

| Autor | Conceito |
|---|---|
| ICF – Internacional Coaching Federation | Coaching é uma parceria com os clientes em um processo instigante e criativo que os inspira a maximizar seu potencial pessoal e profissional. |
| SBC – Sociedade Brasileira de Coaching | Coaching é um processo que visa aumentar a performance de um indivíduo, aumentando os resultados positivos através de metodologias, ferramentas e técnicas conduzidas por um profissional, o Coach, em parceria com o cliente, o coachee. |
| SLAAC – Sociedade Latino Americana de Coaching | O coaching é uma nova área no mercado de trabalho que sintetizou o que há de melhor na: gestão de negócios e estratégia, filosofia, psicologia positiva e terapia cognitiva. Seu objetivo é beneficiar todos que estão passando por um processo pragmático ou que buscam alcançar objetivos. |
| Berg & Karlsen (2012) | coaching é um processo de formação que desenvolve autoconfiança, autoeficácia e contribui para ações que gerem resultados. Assim, ajuda o indivíduo a desenvolver melhores padrões de aprendizagem, estimulando novas ideias, suposições e teorias. |
| DI Stéfano (2014) | O processo de coaching tem a função principal de promover o aprendizado e o desenvolvimento das pessoas. |
| Goldsmith (2003) | O coaching é um processo amplo, completo e continuo e não apenas um evento único de entrevista. O pleno valor de qualquer atividade de coaching só pode ser percebido quando um novo comportamento é efetivamente concretizado na realidade do profissional. |
| Krausz (2007) | O processo de coaching contribui para que as pessoas e os grupos se transformem, reflitam a respeito de sua visão de mundo, de seus valores e crenças, aprofundem sua aprendizagem e incorporem novas habilidades e capacidades, expandam sua prontidão para agir de forma coerente e eficaz. |
| Pacheco (2005) | O coaching consiste em uma metodologia que promove o acompanhamento e a orientação por meio de diálogos, com foco na pessoa, na sua aprendizagem, no desenvolvimento de competências, no seu desempenho, nos resultados a serem alcançados, no futuro e na liderança. O processo é fundamentado em feedback em face de resultados alcançados e daquilo que se propõe a atingir junto ao interessado. |

Muitos autores e Instituições definem o processo de coaching. Porém, para a finalidade deste capítulo as definições visam apenas fazer um alinhamento, considerando os diferentes públicos a que este livro se destina. Assim, como existem inúmeros conceitos há vários tipos de coaching atualmente disponíveis no mercado de trabalho.

## TIPOS DE COACHING

A literatura sobre o tema traz inúmeros tipos de coaching e de Coach. A busca pelo profissional certo está relacionada ao objetivo que se deseja alcançar.

### Coaching de executivos

Em geral, este tipo de processo é procurado por empresários, diretores, executivos gestores de diferentes áreas da Organização. Tem como objetivo desenvolver competências para alcançar objetivos corporativos, manter a alta performance de acordo com as estratégias e necessidades dos negócios.

### Business Coaching

Este processo de Coaching, em geral é procurado por empresários, sócios, gestores em posições estratégicas que necessitam ampliar a visão sistêmica sobre a gestão do negócio, buscando inovações e resultados efetivos, se aprofundando nas estratégias empresariais e no desenvolvimento dos perfis comportamentais dos colaboradores diretos.

### Team Coaching

O coaching de equipes tem como objetivo o desenvolvimento e a maximização da performance das pessoas que compõem a equipe, incluindo a interface com outras. Neste caso, são definidas metas alinhadas com a estratégia organizacional e também do setor de atuação da equipe; a base deste processo é planejado de acordo com o modelo de competências previamente acordado com a Organização.

### Coaching de carreira

O Coaching de carreira atua de forma individual com profissionais que buscam desenvolvimento visando novas oportunidades no mercado ou dentro da própria empresa onde atuam. O objetivo é principalmente atualização e o desenvolvimento de competências.

### Leader coach

O processo tem como objetivo desenvolver competências de liderança mais refinadas, tais como ser um líder inspirador e transformador de sua realidade. Visa, em especial, oportunizar que estes líderes possam desenvolver outros líderes. Neste caso, o líder atuaria como coach de outros.

### Coaching visando equilíbrio entre vida e trabalho

Os profissionais que buscam este tipo de processo objetivam reduzir o estresse, ampliar a qualidade de vida, obter maior equilíbrio físico e mental, fazer um planejamento de vida e carreira.

### Coaching financeiro

O Coach financeiro procura entender qual o objetivo da pessoa. Através da escuta avalia a situação financeira na qual o cliente se encontra, ajudando-o a definir prioridades, avaliar o quanto recebe e o que pode gastar, organizar o orçamento, livrar-se das dívidas e assim por diante. O coach financeiro pode também apoiar empresários visando ampliar sua compreensão sobre as finanças da empresa. Outro objetivo, bastante comum, é a orientação para aquelas pessoas que desejam aprender a investir.

Krausz (2007) afirma que, qualquer modelo de coaching é uma tentativa teórica de distinguir fases ou formas, considerando que o processo é dinâmico, um relacionamento fluido, voltado para resultados a serem alcançados em cenários instáveis e imprevisíveis, nos quais as prioridades estão sujeitas a oscilações.

## PAPEL DO COACH

***De uma forma simples e objetiva, o papel do coach é apoiar as pessoas para alcançarem determinado resultado.***

A forma como ele faz isso tem inúmeros desdobramentos, conforme segue:

- O *coach* estimula o pensamento e ajuda as pessoas a remover obstáculos interiores, de forma a libertar aptidões nunca antes reveladas. A principal função do *coach* é a de desbloquear as aptidões da pessoa, de modo a maximizar o seu próprio potencial. (Santos,2007)

- As duas palavras-chaves em *coaching* segundo Santos (2007) são **percepção** e **responsabilidade**. O *coachee é* ajudado a melhorar a sua autopercepção, a reconhecer o que alcançou fora do seu trabalho, a ver a maneira eficaz como lidou com crises, a ganhar um sentimento de força interior.
- Para GIL (2008, p.283) o papel do coach deve ser de (a) ajudar o coachee a descobrir o seu potencial de trabalho; (b) ajudar a perceber com maior facilidade as oportunidades e a se libertar das limitações; (c) fornecer o suporte necessário para assumir o gerenciamento do próprio medo questionamento premissas e paradigmas; (d) ajudar a definir objetivos e estabelecer metas e assegurar que estejam na direção correta; (e) apoiar a descoberta das competências necessárias para o melhor desempenho e sua avaliação de forma objetiva; (f) ajudar a superar obstáculos, tais como crenças, atitudes e condutas que atrapalham o caminho para a realização profissional; (g) desenvolver um sistema de referência para dar e receber feedback para motivação e melhoria de desempenho; (h) fornecer suporte e estrutura para melhorar a comunicação com a equipe e gerenciar os conflitos; (i) favorecer a percepção de suas deficiências profissionais; (j) auxiliar na correção da conduta no trabalho; (k) encorajar o crescimento pessoal e profissional.

## O coach apoia o desempenho ou a performance?

É bastante comum a confusão entre estes dois conceitos.

***Desempenho está relacionado ao passado e performance ao futuro.***

Algumas vezes, estas duas palavras aparecem como sinônimas, porém no mundo corporativo mede-se primeiro o desempenho para depois medir a performance. Considera-se que o desempenho está relacionado a comparação entre o resultado desejado versus realizado; neste caso o foco é no passado, pois já aconteceu. No caso da performance, a análise é feita a partir do potencial que o profissional demonstra para realizar ações que melhorem ou maximizem os resultados. Ele irá mostrar os conhecimentos que possui e como irá utilizá-lo para desempenhar melhor suas funções, estar apto a promoções, construir sua carreira futura. O profissional deve saber onde se encontra, o que quer e como vai conseguir alcançar seus objetivos futuros.

No modelo de **performance**, o objetivo é explorar e superar o potencial, trabalhar para o alcance de metas que sejam comuns dentro da equipe onde o profissional atua. Para tal, é preciso criar um ambiente de aprendizagem e reflexão sobre acertos e erros que estimule ampliar a percepção e abertura para mudanças.

***Não se pode esperar performance sem investir em desenvolvimento contínuo.***

Concluindo, o coach é um profissional cujo papel é empoderar o coachee para que realize mudanças em si mesmo ou no ambiente onde atua, de forma a melhorar o seu desempenho presente, ampliar suas competências e talento, investir na manutenção e desenvolvimento contínuo de sua performance visando assumir posições mais complexas no futuro.

## COMO FUNCIONA O PROCESSO DE COACHING?

***A forma de funcionamento do coaching e o método a ser utilizado dependerá do tipo de coaching e seu objetivo.***

De uma forma geral, o Coaching ocorre através de Sessões Periódicas de Atendimento Individual ou de Grupo/Equipe.

- **Tempo de duração:** ocorrem por um período de tempo negociado entre o Coach e o Coachee. Em várias situações numa média de 10 a 15 encontros.
- **Frequência:** as sessões podem ser semanais, quinzenais ou mensais, de acordo com o programado entre as partes e a disponibilidade de horário.
- **Formato:** os encontros podem se dar de forma presencial, ou ainda, **à distância** por telefone, via eletrônica, e serem realizadas na empresa, no escritório ou outro local definido.
- **Método**: utiliza de modernas técnicas de desenvolvimento de competências para a alta performance, sustentadas na expansão do conhecimento, tanto do comportamento humano, das neurociências, neurolinguística, como do contexto organizacional.

**O método deve enfatizar** a linguagem apreciativa para despertar as forças e competências. Trabalhar com a interpretação e o significado das experiências e comportamentos pessoais para ampliar a consciência e desenvolver estratégias de mudança visando desenvolver uma visão de futuro com metas definidas e como alcan**çá**-las.

## AMPLIANDO OS CONCEITOS E FORMAS DE APOIAR O DESENVOLVIMENTO PARA A ALTA PERFORMANCE ATRAVÉS DO MENTORING, ADVICE OU COUNSELING

Atualmente, algumas organizações adotam as três práticas – Coaching, Mentoring e Counseling. Embora, conceitualmente sejam diferentes, em muitos momentos as três se complementam para aumentar a eficiência dos processos de desenvolvimento de pessoas dentro das organizações.

> ***O ponto comum entre as três práticas é a relação de parceria que acontece para garantir o desenvolvimento do indivíduo. Afinal, este sempre é o objetivo final.***

O processo de **Coaching** foca em um objetivo específico, seja ele atingir um resultado determinado, adquirir competências ou desenvolver habilidades; o **Counseling**, ou aconselhamento, é utilizado para correções de comportamentos ou performances e nas tomadas de decisão; e o **Mentoring** é uma monitoria que envolve orientação, conselhos e aponta direções. A figura do Mentor nas empresas, ocorre quando um gestor experiente assume o papel de educador interessado no desenvolvimento de um ou mais profissionais, transferindo a ele seu conhecimento.

Já o ***Counselor*** desempenha um papel importante nas situações em que o indivíduo passa por problemas de performance ou de comportamento dentro da empresa, geralmente motivados por transições de carreira, dificuldades com a liderança, falta de motivação, entre outros. Os problemas são discutidos abertamente, as percepções são alinhadas e um acordo é definido entre as partes para que o comportamento seja corrigido.

**O Mentor,** ou os mentores são verdadeiros guias que ajudam a ressaltar o potencial ao longo de uma jornada. Eles alertam sobre a dinâmica do mercado e os perigos ocultos que, na maioria das vezes, o conhecimento teórico não é capaz de detectar. A experiência profissional do mentor amplia a visão sistêmica do negócio.

***Um mentor geralmente concentra sua atuação no indivíduo e não em uma tarefa ou desempenho específico.***

Através do processo de troca de experiências, busca-se encontrar soluções. Por exemplo, na busca de um propósito para a marca pessoal, na delimitação das suas perspectivas de futuro na carreira, entre outros. Da mesma forma, os mentores são capazes de contribuir na definição de metas claras, inclusive dividir os objetivos em etapas gerenciáveis e os desafios enfrentados para alcançá-los.

A Tabela 2 apresenta uma visão macro a respeito das diferentes modalidades de intervenção para o desenvolvimento e como funcionam.

Concluindo, todas as modalidades de suporte ao desenvolvimento das pessoas têm o mesmo grau de importância. A escolha depende do momento e finalidades a serem obtidas, não há uma melhor e outra pior, o que difere é o grau de abrangência.

## APLICAÇÃO – LÍDERES FORMANDO LÍDERES

Os executivos têm atribuições gerenciais específicas e que devem ser cumpridas simultaneamente com o processo de coaching, mentoring ou *counseling*. Vale lembrar que o "quando" aplicar um ou outro processo ou processos em conjunto, dependerá da situação e respectiva necessidade, conforme já foi exposto.

### Desenvolver pessoas é parte da atribuição de qualquer liderança

Para obter o engajamento da equipe o líder precisa ser inspirador, isto é, ser capaz de criar um ambiente motivador, construir confiança, oferecer liberdade para pensar, e compartilhar ideias que possam otimizar o dia a dia nas atividades que cada um realiza. É preciso dar autonomia com responsabilidade para assumir as decisões que se fizerem necessárias.

Outro aspecto igualmente importante é estimular a criatividade para buscar soluções simples e aplicáveis que possam favorecer a execução da estratégia empresarial. Em especial nessa nova era digital. Aqui se tem dois desafios:

***É importante manter a equipe engajada nos objetivos da empresa, ao mesmo tempo em que eles vejam um propósito naquilo que fazem.***

**Tabela 2** Diferentes modalidades de intervenção para o desenvolvimento de pessoas e como funcionam. Fonte: Rosa Krausz (2007).

| | Coaching | Aconselhamento | Mentoria | Consultoria | Terapia | Treinamento |
|---|---|---|---|---|---|---|
| **Abrangência** | Questões de desempenho, desafios e mudanças específicas | Orientações para lidar com questões emocionais que impactam na trajetória pessoal ou profissional | Questões relacionadas com a empresa, carreira ou transições profissionais | Questões e problemas da empresa | Questões relacionadas com a saúde emocional | Questões relacionadas com aprendizagem |
| **Foco** | Ação<br>Resultados | Problemas | Possibilidades | Funcionamento da empresa | Dificuldades de ordem emocional | Deficiência de conhecimento, experiência, habilidades profissionais |
| **Tempo** | Presente e futuro | Passado e presente | Passado, presente e futuro | Presente e futuro | Experiências e fatos passados | Presente |
| **O que aborda** | Como o cliente age em razão dos resultados a serem alcançado | Como o cliente atua em determinadas situações | Orientações de como agir no âmbito profissional e carreira | O que pode, o que deve ser mudado, melhorado nos sistemas da empresa | Porque o cliente age, sente e pensa e como poderia ser alterado para alcançar maior conforto e bem-estar | Como fazer para produzir mais resultados com os recursos existentes e garantir a competitividade da empresa |
| **Quem faz** | Um profissional coach executivo/empresarial | Um profissional da área de aconselhamento | Um mentor | Um consultor especializado e experiente num determinado setor | Um terapeuta | Um profissional experiente em treinamento e com conhecimentos específicos de sua área de atuação |
| **Resultados** | Gerar opções construtivas, viáveis e informadas e utilizá-las para obter os resultados desejados | Compreensão da problemática e disposição para equacioná-la | Informações e insights para ampliar sua visão e conhecimento | Aperfeiçoamento da empresa, solução e prevenção de problemas | Alívio, eliminação das causas do mal-estar e dificuldades sentidas | Aquisição dos conhecimentos, habilidades e experiências necessárias para a prática profissional |

Um objetivo motivador é aquele que atende igualmente o colaborador e a empresa. Onde quem executa vê sentido e significado na atividade e no resultado. Um líder coach além de estabelecer os objetivos a serem alcançados, apoia sua equipe no alcance dos mesmos. É um patrocinador e abre portas para facilitar os meios que levarão ao sucesso.

## O líder deve exercer uma gestão responsável conduzindo a organização de forma sustentável, dentro de extrema ética profissional

A indústria 4.0 trouxe uma aceleração sem precedentes. Em conjunto com a industrialização e a modernização estão as inovações tecnológicas presentes na chamada Quarta Revolução Industrial. Definindo-a de forma simples, ela se caracteriza pela conectividade em tempo real, graças ao advento da internet, que impulsiona o avanço constante das tecnologias de comunicação e informação. Difícil identificar o que seja o mundo real e o virtual, o impacto na gestão e nos relacionamentos tornou-se extremamente desafiador, nesse sentido.

É preciso refletir o quanto isso afeta a vida de todos. As relações interpessoais dentro das Organizações interferem no desempenho fortemente. Para construir ***confiança entre líder e liderados***, bem como dentro da própria equipe, é preciso tempo para amadurecer as relações e neste mundo acelerado, é possível dizer que há uma crise de confiança. Por outro lado, há uma necessidade por parte das empresas de obter a alta performance, considerando que a expectativa de excelência nos serviços ou produtos que oferece é cada vez maior diante do cenário de competição globalizada.

O desafio, portanto, para as lideranças é compreender que a aceleração e a busca de resultados sem reflexão ética e pensamento sustentável do impacto das decisões presentes no futuro, fazem com que as pessoas não tenham tempo para aprofundar nos assuntos, realizar análises consistentes, questionar os modelos mentais.

***Nunca o diálogo e o feedback constantes e contínuos foram tão importantes.***

## O líder precisa inspirar as pessoas a desaprender, aprender e reaprender

O ser humano aprende e se desenvolve mais rapidamente quando é tratado com dignidade e respeito. Interagir com os liderados e respeitar as diferenças individuais, ouvir ativamente, ter empatia são competências importantes para apoiar o processo de aprendizagem.

Para desaprender é preciso analisar com profundidade e olhar sob outros pontos de vista e isso só acontece em um ambiente onde exista confiança. Mudar o modelo mental significa desaprender e aprender novamente. Quando há diversidade (gênero, cor, origem, dentre outros itens) maior é a oportunidade de aprendizagem entre pares.

Magaldi e Salibi Neto, no livro Gestão do amanhã (2018), provocam reflexões a respeito da nova forma de pensamento das lideranças capazes de fazer a gestão funcionar. O "Pense *Bold*"[13] é um dos exemplos explorados pelos autores. O pensar *bold* significa pensar de forma exponencial e não linear. Um pensamento disruptivo. Significa, ainda, atrair as pessoas para um propósito, um sonho comum.

## O líder como transformador da cultura organizacional

O líder influencia e sustenta os hábitos arraigados na cultura através do exemplo. Tudo o que ele fala, faz, decide demonstra sua crença. Dessa forma, é preciso criar uma cultura organizacional voltada para valores, como a colaboração e a abertura à inovação, além de ter um processo decisório com base em informações confiáveis e precisas (*data-driven decision making*). Mais do que apenas conhecer tecnologias, o maior desafio do líder está em dar um tratamento adequado às informações que permitam a todos tomar melhores decisões. A disponibilidade e a transparência das informações é que auxiliarão a empresa a prever e se adaptar mais rapidamente às novas condições de mercado – bastante voláteis hoje em dia.

> ***"O movimento não é mais em direção a um objetivo; ele se tornou o objetivo em si mesmo[14]".***

Vale enfatizar que nenhuma boa tecnologia substitui a relação de confiança entre líder e liderado. A credibilidade de um líder está relacionada a fazer o que ele disse que ía fazer. Coerência gera confiança e o exemplo ainda é a melhor forma de educar. O líder, no papel de coach, mentor ou Counselor irá promover o desenvolvimento de seus liderados com a máxima responsabilidade e ética – o que significa que em suas atitudes e

---

[13] Em inglês, ousado, arrojado e corajoso.

[14] ROSA,Harmut. Aceleração: a transformação das estruturas temporais na modernidade. São Paulo: UNESP, 2019.

decisões devem estar presentes valores que garantam respeito à diversidade reconhecimento das pessoas pelo seu resultado e não por fatores de gênero, raça, cor ou religião. Assumir projetos que visem criar uma sociedade mais justa

## O PAPEL DO COACH, MENTOR E COUNSELOR NA TRANSIÇÃO DE CARREIRAS E NA SUCESSÃO

> ***"O que realmente interessa um líder não é o número de pessoas que o obedecem, mas o número de pessoas que tenham espaço para usar o seu potencial"[15].***

Se o Executivo assume um dos papéis descritos ou no conjunto, é importante que esteja clara a importância do *empowerment* e, consequente desapego da posição. Quando um líder está convencido que precisa delegar para o seu próprio desenvolvimento e o da equipe onde atua, fazendo desta ação um verdadeiro propósito, os resultados trazem grande realização pessoal e profissional. Uma das competências chave da liderança é a humildade para reconhecer que outros podem fazer tão bem o trabalho quanto quem está delegando, orientar e acompanhar o desempenho e estimular a performance, conforme já foi dito.

Ao se criar a cultura de oportunidades para o aprendizado, autonomia e reconhecimento, o resultado é uma equipe confiante, criativa e que produz mais e melhor. No passado, o modelo de gestão era baseado apenas nas competências técnicas e o líder era também o chefe. O que tudo sabia. O colaborador era aquele que obedecia. Este modelo exige nova configuração, conforme demonstra a Tabela 3.

### A transição de carreira

> ***Um momento de transição significativo ocorre quando uma pessoa assume um novo papel.***

A transição de carreira exige maturidade. Profissionais que estão novos na função se deparam com desafios e paradoxos bem singulares. Eles deverão manter a imagem de "excelentes profissionais", afinal foi o seu desempenho e potencial que os levaram a alcançar a nova posição. E, ao

[15] Di Stefano. O Líder Coach. Rio de Janeiro: Qualitmark, 2014, p.22.

**Tabela 3** Fonte: elaborado pela autora.

| Gestão à moda antiga | Gestão de alta performance |
|---|---|
| O gestor dizia o que fazer e esperava ser obedecido | O líder assume os papéis de Coach, educador, mentor, conselheiro, facilitador, patrocinador fazendo perguntas para que o colaborador pense e realize |
| O estilo de gestão era comando e controle | O líder promove a autonomia. Estabelece a visão e a compartilha, bem como, o seu significado. Cria o futuro |
| Gerenciamento de tarefas e não de pessoas | Gerencia pessoas e não tarefas. Desenvolve pessoas e acredita no seu potencial. É um parceiro estratégico na obtenção de resultados |
| Avaliação apenas do desempenho e não da performance | Avalia o desempenho e a performance. Oferece feedback constante com foco no desenvolvimento |
| Liderança baseada na autoridade e no medo | Liderança baseada na confiança e no reconhecimento |
| Ausência ou pouco reconhecimento em relação ao trabalho bem feito | O líder reconhece e valoriza boas entregas e expõe positivamente o colaborador. Oferece autonomia, dando liberdade e atribuindo responsabilidades |
| Investe pouco no autodesenvolvimento | Investe fortemente no seu autodesenvolvimento e no desenvolvimento da equipe |

mesmo tempo, enfrentar a realidade de que mudou o cargo, o papel, a quantidade de tempo para tomar decisões, o grau de responsabilidades, além de lidar com os desafios individuais e pessoais da liderança. Em especial, se estão na posição de líder de líderes. Poucas pessoas estão preparadas para esta avalanche de responsabilidades, portanto, procurar o suporte de outros profissionais de referência é fortemente indicado para se obter uma referência.

Ram Charan descreveu com maestria como lidar com estes desafios no livro chamado o Pipeline de Liderança.[16] O pipeline, assim como as carreiras não são uma linha reta. O pipeline é um cano que se curva em seis pontos. Ram Charan e outros autores do livro citado, aproveitaram a metáfora para descrever as diferentes passagens de mudança nas posições organizacionais e seus respectivos desafios.

[16]CHARAN, Ram. DROTTER,S. NOEL,J. Pipeline de Liderança. 7ª ed. Rio de Janeiro: Elsevier, 2009.

Os autores afirmam que para cada posição há um conjunto de habilidades que precisam ser desenvolvidas. A obra destaca quais são os requisitos necessários para evitar as ciladas associadas a cada uma das posições, não apenas para os líderes, como também para os chefes e colaboradores.

Simplificando, apenas como sugestão de leitura de aprofundamento, os autores apontam três áreas onde será necessário investir, cada vez que houver mudança de posição na Organização.

a) **Habilidades**: quais devem ser as novas competências necessárias para executar novas responsabilidades.
b) **Aplicações do tempo**: como organizar e fazer o controle da agenda de horários que vão orientar o trabalho do líder.
c) **Valores profissionais**: o que as pessoas acreditam ser importante e, que dessa forma, deve se tornar o foco de seus esforços.

A Figura 1 apresenta o modelo de pipeline de liderança, descrito pelos autores.

**A sucessão** representa um momento importante do ponto de vista real e simbólico. Na sucessão há a transferência de poder e autoridade de

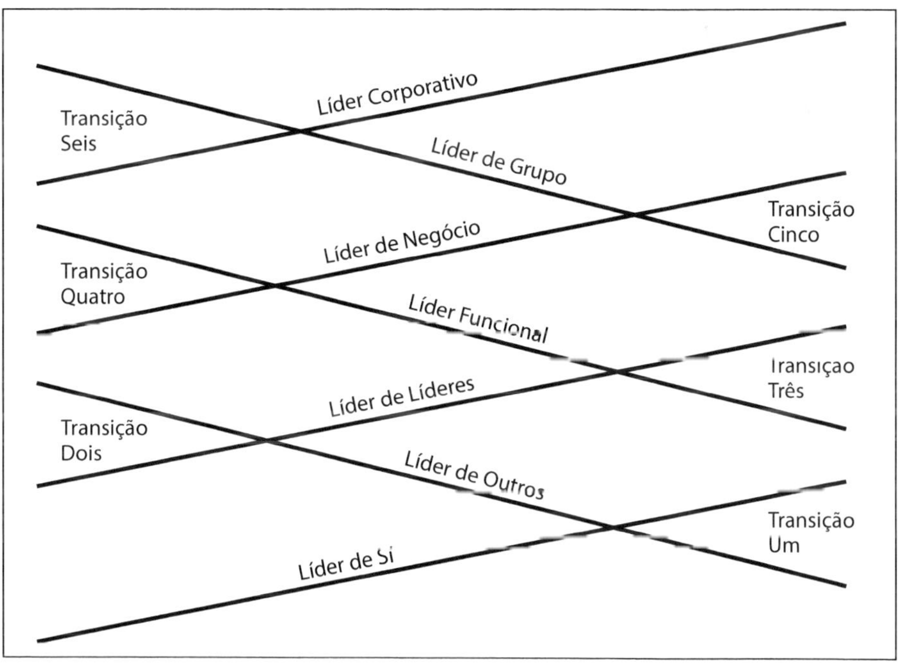


**Figura 1** Etapas: Pipeline de Liderança. Fonte: adaptado pela autora.

um status antigo para um novo. Simbolicamente, é comunicado o conjunto de valores presentes na cultura organizacional tanto pela forma de nomeação, quanto pelo perfil da pessoa nomeada.

Muitas empresas tem planos de sucessão cuidadosamente preparados com rigor, que identificam os sucessores baseados na meritocracia e no potencial, permitindo propiciar oportunidades para diferentes profissionais. O candidato deve demonstrar habilidade no desempenho de vários papeis, tendo destaque competências técnicas e interpessoais, as chamadas soft skills.

A partir da identificação do sucessor é que o Coach, Mentor ou Conselheiro entra em ação. O profissional, em geral externo, irá facilitar a compreensão dos papéis atuais e futuros do sucessor apoiando-o nas diferentes passagens de sua transição.

## CONCLUSÃO

Neste capítulo foram apresentados os conceitos de coaching, mentoring, Advice ou *counseling,* visando promover uma base comum de conhecimento que oportunizasse aos diferentes profissionais de mercado escolher qual o melhor profissional de referência para apoiá-los na potencialização de sua performance. Além disso, procurou-se oferecer subsídios para gerentes, diretores, executivos em geral, que já atuam dentro das Organizações e assumem, de forma tácita o papel de desenvolver pessoas e promover a excelência no desempenho e entrega de resultados, de forma responsável e sustentável.

A apresentação do tema líder de líderes teve como objetivo destacar a importância de criar um ambiente favorável para o aprendizado permanente, obtendo desta forma, o engajamento na busca de soluções conjuntas, promoção da autonomia responsável, maior compreensão do significado da atividade, respeito às diferenças individuais, reconhecimento positivo e postura ética.

Somente num clima de confiança e abertura à participação efetiva, o líder será inspirador e transformador da cultura organizacional onde atua, sendo capaz de formar sucessores e deixar um legado para a sociedade.

## REFERÊNCIAS BIBLIOGRÁFICAS

BERG, M. E.; KARLSEN, J. T. An evaluation of management training and coaching. Journal of Workplace Learning, v. 24, n. 3, p. 177-199, 2012.

GIL, A. C. Gestão de Pessoas: enfoque nos papéis profissionais. São Paulo: Atlas, 2008.

GOLDSMITH, Marshall; Lyons, Laurence, Freas; Freas, Alyssa. Coaching, o exercício da liderança. Rio de Janeio: Elsevier – DBM, 2003.

KRAUSZ, Rosa R. Coaching executivo: a conquista da liderança. São Paulo: Nobel, 2007.

MAGALDI, S. Neto JS. Gestão do amanhã. São Paulo: Gente; 2018. p. 256.

PACHECO, L; SCOFANO, A.C.; BECKERT, M; SOUZA, V. Capacitação e desenvolvimento de pessoas. Rio de Janeiro: FGC, 2005.

WHITMORE, John. Coaching para performance: aprimorando pessoas, desempenhos e resultados. 1ª ed. Rio de Janeiro: Qualitymark, 2006.

### Sites consultados

ICF. International Coaching Federation, 2020. Conceito de coaching. Disponível em: https://www.icfbrasil.org/icf/sobre-a-icf. Acesso em 20.01.2020.

SBC. Sociedade Brasileira de Coaching, 2020. Conceito de coaching. Disponível em: https://www.sbcoaching.com.br/o-que-e-coaching. Acesso em 20.01.2020.

ABRH. Associação Brasileira de Recursos Humanos. Questões Críticas na Gestão do Capital Humano. Disponível em: http://abrhmg.org.br/. Acesso em 30/04/2019.

PORTAL RH. Desempenho ou Performance? Disponível em https://www.rhportal.com.br/artigos-rh/desempenho-ou-performance/acesso em 22.01.2020.

SLAC – Sociedade Latino Americana de Coaching. Conceito de coaching. https://www.slacoaching.com.br/o-que-e-coaching. acesso em 22.01.2020

HARTMUT, Rosa. A paradoxal falta de tempo no mundo moderno. Disponível em: http://editoraunesp.com.br/blog/hartmut-rosa-discute-a-paradoxal-falta-de-tempo-no-mundo-moderno. Acesso em 22.01.2020.

CAPÍTULO 5

# Os Benefícios do Processo de Coaching

Rosimeri Dalagnol Severo[1]

Neste capítulo serão apresentados os principais benefícios que podem ser esperados através de um processo de Coaching. São muitos os benefícios que o coachee (cliente) pode obter com este processo. Foram elencados aqui apenas aqueles considerados principais a partir de pesquisas bibliográficas e a experiência da autora.

## ABORDAGEM COM FOCO EM SOLUÇÕES

Aprender a buscar soluções pode ser considerado o principal benefício do coaching, justamente por colocar o ser humano como protagonista de seu desenvolvimento. A palavra protagonismo vem do latim *protos* (principal, primeiro) e *agonistes* (lutador, competidor). Diferente das abordagens tradicionais de desenvolvimento que consideram o cliente, como sendo o problema, o coaching apresenta uma abordagem mais progressista e positiva, considerando o indivíduo um ser capaz, um agente de transformação e de poder sobre sua própria vida. Esta visão tem sua origem com a influência do construtivismo e da psicologia positiva. Diferente de ter uma perspectiva defasada de descobrir a resposta "certa, o construtivismo recomenda o raciocínio moral para desenvolver as ações adequadas. Este

[17]Mestranda em Gestão de Conflitos e Mediação, com especializações e MBA´s em diferentes áreas da gestão empresarial e do desenvolvimento humano. Profissional com robusta experiência no C-level de organizações. Trabalha como Coach/Mentor executivo, Consultora em cultura organizacional, Conselheira e Docente.

é um dos fatores que faz o *coaching* ser muito mais efetivo que os demais processos de desenvolvimento. Pode-se atingir desempenho se o foco for o problema, mas não a performance. Performance requer enxergar possibilidades, mais do que dificuldades. Exige perceber o leque de recursos e responsabilizar-se por fazer o seu melhor uso. A vitimização faz o ser humano colocar-se em posição de derrota, ao passo que o processo de *coaching* coloca o indivíduo em posição de ação para melhor performance (postura do adulto, responsabilizando-se pelas ações combinadas em prol de si mesmo).

> ***"A mudança ocorre quando assumimos a responsabilidade por nossos pensamentos, decisões e ações."***
>
> **Palladino[18]**

## ACELERA O PROCESSO DE DESENVOLVIMENTO DE COMPETÊNCIAS COMPORTAMENTAIS

O principal desafio ao ser humano no contexto contemporâneo é a velocidade de aprendizagem. Já afirmado aqui e preconizado por Alvin Toffler é preciso aprender, desaprender, reaprender. A mais valiosa capacidade do século XXI é apontada como a capacidade de aprendizagem e adaptação. Ao observar as tendências apontadas no Fórum Econômico Mundial a respeito das mudanças no mercado de trabalho e o comparativo do ritmo com que estão previstas as automatizações (gráfico abaixo), resta muito claro que o formato de desenvolvimento das *soft skills* deve envolver uma metodologia capaz de agilizar e potencializar o processo de aprendizagem, já que competências socioemocionais são atributos essencialmente humanos e serão estas que farão a diferença nas novas posições de trabalho no contexto da indústria 4.0, conforme Figura 1.

***Um dos benefícios de maior destaque do coaching é justamente a velocidade com que o coachee consegue os resultados almejados.***

Em apenas cerca de dez sessões, o coaching consegue desenvolver uma competência, portanto, é uma metodologia de desenvolvimento mais compatível com o contexto do século XXI.

[18] Palladino, 2007, p.19.

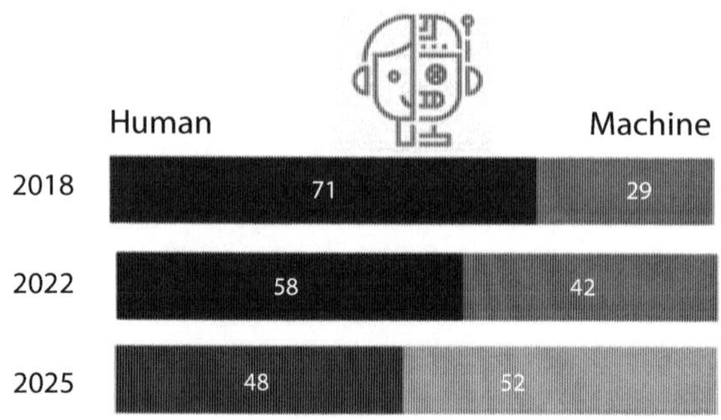


**Figura 1** O ritmo das automatizações: Os robôs estão vindo – e rápido. Fonte: World Economic Forum Future of Jobs Report 2018.

## MELHORA A AUTOESTIMA

Qual a importância de apreciar o próprio valor, ter o caráter para responsabilizar-se por si mesmo e agir com responsabilidade em relação aos outros?

Muitos casos de baixa autoestima resultam de reações emocionais negativas e de baixa resiliência. Autoestima envolve um sentido de mérito e amor próprio, autoconfiança, e não é fácil sentir-se bem consigo mesmo, num contexto VUCA no qual nem sempre o indivíduo encontra um ambiente facilitador. Pelo contrário, com frequência encontra ambientes dificultadores, hostis, tóxicos, de exagerada competição e por vezes baixa ética. Soma-se a isso comparações aos estereótipos da perfeição propagados pela mídia, críticas, nem sempre construtivas. O que todo o ser humano necessita é o contrário para ter um sentido de importância.

Sentir-se importante é uma das principais necessidades para o bem-estar psicológico do ser humano. Tudo isto são exemplos do que vai minando a autoestima ao longo da vida. A PhD. Palladino (2007), estudiosa do assunto, afirma que o ser humano se autoavalia para decidir quanto ao que pode ou não fazer e, portanto, a autoestima é consciente e inconsciente.

Padrões de pensamentos negativos que vão se estabelecendo ao longo da vida, tornando-se hábitos fazendo com que o indivíduo não apresente sua melhor performance, tampouco tenha uma qualidade de vida elevada. Mas a autoestima pode ser adquirida via processo de coaching. Como? Identificando e revendo padrões, para que o indivíduo avance para sua melhor performance, pois amar incondicionalmente a si próprio é um dos elementos essenciais para administrar de forma resiliente os percalços que a vida apresenta;

"Uma nova decisão e uma nova vida são possíveis. Os milagres vêm de dentro. Você não é mais aquela criança mal-amada. Você pode renascer, rejeitando assim, as antigas mensagens e seus consequentes males. Ao optar por amar, haverá ocasiões em que você não será tudo o que gostaria de ser, mas pode aprender a perdoar-se. Você não pode corrigir os seus defeitos enquanto não se aceitar apesar deles."

**(Bernie, Siegel)**[19]

## AUMENTA A PERFORMANCE NA REALIZAÇÃO DE ATRIBUIÇÕES

Este benefício decorre da efetividade do coaching no desenvolvimento do potencial que cada indivíduo possui. Especialmente no *Executive* Coaching, por seu objetivo de auxiliar as pessoas no contexto corporativo a aumentar as habilidades para produzir resultados na empresa e/ou alterar comportamentos que reduzem a eficácia do executivo, as mudanças na performance individual reverbera e impacta positivamente os resultados da organização. O mesmo acontece também em outras modalidades do coaching, como o *Life* Coaching – que trabalha todas as áreas da vida – e é notório que alguém que está bem nas áreas da vida pessoal, performará melhor também na área profissional.

O coaching aumentará a performance justamente por focar nas potencialidades do coachee, suas possibilidades futuras, para que alce mão de seus recursos e desenvolva seu potencial, transformando-o em competência na realidade, com comportamentos observáveis claros.

Ao focar na performance não só as atribuições atuais apresentarão melhor desempenho, mas também as futuras que necessitarem da aplicação da competência desenvolvida. Isto é diferente de conquistar o desempenho. Por vezes, é possível o alcance de desempenho no curto prazo, mas sem um modelo que desenvolva a equipe, nem o gestor, nem a equipe conquistarão a alta performance sustentável. Quando o líder contribui com o crescimento do liderado, influencia-o a apreciar o respeito recebido, retribuindo em melhor performance, melhor atendimento ao cliente, sustentando para que o próprio líder continue no poder.

## FORTALECE O PODER DE DECISÃO

O processo de coaching não tem o objetivo de mudar a personalidade de ninguém, mas sim proporcionar ao coachee ampliar a gama de respostas

[19] Bernie, Siegel in: Palladino. C. Como desenvolver a autoestima. 2007.

possíveis diante das circunstâncias. Quanto maior o número de escolhas de comportamentos que alguém tem, maior a possibilidade de interagir com o meio ambiente de forma efetiva. Di Stefano (2005).

Para o líder a tomada de decisão assume um papel ainda mais impactante, já que é observado o tempo todo pela equipe – muito mais do que pelos superiores, se os tiver. O líder não pode ser prisioneiro da equipe para tomar suas decisões. Só deve envolver a equipe se tiver um objetivo para tal, caso contrário, não há necessidade de tomar o tempo de todos. Sua forma de tomar as decisões impactará e muito na performance da equipe. É preciso compreender que faz parte de seu papel tomar decisões. Parece óbvio, mas é uma grande dificuldade trabalhada nos processos de coaching. É importante que o líder tenha seu projeto de performance: o que quer deixar por onde passa? Quem irá inspirar? Qual a intensidade de entusiasmo é necessária para comunicar? Como construir algo que valha a pena? Além de contar sua visão de futuro no presente. Tendo continuamente a humildade de ter o olho para dentro de si mesmo;

## AUMENTA CONSIDERAVELMENTE AS HABILIDADES DO COACHEE

No desenvolvimento da competência escolhida para o processo de coaching, a experiência da autora comprova que na esteira desta competência principal, outras novas e importantes habilidades são somadas.

A melhora de habilidades do coachee proporciona ganhos de curto e longo prazos, seja no pessoal ou profissional. Junto com o aumento da autoestima, o coachee tem ganhos que farão toda diferença em sua carreira como um todo e no bem-estar consigo mesmo.

Aquele coachee que trabalha com alguém que adota um estilo de liderança coach, experimenta o poder de suas capacidades, pois tem o espaço para se desenvolver e experimentar a sua performance própria. Com isso, sua trabalhabilidade (múltiplas possibilidades de trabalho, não somente emprego tradicional), também aumenta. Além disso, o coachee estará desenvolvendo um modelo de liderança baseado na aprendizagem o que poderá torná-lo um bom candidato a ter seus próprios liderados no futuro;

## REDUZ O ESTRESSE

O aumento da capacidade de adaptabilidade, resultado do maior autoconhecimento e do desenvolvimento de uma postura mais resiliente frente às adversidades, facilitando responder aos desafios de forma mais hábil, a transformar o estresse em energia motivadora de progresso e melhoria. Outro aspecto importante para a redução do estresse é a tomada de ações pelo coachee para obter os resultados almejados. Essa tomada de consciência, somada ao planejamento de ações de desenvolvimento e o comprometimento com o agir proporcionam ao coachee a sensação de "tomar as rédeas da própria vida", e isto é motivo de satisfação e redução do estresse.

***Qualquer sucesso só é mantido com resiliência.***

## CONTRIBUI PARA O USO DA INTELIGÊNCIA EMOCIONAL COM MAIOR ASSERTIVIDADE

O processo de coaching auxilia o gerenciamento das emoções. A emoção que não for congruente com o objetivo do coaching será uma distração. A inteligência emocional é a sua capacidade de gerenciar as próprias emoções para ter os melhores resultados. Isto é relevante pelo papel importante que as emoções exercem basicamente sobre três planos: (a) os comportamentos, (b) os pensamentos e, (c) as relações sociais.

***Ter emoções é natural do ser humano, mas expressar emoções é cultural.***

**Di Stefano**[20]

## AUXILIA O COACHEE A LEVAR UMA VIDA MAIS PLENA

Uma vida plena exige que se olhe como está a fluidez da própria vida nas diferentes áreas. Uma das técnicas usadas no coaching é a roda da vida, onde o coachee identifica seu nível de satisfação com cada uma das dez áreas (financeira; lazer; profissional; intelectual; emocional; espiritual; física; e; as de relacionamentos – íntimo, familiar, social). Conforme a forma de viver as áreas da vida estarão mais ou menos desenvolvidas. E é preciso dar foco para desenvolver e evoluir, mas o fato é que ao longo da vida, privilegia-se aquilo que mais se gosta, desequilibrando a roda. A própria evolução humana é um constante equilíbrio e desequilíbrio. Portanto, es-

[20] Di Stefano, Randy é uma das maiores referências em coach no Brasil. Citou esta frase em uma palestra de formação de coachs. (2011).

tar com as dez áreas com satisfação total é utópico, mas a roda da vida tenderá a "quebrar" nas áreas mais fracas (as de menor satisfação). O coach ajudará o coachee a identificar a área da vida que trará o maior impacto positivo no momento e ao melhorar tal área, colocando suas potencialidades em ação, a visão do coachee se transforma, tornando-o a melhor versão de si mesmo;

## DESENVOLVE A LIDERANÇA DE PESSOAS

Pesquisa do *Centre for Creative Leadership* (1998) afirma que a maioria dos executivos fracassam por não saberem lidar com pessoas. Há amplos estudos a respeito de liderança e o objetivo aqui é sinalizar a eficácia do processo de coaching para o desenvolvimento da liderança de pessoas. Somam-se dois desafios importantes ao líder: o primeiro é o próprio fato da maioria não saber lidar com pessoas; o segundo é o fato de definir qual modelo de gestão melhor converge com o contexto contemporâneo, considerando a diversidade na qual cinco gerações convivem no mesmo ambiente de trabalho, na grande maioria *milleniais* e geração "Z".

Jack Welch (2011)[21] já afirmava que nos dias de hoje todo o líder deve ser um coach, e aquele que não o for, não irá conseguir expandir-se profissionalmente. Em outras palavras, se o líder não desenvolver sua equipe, não só ficará refém de si mesmo, mas sua carreira estará comprometida.

## OFERECE SUPORTE A CONSTRUÇÃO DE EQUIPES DE ALTA PERFORMANCE

Como construir equipes de alta performance? Há vasta literatura sobre o tema, no entanto, o cerne da questão está em algo essencialmente humano: amar e ser amado por quem importa.

Quando o indivíduo recebe atenção das pessoas, especialmente daquelas que lhe importam, a confiança se fortalece. Do contrário, a confiança se deteriora. E é no ambiente de trabalho que se evidenciam as maiores lacunas de manifestação de confiança.

---

[21] Jack Welch, ex CEO da Genneral Electric, um dos mais respeitados e admirados executivos de negócios do mundo. https://administradores.com.br/artigos/o-poder-do-lider-coach, 2011, acesso em 28 de janeiro 2020.

*"Por que não me dão mais feedback? Digam que gostam de mim! Reclamem de alguma coisa! Mas me façam lembrar que eu ainda trabalho aqui!"*

**(Brown, 2016, p.41)**

Ser reconhecido é uma necessidade fundamental do ser humano, conforme preconiza Brown (2016). E a relevância do ambiente de trabalho para os indivíduos é alta, levando em consideração três fatores principais:

a) é o ambiente no qual passamos a maior parte da vida;
b) o papel que a figura do respectivo gestor apresenta; e,
c) a necessidade humana de pertencimento.

Ledo engano pensar que fatos positivos não requerem feedback. Pelo contrário, não só é necessário, como reforça para o próprio indivíduo que recebe o feedback positivo a repetir mais daquele comportamento aprovado, como também fará o comportamento reverberar para a equipe, criando uma onda positiva do bom comportamento. O líder precisa estar atento tanto a comportamentos positivos, quanto negativos e agir imediatamente. Seu comportamento estimulará que o feedback aconteça entre pares na equipe também. Aliás, este será um dos fatores para saber se realmente trata-se de uma equipe ou apenas de um grupo de pessoas reunidas.

***E sem confiança não há liderança. Confiança é a base sobre a qual se formam as equipes.***

Lencioni (2015) ilustra muito bem a estrutura em torno da qual se constroem as verdadeiras equipes, conforme demonstra a Figura 2.

Note que confiança é a base para a formação das equipes. Portanto, sem confiança não há equipe, tampouco liderança. Será no máximo um grupo de pessoas reunidas em um mesmo ambiente ou área da estrutura organizacional.

Ao perguntar a executivos durante as sessões de coaching: Qual seu maior desejo em relação a sua equipe? A resposta mais frequente refere o desejo de uma equipe melhor, uma equipe de alta performance. E com que frequência é ofertado feedback a sua equipe? Normalmente, o que vem é um breve silêncio seguido de uma justificativa "Gostaria de dar mais, mas falta tempo...; Converso quando precisa..; Minha equipe é madura, já me conhece, não precisa dar feedback...; Não consigo...; Não quero gerar ansiedade na equipe....; Não sei bem como fazer..."

**Figura 2** Os 5 desafios das equipes. Fonte: Lencioni, 2015, com adaptações da autora.

O primeiro ponto é formar uma equipe. E formar uma equipe é responsabilidade do gestor – contratar as pessoas certas para cada posição e no tempo certo, assim como desenvolvê-las, formando novos líderes. A grandeza de um líder é avaliada pelos líderes que ele desenvolve ao longo de sua trajetória profissional. Oferecer feedbacks estruturados representa um ferramental valioso para o líder desenvolver a equipe como um todo e para formar novos líderes. Uma tarefa árdua, mas altamente compensatória.

Di Stéfano (2005) afirma que o líder de hoje é aquele que entende o potencial de seus liderados e reconhece o seu papel no desenvolvimento destes. É a forma de tangibilizar o termo capital humano, evitando que seja simplesmente uma abstração.

Especialmente para resolver situações de conflito na equipe ou quando uma nova competência é exigida da equipe – por exemplo, em um projeto novo ou um processo de mudança, o *Team Coaching* ou *Coaching* de Equipe tem excelentes e rápidos resultados.

A participação ou não do líder no processo precisará ser mapeada previamente, justamente porque sua presença pode coibir a manifestação da equipe. No *Team Coaching*, um *coach* externo atuará como facilitador e usará etapas e técnicas específicas de Coaching de Equipe, de modo a provocar que os próprios integrantes construam colaborativamente os comportamentos futuros desejados para a alta performance da equipe, além de estabelecerem indicadores específicos de monitoria dos resultados.

***O Coaching de Equipe potencializa a alta performance do grupo.***

O processo é ágil, porém necessita de tempo dedicado para sua elaboração, seguido do acompanhamento quinzenal do progresso e o respectivo planejamento para o alcance dos resultados e sua medição. Cabe salientar que coaching de equipe não é "lavagem de roupa suja". A experiência comprova que nenhum problema é resolvido desta forma. O coach precisará ser firme o tempo todo, mantendo o foco da equipe e evitando exposições dos integrantes da equipe. A base do *Team Coaching* será focar a solução e gerar um plano de ação com base no respeito para que a equipe atue com comportamentos que a ajudem a chegar onde quer chegar.

O líder que gera aprendizagem, por seu estilo de liderança, impulsiona o desenvolvimento e o crescimento pessoal e organizacional e, especialmente está oferecendo a sua equipe o senso de importância para o bem-estar de que ela necessita.

## CONCLUSÃO

Foram elencados aqui os benefícios, sem pretensão de serem os únicos, os quais se entende importantes para fazer frente ao contexto contemporâneo da Indústria 4.O, buscando destacar as possibilidades que o processo de coaching oferece para que o ser humano se destaque, seja mais protagonista de sua vida pessoal e profissional, coloque em ação todo o seu potencial realizador e tenha melhor qualidade de vida.

A alta performance é algo desejado, porém nem sempre alcançado. No papel de líder de equipe há uma grande responsabilidade tanto pela formação da equipe, quanto pelo seu desenvolvimento. A alta performance do líder está atrelada a isso.

## REFERÊNCIAS BIBLIOGRÁFICAS

BROWN, Brené. A coragem de ser imperfeito. RJ: Sextante, 2016.

DI STEFANO, Rhandy. O líder coach: Líderes criando líderes. RJ: Qualitymark, 2005.

LENCIONI, Patrick. Os cinco desafios das equipes. RJ: Sextante, 2015.

PALLADINO, Connie, PhD. Como desenvolver a autoestima.RJ: Qualitymark, 2007.

TOFFLER, Alvin. O futuro do capitalismo: a economia do conhecimento e o significado de riqueza no século XXI. SP: Saraiva, 2012.

## Sites consultados

WEFORUM:https://www.weforum.org/agenda/2020/01/davos-2020-future-work--jobs-skills-what- acesso em 15 de janeiro de 2020.

EXECUTIVE SELECTION: https://www.ccl.org/articles/research-reports/executive--selection-a-research-report-on-what-works-and-what-doesnt/acesso em 23 de janeiro de 2020.

LIDER COACHING: https://administradores.com.br/artigos/o-poder-do-lider-coach acesso em 28 de janeiro de 2020.

CAPÍTULO 6

# Metodologia Mentoring: Uma Visão Geral

PROF. VALDIR R. BORBA[22]

## INTRODUÇÃO

Mentoring é um termo inglês, normalmente traduzido como "tutoria", "mentoria", aconselhamento". É uma metodologia que usa ferramentas para o desenvolvimento profissional e consiste em uma pessoa experiente ajudar outra menos experiente. Sem vivencia (experiência) não há Mentoring (Oliveira, Sidnei, 2018)

O termo mentoria é bem amplo e pode ser aplicado a diversos contextos, sendo bastante comum no mercado corporativo, incluindo a área da saúde em especial na gestão hospitalar e de governança clínica, gestão executiva, auditoria de qualidade e de assistência clínica.

Mentoring é o nome do processo de transposição de conhecimento, realizado com a ajuda de um mentor – profissional que estimula o desenvolvimento de um profissional em início de carreira, cargo ou iniciante em uma determinada corporação.

É um processo de educação e compartilhamento de conhecimentos e experiências pelo qual um profissional mais experiente, o mentor, orienta e aconselha um profissional menos experiente, o *mentee* ou mentorado. Essa orientação geralmente se dá em relação ao desenvolvimento de carreira ou de auxílio na ampliação de conhecimentos sobre alguma área ou especialidade.

O mentor é um guia, um mestre, conselheiro, alguém que tem vasta experiência profissional no campo de trabalho da pessoa que está sendo

[22] Mestre em Administração com especialização em Administração Hospitalar, Gestão de Negócios em Saúde – FDC, Docente, Gestor e Consultor Hospitalar, Autor de diversos livros sobre gestão em Saúde.

ajudada. O mentoring inclui conversas e debates acerca de assuntos que não estão necessariamente ligados ao trabalho. Este processo possibilita o aprendizado e consequente desenvolvimento na carreira do profissional mais jovem. É a prática que exerce o mentor, o sábio, o mestre, o professor, aquele que por ser mais experiente e vivido é capaz de indicar caminhos e apresentar soluções para as novas gerações. Para ser esse mentor a pessoa precisa ter aceitação, precisa gostar de pessoas, precisa estar conectado com o seu "discípulo", escutando-o e aconselhando-o.

## MENTORING NAS EMPRESAS

No mundo empresarial, o mentoring tem obtido popularidade nos últimos anos, porque demonstra ser uma metodologia com ferramentas mais eficazes do que outros treinamentos. O mentoring utiliza o potencial que existe dentro da empresa, como a sabedoria de funcionários mais experientes, impulsionando a inovação e a criatividade da empresa, e consequentemente tornando-a mais competitiva.

O benefício do mentoring não é exclusivo para o *mentee*. O mentor recebe grande motivação, sentindo que está contribuindo para o crescimento profissional e pessoal de um colega, e ao mesmo tempo está equipando a empresa para um futuro promissor.

Embora também possam ter um aspecto mais pessoal, esses ensinamentos vão ser focados na vida profissional do mentorado, ajudando-o com as principais dificuldades e barreiras que possam estar atrapalhando o seu sucesso. Isso faz com que essa metodologia seja aplicada principalmente em casos mais específicos,

O Instituto Holos desenvolveu uma técnica de aplicação dessa metodologia com aplicação dos aspectos da humanização com isso as suas ferramentas de desenvolvimento e de evolução do *mentee* apresentam um componente diferenciado, o Holomentoring® cabe aqui o uso de uma abordagem holossistêmica *(holo significa visão mais ampla do todo; sistêmico, a interligação das várias partes ou seja mediante o processo integral, de inteireza e universal*) termo cunhado pelo Instituto Holos de Qualidade. Este conceito será utilizado nesse trabalho por causa dos aspectos da sensibilidade do relacionamento profissional e pessoal com clientes/pacientes no processo de assistência, portanto, mais bem adequado para atividades medico-assistenciais e gerenciais na área de saúde, objeto deste trabalho.

Entretanto todas as ferramentas dos demais institutos, organizações e empresas são igualmente excelentes pois, buscam atender uma determinada necessidade humana, alguns mais específicos para determinadas áreas (financeira, esporte, educação e demais), portanto a escolha das ferramentas depende do objetivo do processo de mentoria.

## TIPOS DE MENTORIA

Existem diversas vertentes, linhas de pensamento e diferentes visões de mundo dos autores que escrevem ou tentam definir os conceitos de Counselling, Coaching e Mentoring, muitas vezes contraditórios entre si.

O que um chama de Mentoring é para o outro o Coaching e vice-versa. Nos últimos anos foram se criando inúmeras modalidades de Coaching, tais como: de Vida, de Saúde, de Qualidade de Vida, Esportivo, Familiar, Beleza, Educação, Negócios, Liderança, financeiro e outros.

### Algumas formas de mentoring

Mentor-paternal (que age como um amigo mais velho, conselheiro espiritual, confessor) está mais relacionado também ao Adviser.

Mentor de carreira (que acompanha a evolução profissional ou acadêmica), o Mentor profissional. Profissional mais experiente que orienta um trainee ou pessoas em fase de promoção e qualificação interna, entre outros.

## MENTORING E SEUS BENEFÍCIOS

O Mentoring põe em contato com a Fonte do Ser – o *Presencing*, na expressão de Peter Senge -, ou seja, é uma forma de atuação conectada com a mente e a sabedoria inata do próprio ser humano possibilitando a utilização adequadamente da inspiração e da intenção da consciência, que transforma as relações e as organizações de forma digna.

O Mentoring está ligado a um novo modelo mental, ou nova forma de pensar, superando modelos lineares e estáticos advindos da era industrial, que criaram antigos modelos de vida, de empresas e de negócios. Por isso, o Mentoring é o método ideal de fazer mais do que desenvolver os processos, por isso foca na transformação das relações.

Grandes empresas têm programas estruturados e aplicações variadas para a ferramenta, atingindo constantemente resultados de excelência com esta iniciativa. Esse é o desafio Brasil, para maior competição de startups de base tecnológica.

## QUEM É O MENTOR

O Mentor é alguém preparado para ajudar as pessoas a se olharem. A se conhecerem mais. A se tornarem mais atentas a si mesmas. A buscarem primeiro entender o que se passa em seu próprio interior, para que sua ação junto às outras pessoas não se torne tão invasiva.

Para isso, a principal função do Mentor é instrumentar seu Mentorado a voltar-se para sua mente consciente e seu próprio interior, antes de agir em seu mundo exterior – seja na família, na empresa ou na sociedade.

### Mentor extraordinário

Dentro da metodologia de mentoring observa-se o mentor extraordinário que é aquele que agrega valor as suas experiências e dedica-se com exclusividade a uma área da mentoria e desenvolve os seus conhecimentos de conselheiro nessa área em que se destaca com notoriedade. É o mentor altamente especializado e por isso difere do mentor de negócios que atua diretamente em processo de mentoria para negócios, diretores e empreendedores

A mentoria de negócios se confunde um pouco com processos de consultoria, especialmente quando envolve atividades diretas de resultados e transformações, sendo esse um papel mais do coaching de negócios, diferindo apenas que a mentoria de negócios é feita por alguém que já passou pela experiência. Deste modo, gestores de operadoras de planos de saúde que foram incorporadas por outras empresas, tornam-se excelentes mentores para aqueles diretores que tem interesse nessa área de incorporação. A mentoria de negócio também pode ser desenvolvida em grupos.

### Papel do mentor extraordinário.

O trabalho de líder mentor extraordinário é garantir que haja clareza, alinhamento e dinâmica em torno dos objetivos estratégicos da organização. Principais pontos do modelo de mentoria extraordinária.

- Chamar a responsabilidade do processo de aconselhamento de negociações e transformações profissionais para si.
- Estudar, definir e acreditar no conteúdo proposto para o processo de mentoria.
- Dedicar-se plenamente ao treinamento e aconselhamento do mentee.
- Criar uma frase que defina especificamente o processo de treinamento de forma customizada ao mentee.
- Estabelecer e fixar profundamente o propósito mobilizador, a missão e a visão do processo completo da mentoria planejada para o cliente especifico.
- Estabelecer uma tela mental de objetivos a serem alcançados no desenvolvimento do processo de mentoria.
- Estabelecer os princípios e valores ao processo de mentoria extraordinária.
- Realizar meditação diária.
- Desenvolver os KPI com indicadores e cronogramas definindo o curso do processo de mentoria e negociar com o cliente.
- Passar a sua experiência com clareza, integridade e inteireza ao cliente.
- Desenvolver uma conexão profunda no sentido de dar vida ao processo de mentoria.

## Preceptor, tutor e mentor: quais são seus papéis como mentores?

PRECEPTOR

É aquele profissional que geralmente não é da academia e tem importante papel na inserção e socialização do recém-graduado no ambiente de trabalho. Esta função cresce em importância atualmente, pois o ambiente de trabalho na área da saúde está sempre em mudança e exige que o novo profissional constantemente faça adaptações e possa adquirir experiência clínica. O preceptor tem fundamentalmente o papel de suporte, para ajudar o novo profissional a adquirir prática e adquirir maior confiança e segurança em suas atividades diárias.

Encontra-se na literatura educacional, diferentes funções para o preceptor, sendo essenciais as de orientar, dar suporte, ensinar e compartilhar experiências que melhorem a competência e ajude o graduando e o recém-graduado a se adaptar ao exercício da profissão. A principal função do preceptor é ensinar o trainee, por meio de instruções formais e com determinados objetivos e metas.

TUTORIA – TUTOR

Em especial relacionadas com as profissões técnicas, denomina-se tutor aquele que orienta a formação de profissionais já graduados, mas que necessitam ser tutorados em estágios profissionais por profissionais mais experientes, o tutor repassa experiências para os mais jovens e menos experientes, de forma direta no trabalho.

## MENTORIA DIRETA E MENTORIA REVERSA

É uma relação de troca e de reciprocidade, que se firma por meio de um plano de desenvolvimento pessoal e na qual o ganho não é apenas unilateral, pois o mentor também aprende e cresce com a maneira de o jovem encarar a vida, isso se aplica com destaque nas questões de tecnologia, uso de equipamentos 4.0 e tecnologia 5G, onde o mais jovem, mas muito experiente nessas áreas pode mentorar aqueles com mais tempo na profissão, mas que ainda dependem desses treinamentos. É comum o antigo professor se transformar em discípulo nesses quesitos.

De maneira geral existem grandes especialistas que são renomados internacionalmente e promovem o processo de mentoria para outros profissionais em suas especialidades com atuação convencional, mas no uso de tecnologia como robótica ao mesmo tempo podem figurar como mentee de seus mentorados em outras áreas do saber da tecnologia. Mas essa não é a regra, pois geralmente a função de mentor, exprime a ação de pessoas mais maduras e experientes na vida e no exercício profissional, aconselhando.

## MENTOR ESTRATÉGICO

Os mentores estratégicos geralmente atuam no desenvolvimento de profissionais para as funções de gestores e de sucessores de unidades e ou organizações (sucessão familiar) e ou para os cargos de governança corporativa: Diretor Técnico, superintendente, gerente, auditor, controller e outros.

No Brasil, as empresas geralmente têm seu início no sistema familiar e esse fenômeno também é relativamente presente em todas as áreas de economia e no caso de transmissão familiar é necessário que se estabeleça um processo de mentoria para que a transição da sucessão familiar ocorra natural e tranquilamente.

A grande questão nos processos de sucessão familiar ou mesmo de sucessão de Executivo CEO, está centrada na escolha dentre os pretendentes e para isso, inicialmente o trabalho do mentor é trabalhar junto ao grupo selecionável, aqueles que tem *High Potential* ou potencial alto para assumir a sucessão familiar ou do principal executivo. Nessa escolha e seleção o mentor observará e comprovará o grau de engajamento e de conhecimento de cada candidato, buscando pautar a sua análise em 3 eixos: Qualificação, Desempenho e Interesse.

Na **qualificação** além dos requisitos de conhecimento e experiência será observado também os quesitos quanto aos princípios e valores referentes à integridade, caráter, cosmovisão voltada para o negócio e para o bem da Sociedade, comprometimento, engajamento e outros princípios que sejam adequados à organização e ao cargo que irá ocupar.

Na questão **de desempenho** a analise deverá focar na comprovação do desempenho e as principais conquistas que cada candidato apresenta e certamente a experiência conta muito nessa escolha.

Igualmente aos eixos anteriores, **o interesse** é questão essencial para avaliação e definição do processo de escolha, sendo esse o principal ponto da avaliação. Nem sempre o herdeiro mais velho ou o candidato com mais experiência será o preferido, mas certamente aquele que demonstrar e comprovar maior interesse e maior afinidade com a organização ou com o cargo disputado.

Todos os três eixos com suas inúmeras variáveis são importantes, mas o papel fundamental do mentor/Adviser é de despertar e fazer aflorar nos candidatos esses três pontos para que o fundador ou conselho de família, ou conselho de administração possam com segurança identificar o candidato com potencial mais alto (*high potential)* para assumir a organização ou a função.

Identificado o candidato com potencial mais alto e escolhido pelo Conselho de família, fundador ou Conselho de Administração, a sequência do processo é a mesma, ou seja, prepara-se o sucessor onde o gestor, CEO, executivo atual, (mentor) durante um período (6 meses a 1 ano) recebe e treina (mentoria) o seu sucessor (mentee).

É muito importante nesses processos de mentoria para sucessão familiar ou profissional que os propósitos do (s) fundador (es) sejam preservados e os legados respeitados, sabendo-se que na organização familiar o profissional deve buscar um altíssimo grau de maturidade e de sofisticação tecnológica e profissional, mas sem negociar os seus princípios, valores, tradição, ética e essencialmente honra.

Obviamente nos processos de mentoria para sucessão familiar ou profissional, o mentee deve ter conhecimentos prévios e essenciais de gestão, especialmente de governança corporativa, além de formação em gestão ao nível de pós-graduação nas áreas de gestão de negócios, financeira, marketing e mercado e se possível sólida experiência de gestão nos cargos internos da organização ou adquirida em outras organizações similares, portanto, o processo não será apenas de **mentoring** (experiência na prática) mas envolverá também o **coaching** (processos operacionais na prática) e **Advice** (aconselhamento e internalização dos propósitos, missão e visão dos fundadores, além do desenvolvimento de uma consciência da magnitude social da organização e dos legados deixados pelos fundadores).

No caso das organizações de serviços, diferente da indústria e do comércio, o ponto crucial e mais difícil é a definição do momento de que a transição deve ocorrer, pois geralmente os fundadores de organizações de serviços sentem-se muito apegados à organização, daí a importância do acompanhamento por um mentor e Adviser de fora da organização, para que se possa definir claramente os pontos e os momentos da transição.

## FERRAMENTAS UTILIZADAS NO PROCESSO DE MENTORING.

No processo de mentoria o mentor utiliza-se de diversas ferramentas para conduzir o processo e geralmente começa com a história de vida do mentee e a história da organização em que atua.

### Pirâmide dos níveis neurológicos

Essa é uma das ferramentas essenciais do mentor/coach que mediante perguntas e constatações obtém informações preciosas para conduzir o processo de mentoria, principalmente no caso de mentoria estratégica de transição familiar ou profissional.

Essa é uma teoria relacionada aos níveis neurológicos de aprendizagem e de mudanças que foi desenvolvida por Robert Dilts e, posteriormente, adaptada por Bernd Isert. Essa teoria registra que existe uma hierarquia natural na forma em que são organizadas as estruturas mentais de aprendizagem, linguagem, mudança dos sistemas de percepção. Conforme Figura 1.

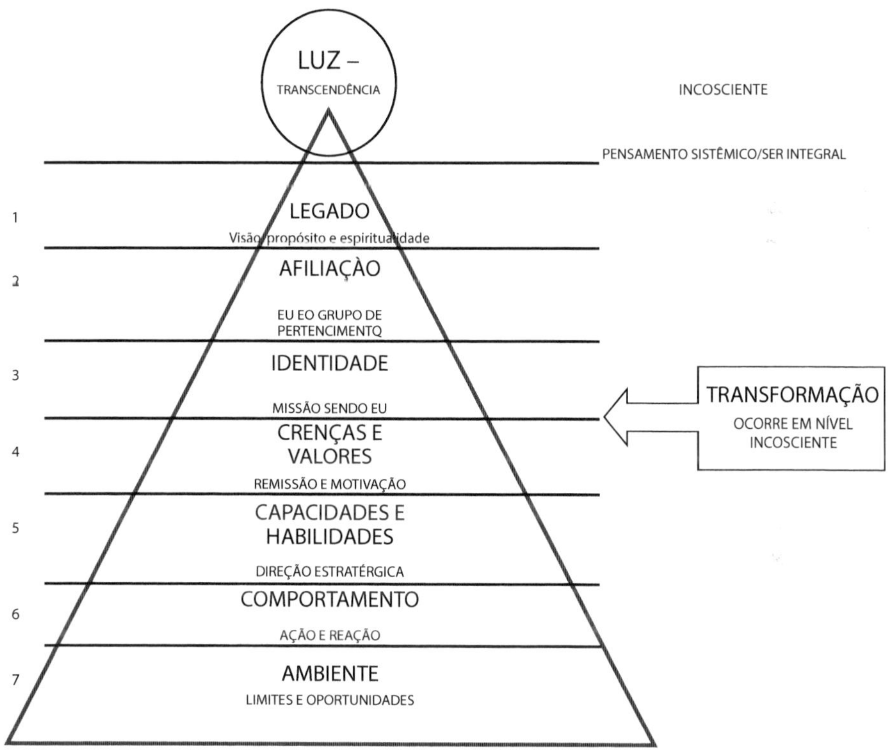


**Figura 1** Pirâmide dos níveis neurológicos. Fonte: adaptado de Robet Dilts por Ana Beltrão e postado no Linkedin 05/02/2017 pesquisado no dia 09/04/2019.

### Primeiro Nível: Ambiente

Tem relação com o local, pessoas quem se vive e interage. Como é sua vida? Sua casa? Seu trabalho?

### Segundo Nível: Comportamento

O segundo nível é o do Comportamento, este se refere às ações e reações do indivíduo, como se comporta no dia-a-dia.

**Terceiro Nível: Capacidades e Habilidades**

O terceiro nível é o das Capacidades. Por exemplo: O que você pode fazer? Como você vai fazer? E como você utiliza suas habilidades?

**Quarto Nível: Crenças e Valores**

Este nível está relacionado com os porquês das coisas, e guia as ações diárias. Em que você acredita?

**Quinto Nível: Identidade**

No nível de identidade existe relação com as perguntas: Quem é você? Quais são os seus papéis? Como é enquanto: pai, filho, líder?

**Sexto Nível: Afiliação**

Este é o nível da Afiliação, ou melhor, é a conexão do indivíduo com os grupos aos quais pertence: Qual o valor que tem a sua própria história? Qual seu papel na minha equipe? O quanto se julga importante em determinado grupo? A que grupos pertence? Neste nível o mentor faz o papel de Aglutinador e a liderança é colaborativa.

**Sétimo Nível: Legado**

O legado está relacionado com o eu mais profundo, com a espiritualidade, a visão e propósito. Qual a sua contribuição na sociedade onde vive? Qual a relação com o universo que o cerca? Qual o maior benefício que você deixa para organização e para a sociedade em geral. Por que você deve ser lembrado?

## Outras ferramentas

O mentor se utiliza também das demais ferramentas do coach e do Adviser tais como: eneagrama, roda da vida, identificador Disc, MBTI, Spiral Dinamic visando avaliar muito bem o mentee e traçar um plano de ação.

### Ferramentas objetivas

Além dessas ferramentas o mentor utiliza-se também das ferramentas objetivas para avaliar a experiência e a prática do mentee, tais como

- Relatórios de gestão com indicadores.
- KPI e Dashbord de desempenho.
- Plano de metas, orçamentos, plano estratégico, plano de investimentos e outros.

- Utiliza-se também de todas as ferramentas de coaching apenas para avaliar e conduzir a orientação visando a excelência do trabalho e a eficácia do processo de mentoring, especialmente no caso de sucessão de gestores.

Do Ponto de vista de desenvolvimento de carreiras os instrumentos são os mesmos, mas a abordagem é pessoal.

## PARTE DO DOCUMENTO DE RECOMENDAÇÕES DOS MENTORES DO BRASIL PARA A PRATICA DE MENTORIA

Na sequência, será apresentado parte do guia de boas práticas recomendado pelo Instituto Mentores do Brasil aos profissionais que atuam nessa área com objetivo de facilitar o processo. Entende-se que os papeis do mentor e do Adviser são muitos semelhantes e pressupõe o emprego da orientação experiente com práticas vividas, testadas e consagradas, juntamente com o aconselhamento direto ao Fundador, Conselheiros e ou CEO.

### Boas práticas de mentoria

- **Comunicação:** É recomendada a criação de mecanismos e oportunidades claras de interação e transmissão de conhecimento tácito entre mentor e mentorado, por meio de agenda flexível, mas sempre respeitada por todas as partes. É importante que o mentor saiba ouvir atentamente e entender o momento do mentorado, para que sua interação seja eficaz e focada naquilo que o mentorado necessita e naquilo que o mentor realmente possa contribuir. É ainda importante que o mentor tenha em mente que as decisões a serem tomadas cabem ao mentorado. Especial cuidado deve ser tomado para que assertividade e firmeza jamais sejam confundidas com arrogância e falta de respeito. Quando possível, é recomendável a participação de mais de um mentor nas interações, para a redução de ruídos de comunicação.
- **Experiência**: É recomendado o compartilhamento prévio de informações sobre o perfil de ambos, mentorado e mentor, incluindo: formação, experiência profissional, conhecimentos e funções realizadas.
- **Maturidade**: É esperada a relação de confiança entre mentor e mentorado, com respeito mútuo, com ambas as partes sabendo ouvir, serem flexíveis e estarem abertas a críticas.

- **Critérios:** É esperado que programas envolvendo mentoria estabeleçam um código de conduta ou regulamento do programa, para mentores e mentorados, contendo papéis, responsabilidades, direitos e deveres entre as partes, bem como estabeleçam de antemão um cronograma esperado das atividades de mentoria, quando as mesmas se estenderem por um período mais prolongado.
- **Entendimento**: É esperado o compartilhamento prévio por parte do mentorado sobre seus principais desafios e expectativas sobre a mentoria. Também é esperado o alinhamento de expectativas, bem como potenciais conflitos, entre mentor e mentorado, logo na primeira reunião. Não havendo um bom "match", não se deve prosseguir.
- **Feedback:** É recomendável que haja avaliação de resultados/desempenho, preenchida pelos mentores e mentorados.

## Principais papéis do mentor (segundo o Instituto)

Na relação de mentoria, o mentor pode desempenhar vários papéis, que refletem diferentes competências e comportamentos. O papel que o mentor adota a cada instante depende do seu próprio perfil, das necessidades do empreendedor e da situação em concreto.

PAPÉIS QUE PODEM SER DESEMPENHADOS PELO MENTOR:

- Desafiador: advogado do diabo, testa pressupostos, ensaia argumentações contrárias.
- Conselheiro: fornece aconselhamento objetivo para um conjunto de assuntos.
- Perito: é fonte de conhecimento técnico e profissional em várias áreas.
- Coach: fornece assistência em áreas com objetivos específicos.
- Modelo: promove e encoraja determinados comportamentos.
- Confidente: sabe ouvir os receios e ansiedades.
- Feedback: fornece juízos construtivos.
- Motivador: sabe encorajar e motivar.
- Facilitador: identifica potenciais oportunidades e arranja contatos e formas de acesso a pessoas.

A mentoria é praticada por alguém que já percorreu o caminho e superou desafios para os quais o mentorado busca auxílio. É esperado que ambas as partes, mentorado e mentor, aprendam ao longo do processo. Também é esperado que o mentor recomende ao mentorado a busca de apoio externo ou outros mentores ao longo do processo de mentoria.

Outro aspecto recomendável, em programas de mentoria, é a identificação do perfil adequado do mentor para diferentes funções ao longo do processo de mentoria. Por exemplo: mentor como "padrinho" (acompanha o mentorado ao longo de um ciclo); mentor "spot" ou "especialista" (para um tema pontual); mentor agente do programa (ajuda a entender tarefas específicas associadas ao programa de mentoria); membro de banca orientador (ajuda o mentorado a aprimorar seu trabalho acadêmico), etc.

Os múltiplos papéis desempenhados pelo mentor trazem consigo diferentes tipos de responsabilidades e por isto, a relação de mentoria deve ser pautada por um Código de Conduta compreendendo, entre outros: aspectos éticos, comportamentais e de relacionamento.

## Principais responsabilidades do mentor

- Estar motivado e ter atitudes proativas e positivas para o bom andamento da mentoria.
- Estabelecer um cronograma de reuniões e tarefas, de comum acordo e conforme a demanda do mentorado.
- Deixar clara qual será sua disponibilidade e o âmbito de sua intervenção.
- Realizar reuniões periódicas com o mentorado, quando o processo de mentoria for mais extenso.
- Manter elevado grau de compromisso e empenho para ouvir e apoiar o mentorado no esclarecimento de dúvidas, problemas, desafios e no cumprimento de suas tarefas (entregáveis).
- Manter sigilo a respeito das informações confidenciais sobre o mentorado e seu negócio.
- Questionar e estimular a reflexão do mentorado, de forma genuína e sincera, evitando fornecer soluções prontas.
- Facilitar a tomada de decisões e aconselhar, mas deixar o mentorado decidir por si e nunca impor seu ponto de vista.
- Estimular o mentorado a explorar os seus talentos, promovendo sua autoconfiança.
- Apoiar o desenvolvimento de competências que melhorem a capacidade do mentorado.

- Demonstrar especialização em seu assunto e ser capaz de servir como inspiração ou modelo a ser seguido.
- Demonstrar paciência e compreensão com o mentorado e buscar fornecer feedbacks de forma construtiva e positiva.
- Demonstrar sensibilidade à experiência, idade, origem, valores e cultura de seu mentorado.
- Criar um ambiente confortável para o seu mentorado, com interrupções mínimas.
- Fornecer perspectiva imparcial sobre questões profissionais que possam afetar o crescimento da carreira ou do negócio do mentorado.
- Fornecer visão de longo prazo.
- Indicar caminhos, recursos e acesso a pessoas chave, em consenso entre as partes.
- Partilhar experiências, sucessos, falhas e ilustrar a forma como os desafios foram alcançados.
- Manter a equipe de coordenação do programa atualizada sobre o andamento da mentoria e fornecer feedback de avaliação intermediária/final sobre o mentorado.
- Ter consciência de suas limitações e recomendar ao mentorado a busca por outros mentores ou apoiadores externos, quando for o caso.
- Procurar antever situações de possíveis conflitos de interesse ou conflitos de outras naturezas e solicitar prontamente a interrupção do processo de mentoria, quando for o caso.

## Responsabilidades do mentorado

- Estar motivado e ter atitudes proativas e positivas para o bom andamento da mentoria.
- Ser responsável pelo agendamento de reuniões periódicas com o mentor, respeitando a agenda a ser definida em comum acordo entre as partes.
- Cumprir os compromissos e tarefas combinados com o mentor.
- Evidenciar suas dúvidas, necessidades de apoio e acesso a recursos (ex. contatos chave e outros).
- Saber ouvir os conselhos, avaliações e opiniões do mentor, tomando-os como input para decisões próprias.
- Ter em mente que a decisão final, inclusive a de assumir compromissos e tarefas, é sempre sua (mentorado).

- Estar aberto para novos desafios, aprender ou desenvolver competências complementares à sua área.
- Não abusar da disponibilidade e valorizar o seu mentor, compartilhando seu tempo com bom senso e parcimônia.
- Articular suas expectativas em relação à mentoria e seus objetivos de forma realista.
- Inspirar confiança.
- Fornecer feedback de avaliação intermediária/final sobre a mentoria.
- Procurar antever situações de possíveis conflitos de interesse ou conflitos de outras naturezas e solicitar prontamente a interrupção do processo de mentoria, quando for o caso.

### Responsabilidades do agente/coordenador do programa de mentoria

- Instruir mentores e mentorados sobre a dinâmica do processo de mentoria (atividades, entregáveis, calendários) e as responsabilidades de cada um.
- Procurar realizar um bom encontro entre mentores e mentorados, com base em múltiplos parâmetros. Compartilhar antecipadamente, com mentores e mentorados, informações sobre seus respectivos perfis.
- Estimular mentores e mentorados a buscarem apoio externo, inclusive, mas não só, de outros mentores do programa.
- Estar atento e tentar se antecipar a quaisquer problemas no processo de mentoria, desde questões como encontros, reuniões ou sessões, cumprimento de prazos, ou ainda questões de desentendimento, conflitos ou desvio de conduta entre as partes.
- Ter canais de comunicação/ouvidoria para tal fim.
- Atuar de modo proativo e educativo (em detrimento a modo reativo e punitivo), visando o sucesso do conjunto de mentorados.
- Buscar, implementar e compartilhar práticas positivas de mentoria.

## CÓDIGO DE ÉTICA

Finalizando esse capítulo apresenta-se o código de ética do mentor, recomendado pela Mentores do Brasil.

O Código de Ética e de Conduta para Mentores, foi elaborado em 2016 e revisado nos anos de 2017, 2018 e a última versão é de abril de 2019; baseia-se na missão, visão, valores e princípios contidos no Manifesto da Rede Mentores do Brasil. É um instrumento que estabelece normas para boas práticas de Mentoria da Mentores do Brasil- MBr, e tem por objetivo nortear as ações dos membros da organização associativa.

## Código de ética e de conduta dos mentores do brasil

O objetivo deste Código de Ética e de Conduta é servir como referência para a atuação dos membros da MBr – Mentores do Brasil, observando-se os seguintes princípios:

- O membro deve respeitar as leis vigentes no País e as regras de boa conduta praticadas pela sociedade, incluindo as regras de convivência em rede.
- O membro deve se pautar por uma atuação responsável, ética, transparente, equânime e de respeito mútuo, buscando criar um relacionamento baseado na confiança com os demais integrantes do ecossistema empreendedor.
- O membro deve se engajar e manter um alto nível de excelência e compromisso em suas atividades, dando o exemplo e defendendo os mais altos padrões de atuação, de forma a contribuir positivamente para o fortalecimento do ecossistema do empreendedorismo e da inovação.
- O membro deve colocar os interesses dos mentorados em primeiro lugar, no que disser respeito à relação de mentoria estabelecida no âmbito dos Programas aos quais estiver vinculado.
- O membro deve evitar mentorias que criem ou possam criar quaisquer tipos de conflito de interesses com os mentorados, empreendedores, parceiros, Programas e/ou à própria MBr- Mentores do Brasil
- O membro deve respeitar as diretrizes e normas dos Programas aos quais estiver vinculado, incluindo, mas não se limitando às regras de sigilo e confidencialidade.
- O membro, deve respeitar os direitos de autor e de propriedade intelectual dos projetos, documentos e demais informações que não sejam acessíveis ao público oriundas de suas atividades como mentor e não as utilizar deliberadamente em prejuízo dos interesses dos mentorados.
- Durante o desempenho das suas atividades de mentoria, o membro deve manter um relacionamento positivo com os empreendedores,

demais mentores e parceiros, comportando-se de forma a não se descredibilizar e nem descredibilizar seus mentorados, os Programas aos quais estiver vinculado ou a MBr – Mentores do Brasil.

- Durante o processo de mentoria o membro não deve ofertar deliberadamente serviços ou produtos próprios e/ou de terceiros para seus mentorados, exceto se os empreendedores solicitarem explicitamente uma proposta pelo seu próprio interesse/iniciativa, desde que esta iniciativa não venha a ferir o Regulamento dos Programas.
- O membro deve manter a coerência com a missão, valores e princípios da MBr – Mentores do Brasil expressos em seu Manifesto e abster-se de fazer intervenções públicas que associem a MBr às suas opiniões pessoais, especialmente às de cunho político-partidário ou religioso.

**Observações:**

(*) O termo "Programas" refere-se aos diversos programas de aceleração, fomento, investimento, incentivo e/ou apoio a empresas e startups que integram o ecossistema de empreendedorismo e inovação regional e nacional.

Parte-se da premissa que as entidades que promovem e executam tais Programas devam elaborar seus respectivos Códigos de Conduta/Regulamento, especificando regras claras em relação ao sigilo e confidencialidade, remuneração ou atuação em caráter *pro bono*, papéis e responsabilidades entre o mentor e o mentorado, entregáveis, eventual substituição do mentor ao longo da mentoria, feedback e avaliação final, entre outros.

## REFERÊNCIAS BIBLIOGRÁFICAS

BORBA, V.R. Integralidade Convergente. Editora DOC CONTENT, Rio de Janeiro, 2014.

BORBA, V.R. Coaching, Mentoring e Advice para profissionais de saúde, Editora DOC CONTENT, Rio de Janeiro, 2019 – no prelo.

BORBA, V.R. et all. Liderança e Inovação: a marca do líder internacional. Como construir-se líder de gestão padrão mundial. Editora Sarvier, São Paulo. SP, 2019.

BORBA, V.R, Estratégia e Ação: Balanced Scorecard no contexto de Saúde. Editora DOC Rio de Janeiro, no prelo, lançamento previsto para junho de 2011

OLIVEIRA, Sidnei. Mentoria. Editora Integrare Business. São Paulo, 2015.

BORGES, D.F. Os Es da Gestão. Editora Ser Mais Ltda. São Paulo – Sp. 2013.

www.mentoresdobrasil.com.br acesso em 12/12/2019.

www.holos.org.br acesso em 12/12/2019.

www.escoladementores acesso em 06/12/2019.

CAPÍTULO 7

# Neurociência Aplicada a Mentoria

NELSON PEDRO BRESSAN FILHO[23]

## INTRODUÇÃO

Neste capítulo será realizado um "breve passeio" definindo o que seja mentoria, neurociência e ao final, como entrelaçadas, elas podem ser um todo, maior que a soma de cada uma isoladamente.

No que diz respeito a mentoria, serão utilizados os conceitos e metodologia expostos nos livros "Mentoria – Elevando a maturidade e desempenho dos Jovens"[24] e "Cicatrizes – os desafios de amadurecer no Século 21"[25] aliados a vivencia do autor no mundo corporativo, atividades empresariais na área de saúde e atualmente, como sócio da Escola de Mentores em São Paulo, onde a prática e o aprendizado de mentoria se fundem.

Quanto a Neurociência, igualmente serão utilizados os conhecimentos científicos específicos não detalhados, mas adequados aos propósitos deste livro e oferecidas referências para estudo mais aprofundado ao leitor interessado.

Os objetivos são prover uma base inicial de conhecimento sobre o que é a mentoria e a neurociência e finalmente como a junção dessas áreas pode alavancar o desenvolvimento humano.

### Contexto

Com a evolução tecnológica sendo aplicada a todas as áreas do conhecimento, vivemos num mundo de transformações muito rápidas, no qual a

[23] Professor Doutor e Chefe do Departamento de Reprodução Humana e Infância – da Faculdade de Ciências Médicas e da Saúde – PUC-SP, Sócio – Diretor da Escola de Mentores-SP, onde responde pela área de neurociência aplicada a mentoria.

[24] OLIVEIRA S. Cicatrizes: os desafios de amadurecer no século 21. São Paulo: Integrare, 2018.

[25] OLIVEIRA, S. Mentoria: elevando a maturidade e desempenho dos jovens. São Paulo: Integrare, 2015.

capacidade que nos diferencia dos demais primatas, a consciência, vem sendo colocada a prova. Sabemos que nossa sobrevivência implica em administrarmos da melhor maneira possível, nosso consumo de energia e para isso, nosso sistema nervoso seleciona determinados comportamentos (armazena como memória) como base de respostas rápidas, automáticas e frequentemente inconscientes. Há muito tempo, Darwin[26] nos legou a informação segundo a qual, "*não são as espécies mais fortes que sobrevivem, nem as mais inteligentes, e sim as mais suscetíveis a mudanças*". Assim comportamentos que aumentem nossa chance de sobreviver, nos tornam mais longevos e com capacidade de reprodução e concorrem para a transmissão genética dessas habilidades e competências.

Assim, a natureza consumiu milhões de anos "selecionando" esses comportamentos eficientes e o atual mundo VUCA (sigla em inglês para volátil, incerto, complexo e ambíguo), não dá todo esse tempo para incessantes adaptações, afinal não sabemos ao certo, quais as profissões e profissionais serão requisitados no futuro, mas podemos predizer que uma enorme variedade de atividades e produtos, estão fadados a extremas modificações ou mesmo desaparecimento. Que o digam, apenas como exemplo, jornais impressos, filmes fotográficos, CDs, DVDs, etc.

As novas gerações valorizam mais sua vida pessoal e não têm como objetivo acumular conhecimentos em sua própria base de memória, afinal tudo está disponível a um simples toque nos celulares, Ipad, notebooks e computadores de última geração e convenhamos, mesmo que quiséssemos, o volume de dados produzidos ultrapassa e muito, nossa capacidade de armazenamento. O mesmo fenômeno é visto no desprezo pela propriedade material, sendo mais prático e econômico compartilhar, do que possuir (coworking, bikes, patinetes, etc.) o que resultou no aparecimento de novos cases de sucesso e rentabilidade comercial, com empresas de enorme valor financeiro, cujos atributos estão ligados mais a inteligência artificial dos aplicativos que disponibilizam, do que aos recursos materiais que possuam, tais como, aluguel de residências, mapas de mobilidade urbana, etc.

Nessa rápida análise do cenário, espero tenha ficado claro, a importância não só da qualificação, que temos que reconhecer, não falta aos jovens, mas sim de um repertório de comportamentos ágeis e eficientes, especialmente num mundo corporativo global e mutante.

---

[26](link – https://www.pensador.com/frases_charles_darwin/acessado em 28/01/2020).

## AFINAL ONDE ENTRA A MENTORIA?

Sabemos que a mentoria visa o desenvolvimento humano, mas isso não é atributo exclusivo do mentor e com muita frequência, ocorre confusão entre suas características e as de outros atores dessa área, o professor e o coach. Assim, em que pese reconhecer o importantíssimo papel de cada um desses agentes, se faz necessário breve distinção da função de cada um e para isso será apresentado um gráfico, cujo formato de pirâmide, se presta a entendimento didático da sequência de amadurecimento humano.

**Figura 1** Gráfico sobre a sequência do amadurecimento humano. Fonte – Cicatrizes os desafios de amadurecer no século 21. São Paulo: Integrare, 2018[2].

## Papéis desempenhados

PAPEL DO PROFESSOR

A base da pirâmide é ocupada pelo **Professor,** que tem entre suas características imprescindíveis o conhecimento e a didática. Todos nós temos na memória a figura de alguns de nossos grandes professores e a alegria que era assistir suas aulas. Repare que a palavra assistir, de fato correspondia a grande parte do que fazíamos, afinal havia um desfile de conhecimentos novos e nossa obrigação era armazená-los, sendo no final "aprovados" se conseguíssemos responder corretamente (recuperando da memória) a maioria das questões que seriam formuladas nas provas de cada assunto. Atualmente essa metodologia de transmissão de informação, que só leve em conta o que o professor/escola determina, embora necessária para aumentar o conhecimento, tem se mostrado insuficiente porque o aprendizado efetivo, mais que repetir as informações recebidas, requer maior participação e reflexão por parte do aluno. Desenvolvíamos uma habilidade de reter instruções e informações e não por acaso, mas como exemplo, podemos citar a CNH (Carteira Nacional de Habilitação) na qual conseguíamos após passar em prova específica, sem, entretanto, assegurar que dirigíamos bem, mas apenas que estávamos habilitados, ou seja, tínhamos informações e instruções para tal. **Claro que é importante acumular habilidades, mas que fique claro, isso não garante nenhuma diferenciação.**

## O MENTOR NA FUNÇÃO DO COACH

Este profissional aplica técnicas e ferramentas para o objetivo definido pelo coachee, diferente da atuação do professor que chega com os objetivos definidos. Assim o coach torna as informações e instruções recebidas anteriormente na primeira fase de amadurecimento, organizadas de maneira a permitir sua execução na prática. Cabe ainda ao coachee, assessorado pelo seu coach, determinar as ações sequenciais que levem ao resultado desejado, pois o foco está na solução (futuro) e não no problema (passado) e isso requer autoconhecimento e mudanças comportamentais. Esse processo pode incluir recursos, mas sempre envolve muita ação do coachee visando desempenho. Abrange aspectos de **curto, médio e longo prazo**, pretendendo capacitar, organizar, deixando claras as características que dificultam e as que favorecem, além da necessária disciplina por parte do coachee nas ações que o levarão a atingir seus objetivos.

Atente para o detalhe que esse papel não exige obrigatoriamente, vivência na área, sendo comum um coach ter formação acadêmica diversa do seu treinado (coachee), o que em absoluto, não tira o enorme valor do desenvolvimento humano obtido por essa metodologia.

## DIFERENCIAIS DO MENTOR

Repare que, até aqui temos alguém que recebeu instruções (aluno) e treinou sua execução com competência (coachee), entretanto isso pode não ser o suficiente para sua diferenciação em sua área de atuação, afinal muitos estarão exatamente neste estágio, o que não garante que sejam bem-sucedidos em termos profissionais ou mesmo pessoais. O mercado parece precisar de gente com essa capacitação, mas de preferência, aliada a uma vivência que o torne "pronto", pelas diversas situações pelas quais passou, facilitando a adoção de caminhos que levem ao êxito, evitando quando possível os desastrosos e/ou que tenha talento para lidar com situações novas, desafiadoras e por que não frustrações, como as oferecidas no cotidiano de um mundo em constante transformação. Convenhamos, quem não gostaria de contar com um profissional como esse para sua própria orientação? Pois é exatamente aí que conhecemos o papel do mentor, uma pessoa que pelo alto nível de maturidade, possa servir de referência na sua área de expertise a outros mais novatos que aqui chamaremos de mentorados.

**Segundo o escritor Sidnei Oliveira**

> "o mentor se ocupa justamente de estimular o desenvolvimento da maturidade do indivíduo, promovendo circunstâncias que possibilitem ao mentorado elevar sua capacidade de lidar com as consequências de suas próprias escolhas, fazendo delas fonte de aprendizado e gerando autonomia pessoal".
>
> **(Oliveira, S., 2018, p8)**

## O mentor, o professor e o coach

Existem algumas diferenças sutis entre mentor, professores e coaches, entre elas destaco a obrigatoriedade de experiência em determinado campo de atuação, que inclui aprendizado tanto através das decisões certas quanto das erradas em sua trajetória. Sua relação com o mentorado é de **longo prazo,** inclui respeito e consideração. Pressupõe ainda que enxergue os fatores limitantes, propondo desafios graduais, fornecendo referências, conselhos e sobretudo fazendo provocações (provocando ações) do seu mentorado. Vale aqui reiterar que as ações são do mentorado, cabendo acompanhar a distância segura (e isso pode ser as vezes difícil), não intervindo mesmo em situações de erros flagrantes, pois **estes são e sempre serão fonte de aprendizado**. O limite para permitir ações autônomas do mentorado é a reversibilidade das consequências negativas de seus atos. Nas demais circunstâncias cabe ao mentor assistir e através de reflexões, redirecionar a atenção de seu mentorado para atitudes mais assertivas e alinhadas com seu foco, seja evitando a repetição de erros ou realçando os acertos.

Por outro lado, o mentorado atento as ações de seu mentor, observa e extrai para si o fruto dessa expertise, melhores práticas, estilos, enfim a arte e a astúcia para conseguir os melhores resultados. O aprendizado e a melhoria da performance consequentes a junção de habilidades, competências e expertise sedimentam o caminho que torna o mentorado uma pessoa mais amadurecida e autônoma.

Com frequência professores, coachs e mentores têm seus caminhos entrelaçados e constantemente o amadurecimento, ora precisa dos atributos de um e ora do outro. Assim, o mentor para exercer sua atividade com excelência deve preparar-se e ter conhecimento e prática das melhores ferramentas desses dois profissionais, o que inclui noções de processos educativos, psicologia, antropologia, neurociências etc., as quais alia sua vivência diferenciada na área. Quero reforçar aqui o conceito de multidisciplinaridade da mentoria, bem como destacar que aprender a aprender é um processo contínuo, o que inclui também os ensinamentos a serem recebidos do mentorado.

## Algumas áreas de atuação da mentoria

A seguir serão destacadas algumas áreas de atuação.

a) Gestão de Conhecimento Multigeracional – por conta da atual longevidade humana temos frequentemente 4 gerações convivendo nas corporações e claro, o conhecimento que fez dessa empresa o que ela é, não pode ficar à deriva com a saída de executivos e outros gestores familiares ou não, seja por sucessão ou substituição. Impõe-se uma metodologia que permita que esse conhecimento seja compartilhado e mantido, o que corresponde a sabedoria na gestão empresarial.

b) Programa de Jovens Talentos – identificar jovens talentos e não os perder para concorrentes é ótima política de desenvolvimento praticada pelo setor responsável por Treinamento e Desenvolvimento.

c) Retenção e Engajamento – algumas empresas colocam alguém com mais experiência (mentor) para ser responsável por acompanhar e alavancar os passos de colaboradores novatos (mentorado) visando seu desenvolvimento. O engajamento ou comprometimento é muito maior e diminuem as chances de pedidos de demissão, portanto obtém-se redução do turnover, que tem custo altíssimo para as corporações. De forma geral, o mentorado iria ouvir seu mentor, que poderia abordar de maneira mais profunda a situação, levando a reflexão, com reversão desse quadro ou mesmo dando suporte a essa tomada de decisão.

d) Integração – essa palavra resulta da junção de *in* (não) mais *tangere* (tocado) significando intocado ou integro. Assim integrar significa estar por inteiro dentro do espírito, cultura e de ações que resultem no sucesso de suas ações profissionais e a mentoria faz exatamente isso.

e) Sucessão – convém aqui esclarecer que sucessão é a continuidade daquela função através de alguém novo (o mentorado, por exemplo.) pelo término do prazo do titular (promoção, aposentadoria etc.) e difere de substituição, geralmente contingencial (férias) ou por inadequação de desempenho na função. Assim para ter uma empresa "bem-sucedida", é necessário formar bons sucessores, não só para assegurar a retenção do conhecimento formal, mas também daquilo que é tácito (conhecimento invisível e silencioso) e propiciar o crescimento dos negócios. A figura do mentor que inspira, estimula e revela seus "truques" tem papel fundamental nesse momento.

f) Desenvolvimento de Novas Lideranças – as práticas de mentoria se consagraram como uma das melhores competências de liderança, sendo cada vez mais consideradas como diretriz obrigatória dos cargos executivos de importância para o negócio.

## Como implementar diretrizes de mentoria?

Na Escola de Mentores com práticas validadas na última década, temos sugerido sequência que inclui a formação do mentor em programa específico para gestores previamente escolhidos e algumas reuniões anuais de supervisão (geralmente em grupo) feitas por mentores profissionais externos a corporação, visando consolidar os conhecimentos, troca de experiências e alinhamento com os propósitos e diretrizes corporativas. Aos mentorados recomendamos reuniões que permitam saber previamente como funcionará a mentoria e o que se espera deles durante essa implementação, literalmente fazendo com que os mentorados "entrem no jogo".

Sugerimos roteiro com 6 encontros anuais de aproximadamente 60 minutos, sempre que possível, presenciais entre mentor e mentorado, mas que podem também serem realizados a distância com recursos audiovisuais de informática dos vários programas disponíveis em computadores, notebooks e mesmo celulares. A sequência poderia incluir tópicos sistematizados abaixo descritos, mas não dispensa preparo prévio, recordando sempre dados do encontro anterior, registrados em prontuário e avaliação do índice de maturidade do mentorado, conforme definido abaixo.

**1º encontro** – como é o primeiro encontro lembra uma entrevista, com a finalidade que mentor e mentorado se conheçam melhor, entendendo os propósitos desse trabalho e estabeleçam regras para os próximos encontros. Recomendação de filmes, livros com conteúdo compatível com diretrizes de mentoria sobre os quais pode se discutir no próximo encontro.

**2º encontro** – – o mentor indaga sobre aspirações e expectativas do mentorado, compartilhando também suas realizações, fracassos, medos de situações que jamais se concretizaram. Boa prática é o relato ao final de cada encontro pelo mentorado das lições e/ou insights ocorridos, pois mostra o grau de entendimento e dá pistas sobre padrões de comportamento, que poderão ser imprescindíveis nas intervenções do mentor, especialmente quando se revelarem hábitos, muitas vezes inconscientes ligados a emoções e resultados negativos, que podem inclusive, justificar a repetição de desfechos não favoráveis ao longo do tempo.

**3º encontro** – como qualquer mudança implica em autoconhecimento o mentor dá feedbacks sobre suas percepções, ajudando a identificar os pontos fortes (talentos) e fracos (limitações) do mentorado. Pode-se lançar mão ainda, de ferramentas de autoconhecimento, tais como DISC, MBTI e ENEAGRAMA.

**4º encontro** – o mentor verifica se já há alguma mudança de atitude com base nos pontos fortes e fracos e se possível compara com situações semelhantes em sua trajetória. A ideia é reforçar o potencial do mentorado para enfrentar seus medos, receios e inseguranças.

**5º encontro** – nessa conversa é importante reforçar os propósitos, ou seja, reflexões para o futuro, onde o passado é recordado, mas não deve pesar sobre as ações que devem ser feitas agora, no presente. Incentive manter a atenção, priorizando ações efetivas no dia a dia com os recursos que já dispõe, alinhadas com o foco em seus propósitos.

**6º encontro** – o mentor agora já tem um quadro mais completo sobre seu mentorado e estimula o protagonismo gradual de seu mentorado com vistas ao futuro. Cabe aqui relembrar sobre aprendizados, os acertos e as falhas, de maneira a consolidar a mudança de atitude doravante.

A relação mentor e mentorado, deve incluir contatos periódicos com seu mentorado entre os encontros por celular ou mesmo redes sociais, presença do mentor em situações de atuação do mentorado, não se limitando, portanto, aos feitos através de redes sociais, criando e reforçando vínculo. Não é incomum, após a série de encontros sugerida, que ocorram novas sessões de rotina com outra periodicidade ou mesmo em situações especiais. Quero frisar que a estrutura e sistemática destes encontros deve ser entendida como uma trilha flexível e não como um trilho fixo.

## Avaliação de índice de maturidade

Para a leitura da maturidade utilizamos conceitos do Modelo de Maturidade Avançado, onde o leitor encontrará a possibilidade de mensuração da maturidade com base em algoritmo e o seguimento da evolução desse índice, após cada encontro. Nessa metodologia, o mentor avalia o grau de maturidade de seu mentorado com base em 4 pilares sequenciais de desenvolvimento, conforme gráfico a seguir:

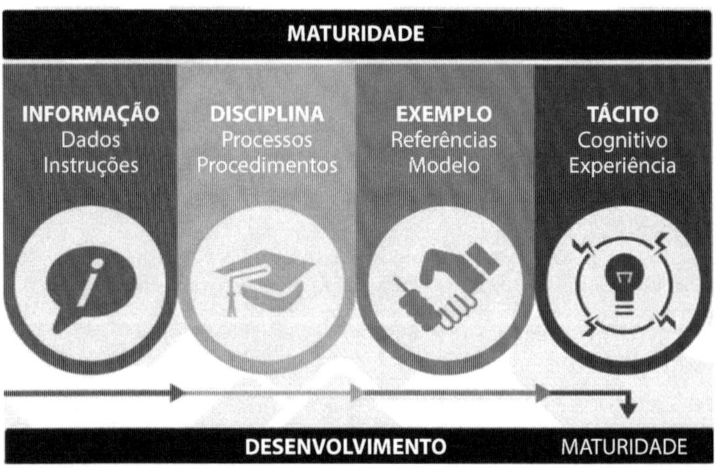


**Figura 2** Gráfico de Maturidade. Fonte – Cicatrizes: os desafios de amadurecer no século 21. São Paulo: Integrare, 2018[27].

1. **Informação** – neste pilar avaliamos o conhecimento do mentorado com base nos vieses teóricos e nos práticos, o que pode resultar em 4 possibilidades de classificação conforme tenha um e/ou outro desses atributos ou mesmo nenhum dos dois. Assim teríamos a denominação de teórico, prático, conhecedor ou limitado e suas respectivas pontuações.

[27] OLIVEIRA S. Cicatrizes: os desafios de amadurecer no século 21. São Paulo: Integrare, 2018. p85.

2. **Disciplina** – refere-se à avaliação de processos e procedimentos, tanto quanto a adesão a essas regras quanto a capacidade de inovação, propondo novas regras em substituição as anteriores. Analogamente ao referido no item 1, teríamos o conservador, rebelde, inovador e insatisfeito, além de suas pontuações.
3. **Exemplo** – nesta fase, avaliamos o quanto mentorado está sintonizado com a cultura coletiva e se além disso, também percebe a expertise individual, com classificação de executor, incomodado, potencial e crítico, conforme padrão anteriormente referido.
4. **Tácito** – neste último pilar que tem maior peso no índice de maturidade no algoritmo proposto, avaliamos o potencial de protagonismo com base em duas vertentes: o grau de exposição a risco e planejamento estratégico. Consequentemente denominamos cada uma das 4 opções, a exemplo dos outros tópicos como: planejador, inconveniente, transformador e reativo.

**Figura 3** Grau de maturidade com base no conhecimento tácito. Fonte – Fonte – Cicatrizes: os desafios de amadurecer no século 21. São Paulo: Integrare, 2018[5].

A avaliação inicial e sequencial nos próximos encontros oferece inúmeras possibilidades de combinação (256 combinações são possíveis), que permitem ao mentor mensurar percentualmente o índice de maturidade e como consequência prática, possibilita a atuação do mentor exatamente no ponto detectado como frágil e/ou que necessite de algum ajuste e o seguimento da evolução cronologicamente.

| ÍNDICE MATURIDADE | | |
|---|---|---|
| | DE | ATÉ |
| ACIMA de 90% | 29 | 32 |
| ENTRE 80% e 89% | 26 | 28 |
| ENTRE 70% e 79% | 23 | 25 |
| ENTRE 55% e 69% | 20 | 22 |
| ENTRE 45% e 54% | 17 | 19 |
| ENTRE 35% e 44% | 15 | 16 |
| ENTRE 25% e 34% | 13 | 14 |
| ABAIXO de 24% | 8 | 12 |

**Figura 4** Índice de maturidade. Fonte – Fonte – Cicatrizes: os desafios de amadurecer no século 21. São Paulo: Integrare,2018[5].

Entre os maiores atributos dessa metodologia destacaria a capacidade de guiar o mentor para a escolha das ações mais pertinentes e a sistematização da avaliação numérica, evitando conclusões de pouco validade científica. Por força das características atuais de avanços em tecnologia, já disponibilizamos aplicativo de avaliação automática com os principais dados de identificação do mentorado, informações sobre cada encontro e o índice de maturidade a serem registrados sequencialmente. Esses registros são aqueles consultados no preparo do mentor para cada encontro subsequente.

Para facilitar a compreensão desse processo e os papéis do professor, coach e mentor, é possível utilizar a metáfora de que a avaliação do primeiro pilar do conhecimento é representada preferencialmente pelas atividades do professor, as do segundo pilar de processos e procedimentos ligados a treinamento prático e desempenho correspondem ao coach e os últimos dois, quais sejam, o aprendizado pelo exemplo e o desenvolvimento de protagonismo (tácito) cabem ao mentor. Este último, se destaca de maneira especial, porque envolve fundamentalmente as ações guiadas pela adoção de novas atitudes, como persistência, determinação, resiliência visando ao final a autonomia e maturidade do mentorado.

## Leitura de maturidade e neurociência

Conforme enfatizado, é fundamental a correta leitura pelo mentor do grau de maturidade de seu mentorado com base nos pilares: informação, disciplina, exemplo e tácito, visando sistematizar e mensurar as áreas nas quais o mentor deve atuar, buscando a desejável elevação de índice de maturidade e autonomia de seu mentorado.

INFORMAÇÃO

Neste pilar estão centrados os conhecimentos teóricos (dados) e a prática (treinamento para lidar com esses dados) do mentorado. Assim cabe ao mentor arguir sobre esses itens, procurando entender o histórico e principais características, mais ainda, oferecer seus depoimentos, conselhos e referências de sucesso e fracasso, para servirem de base ao seu mentorado. Reforçamos que nos encontros, é imperiosa a comunicação assertiva e clara, abordagem técnica de gestão do tempo, atenção distribuída em pequenos períodos para cada tema, que devem ser revisitados periodicamente, pois é dessa maneira que a aprendizagem se intensifica em menor prazo. Alguns itens de interesse nesse pilar.

**Memória**

É imprescindível propiciar as melhores condições de ensino, treinamento e consequente aprendizagem. Relembre que aprendizado é o estágio final de um processo que começa com aquisição de informação (ensino), seguido de seu treinamento e que aprender é a capacidade de recuperar a informação da memória quando necessário. Para isso, o conteúdo deve ser fixado em memória de longo prazo e isso requer a atenção do mentorado, que deve ser incentivado a procurar conhecimento sobre o tema, destacando assistir (visão, audição, procurar na internet etc.), estudar em grupo (repetir, ouvir novamente), em outras palavras **associar todos os sentidos** e praticar repetidamente. Exemplo:

> Ao aprender sobre o gato e vamos usar da visão para saber como ele é, da audição para escutar seu miado, do tato para conhecer a textura de seus pelos e finalmente do olfato para sentirmos seu cheiro. Essa associação de sensores elabora uma memória mais consistente e com o tempo, a consolidada, significando acesso facilitado. Repare ainda que a associação (conexão) dos vários circuitos neurais com informação dos vários sentidos, permite que mesmo tendo acesso a apenas um deles, por exemplo, escutamos seu miado, nós consigamos imediatamente imaginar e ter acesso a todas as outras informações arquivadas em nossa memória sobre o gato, mesmo sem a presença dele.
>
> **(Cosenza e Guerra, 2011, p66)**

Assim, utilizando conceitos neurocientíficos expostos, conseguimos aprender, reter por mais tempo e mais ainda, lembrar com mais facilidade.

## Sono, atividade física e alimentação

O mentor deve certificar-se junto ao mentorado da presença dessas 3 condições básicas para uma mente saudável, importantes para desenvolvimento cognitivo e armazenagem. Durante o sono regular, enquanto o cérebro descansa, as informações são gravadas em nossa memória, portanto dormir bem, resumidamente, é fundamental para o aprendizado. Quanto aos exercícios regulares, além de úteis no condicionamento cardiovascular, também liberam neurotransmissores que melhoram o humor, concentração e fazem com que neurônios do hipocampo, responsável por gravação de novas memórias, aumentam de tamanho e mesmo se reproduzam. Secundariamente, exercícios de 3 a 4 vezes por semana por 30 minutos, mantem fluxo sanguíneo e o uso constante de estruturas cerebrais, retardando ou mesmo evitando o aparecimento de doenças degenerativas (Alzheimer, demências). Sugere-se que o link constante no rodapé seja visto, como exemplo completar sobre o tema[28]. Quanto a alimentação, destaca-se a função de prover calorias para o sistema nervoso, um grande glutão, pois apesar de representar 3 a 5% do peso corporal, recruta de 20 a 25% de todas as calorias diárias ingeridas. Assim, se um encontro mentor/mentorado for agendado próximo de horário de refeição, que se considere disponibilizar algum tipo de alimento ou mesmo marcar a reunião, por exemplo em um café, evitando que o diálogo seja improdutivo, porque a fome apareceu e roubou toda a atenção de ambos, produzindo mau humor, etc. Considere ainda, que a atenção é produto imprescindível para a consciência, consome energia, sendo de difícil manutenção por longo período. Assim controle o tempo de exposição, dê espaço para o mentorado e se possível peça que repita, para certificar-se que entendeu corretamente, pois quando se repete, reiteramos, acabamos por ouvir uma segunda vez, facilitando a adesão e a absorção do conhecimento.

## Meditação

É um recurso muito em voga atualmente e pode ajudar. Existem inúmeras e diferentes formas de praticá-las e várias publicações que atestam seu va-

[28]Ted Talk da neurocientista Wendy Suzuki https://www.youtube.com/watch?time_continue=5&v=BHY0FxzoKZE&feature=emb_title

lor como forma de suplementar a capacidade cognitiva e de empatia, pois acalmam a mente, aumentando a clareza de percepção, porta de entrada das decisões adequadas.

### Estresse

Caso o mentor perceba que o ambiente está inadequado e levando a estresse, considere ter um "ouvido carinhoso", praticando escuta ativa e acolhimento, deixando para expor suas ideias em ocasião mais favorável. A secreção do hormônio cortisol durante o estresse, desencadeia e prioriza ações de sobrevivência imediata e como o aprendizado não tem prioridade nessa hora, haverá falha de memorização, em outras palavras, se aprende muito pouco quando se está estressado.

### Remodelação neural

Tendo em vista que alguns mentorados são muito jovens e exibem alguns aspectos diferenciados, utilizarei de uma metáfora, sobre a evolução cronológica do Sistema Nervoso Central. Periodicamente, ao trocamos o celular, costumamos valorizar não só a estética e recursos, mas também a capacidade de armazenamento (memória) e a rapidez de funcionamento (processamento), afinal não queremos renunciar ao enorme volume de dados que já dispomos e mais ainda, queremos agilidade no acesso. Há um paralelo no funcionamento do nosso cérebro. É fisiológico que até o final da adolescência, nosso sistema nervoso passe por uma remodelação, que envolve descarte de neurônios e conexões não utilizadas (uso e desuso). Nas conexões que permaneceram a natureza providencia uma artimanha sensacional. Células especializadas dentro do Sistema Nervoso Central e também no Sistema Nervoso Periférico, se enrolam nos axônios que saem dos neurônios e produzem um isolante (mielina), como se fosse aquela borracha que se encontra nos fios elétricos comuns. Esta condição, possibilita que o estímulo elétrico dentro dos axônios, trafegue "aos saltos" com velocidade muito maior (até 100 vezes) e resultados mais eficientes, pois a informação segue adiante em alta velocidade. Em resumo, na adolescência em torno dos 18 anos, temos a finalização do processo de poda neuronal, mas as conexões existentes e utilizadas permanecem, ficam extremamente rápidas e esse desbastamento sináptico somado a mielinização, é uma maneira inteligente de deixar funcionando só o que usamos e ainda por cima, aumentar a velocidade de processamento. Dá para compreender porque é mais fácil e eficiente, aprender outra língua ou um esporte a partir da infância até o final da adolescência, pois o uso habitual desses circuitos neurais e suas conexões inibe sua poda. Esse processo fisiológico de remodelação aumenta a capacidade de integração, julgamento e tomada de decisão, de maneira mais contextual e abrangente, reduzindo o risco de más escolhas, tão comuns nessa fase. Para isso conta a evolução da maturidade do sistema nervoso, em especial pelo desenvolvimento do córtex pré-frontal, que passa a contar com circuitos neurais que integram as várias informações recebidas, tanto as do sistema límbico (emocionais), como racionais que produz. Esse amadurecimento neural possibilita optar por objetivos de médio e longo prazo, ao invés das recompensas imediatas próprias da adolescência. Para isso concorrem todas as instruções, treinamentos e aprendizados obtidos com as vivências junto aos familiares, outros instrutores e claro, com os mentores.

### Mudança de hábitos

Para a solução de problemas da rotina diária, por exemplo, guardar um número, uma tarefa que fará ao voltar para casa, etc, usamos nossa memória operacional ou de trabalho. Todavia se queremos consolidar esse comportamento, devemos associar sensores, treinar e com o tempo automatizar essa resposta, o que para nós se constituirá em hábito, consolidado em memória, agora de longa duração. Se por qualquer motivo nas sessões de mentoria um comportamento for considerado inadequado, desatualizado ou precisando de substituição, devemos investir nessa mudança de comportamento.

Mudança de comportamento sempre exige ação e inclui inicialmente a descoberta do gatilho (estímulo) que desencadeava o comportamento automático que se pretende mudar, bem como a recompensa que se obtinha quando ele acontecia. O novo comportamento inclui a atenção e as ações para evitar o gatilho antigo e/ou restrição a sua repetição pelo pensamento consciente, propondo e executando o novo comportamento que quer adotar (treinamento), até consolidar transformando-o em novo hábito, que vai substituir os inadequados e ineficientes (novo aprendizado). Assim o caminho que leva ao novo hábito vai se alargando, tal qual uma avenida com várias pistas e passa a ter preferência frente ao estímulo. A esse fenômeno denominamos ***neuroplasticidade****, ou seja, a capacidade de fazer e desfazer conexões (novas estradas) alterando redes neurais, subs-*

*tituído os anteriores por novas referências*. Todavia não se engane, o velho hábito virou estrada vicinal, mas não desapareceu, preste atenção e evite-o doravante. Apesar disso, vale lembrar que o alto nível dessa capacidade de reprogramar seus hábitos é um dos grandes diferenciais em relação aos outros animais.

## Disciplina

Neste pilar há dois aspectos a considerar: a adesão as regras e a inovação. É natural na população mais jovem o apreço pelas novidades do atual mundo tecnológico, mas a função do mentor é enfatizar que as regras atuais precisam ser conhecidas, pois só o pleno conhecimento de seu conteúdo, mesmo que o mentorado considere desatualizado, fornece as bases para propostas de melhoria contínua e inovação. A inovação se transformará na nova regra, na medida em que possa oferecer melhores resultados, mas como de resto, futuramente será substituída também. Não se trata, portanto, de apego as regras, mas sim de seu perfeito entendimento, para facilitar o encontro de uma proposta inovadora que atenda aquela nova demanda. Quando o mentor com seus conselhos, provocações e referências consegue despertar a curiosidade em seu mentorado, provoca aumento da atividade do hipocampo (responsável por dar suporte à adição das novas memórias) e este por sua vez aciona o Núcleo Accumbens[29], aumentando a secreção de dopamina (recompensa e/ou prazer) que leva ao aprendizado. Isso pode ser obtido pela indicação de um bom filme ou livro compatível com o desafio proposto ou ainda quando o mentorado tem a oportunidade, comparecer a evento para ver seu mentor em ação.

Para incrementar e estimular ainda mais a criatividade e inovação, considere usar os conhecimentos neurocientíficos sobre lateralidade dos hemisférios no córtex cerebral. Nessa perspectiva, estimular inicialmente o hemisfério cerebral direito, a quem cabe, entre outras coisas, identificar o novo, espacial, contextual e emocionalmente, incluindo-o na memória autobiográfica. Isto pode ser induzido através de desafios que incluam dinâmicas criativas de aprendizado, novos ambientes/condições no trabalho (ex. sala para meditação, de massagem, café da manhã com a direção), além de conhecer outras culturas, etc. Depois de **conhecidas**, es-

[29]Nucleo Accumbens – estrutura do sistema límbico que faz parte da via da recompensa e prazer (dopaminérgica mesolímbica).

sas novas práticas são apresentadas e integradas ao hemisfério esquerdo para serem **reconhecidas**, com suporte de escolha racional, lógica, linear usando a linguagem como base. Assim, parece plausível que o estímulo, a criatividade e inovação que se consolidam, levam em conta a adoção de práticas que considerem as características de lateralidade dos hemisférios cerebrais com base tanto na emoção quanto na razão, em que pese ambos atuarem nas áreas emocionais e racionais.

## Exemplo

O terceiro pilar de leitura da maturidade, diz respeito ao aprendizado ligado a duas vertentes: observação das diretrizes praticadas naquela coletividade na qual nos inserimos, que chamamos de cultura e a observação de exemplos de expertise individual de pessoas que admiramos e nos inspirem.

Habitualmente nosso organismo percebe, mesmo que não nos demos conta disso, alterações de temperatura, pressão, glicemia, entre outras, que nos afastam de nosso equilíbrio dinâmico. A esse equilíbrio que nos assegura mantermos condições relativamente estáveis, chamamos de homeostase, sendo do nosso interesse que percebamos alterações, especialmente as que possam representar riscos a nossa sobrevivência, resultando daí uma reação objetiva automática e inconsciente de ajuste, que chamamos emoção. Se esse estímulo que motivou a resposta tiver relevância (importância) emocional, ele desperta a atenção, levando essa informação a consciência e agora ao sentir os feitos da emoção temos o que chamamos de sentimento, subjetivo, que tenta inicialmente refletir, se as reações emocionais "sugeridas automaticamente como dicas" serão de fato adequadas, efetivas e nos devolveriam a estados desejáveis de equilíbrio. Assim pelos sentimentos (análise consciente dos estímulos e suas consequências emocionais), monitoramos se as ações são eficientes para o retorno da homeostase.

Damásio (2018) afirma até que "os sentimentos são a representação mental da homeostase". Assim, aquilo que vários de nós sentimos (coletivamente) e funcionou adequadamente, se transforma na "cultura" que adotada para aquelas situações, justificam a existência e implementação de culturas públicas como as Jurídicas, Artísticas, Filosóficas, Políticas, de Segurança Pública etc. Dessa maneira estabelecemos coletivamente como padrão cultural, respostas consideradas adequadas no contexto onde ocorreram, o que não garante unanimidade, pois sempre podemos não concordar com algumas culturas, sejam, de Estado, empresariais ou mesmo familiares. Para as ações que são eficientes ótimo, mas se, no entanto, em situações que consideremos muito relevantes (carreira, família, relacionamentos etc.), entendermos que algum ajuste é preciso, teremos que alterar o padrão de resposta. Isso só é possível através dos sentimentos (conscientes) que deem suporte a mudança (Córtex Cerebral), apoiado no filtro de relevância emocional pela amigdala (Sistema Límbico), ou seja, emoção e razão atuando sinergicamente, encontrando soluções culturalmente mais adequadas que as anteriores. Exemplos atuais de ajuste cultural, seriam a necessidade de rever o antigo conceito de família, com sendo a formada por um homem (provedor) e uma mulher (gestar e educar filhos) ou ainda responder agressiva e emocionalmente a superior hierárquico, sem avaliar o risco de demissão. O mentor deve junto com seu mentorado revisitar a cultura organizacional e a adequação existente, seja para adotá-la ou propor ajustes, quando possível.

No que diz respeito a expertise individual cabe ao mentorado, assessorado por seu mentor, utilizar de percepção apurada (atenção incluída) e reflexão "enxergando" o que fazem de maneira diferenciada, os líderes, cujos resultados admira e entenda determinantes. Não há líder de sucesso que não tenha seus macetes, basta observar com atenção.

## Tácito

Refere-se a dimensão daquilo que está subentendido, implícito e não pode ser expresso em palavras. Duas características são consideradas pois dão suporte ao protagonismo e tomada de decisão, quais sejam, o planejamento (estratégia) e a inevitável exposição a riscos. Fechando o ciclo, sempre que você tem um plano concreto de ações, sabe para onde vai e os passos que têm de dar, aumenta sua chance real de conseguir atingir seus objetivos. Veja também que um certo risco sempre está presente, mas é muito maior para quem não planeja. Tomada de decisão, implica em perceber bem e isso envolve atenção no **presente** (o que está acontecendo? Tem relevância emocional?) seguido de uma visita ao **passado** (memória), para verificar se já ocorreu este mesmo estímulo (ou similar) e com base nos resultados apurados, definir a melhor estratégia pensando no melhor resultado **futuro.** Isso pode implicar em repetir solução anterior ou mudar para nova opção, usando de imaginação, raciocínio complexo, ou seja, neuroplasticidade. O autor consagrado pelo recebimento do Prêmio Nobel, Daniel Kahneman[30] em seu livro "Rápido e Devagar – duas formas de pensar", refere-se a presença de dois "eus", sendo um experiencial que lida com o aqui e agora (presente) e um eu recordativo, que por sua vez consulta o que já ocorreu (passado) e projeta o que vem pela frente (futuro), ressaltando que a harmonia entre eles é fundamental para a adequação da tomada de decisão.

Finalmente, enfatizo que a necessidade de se adaptar e mudar rapidamente é uma realidade no mundo em que vivemos, sendo um dos diferenciais da raça humana. Todavia, sabemos como é difícil mudar e que nosso subconsciente, através das respostas emocionais tem como objetivo nos fazer sobreviver (perdurar) gastando o mínimo de tempo e economizando energia. Ele se utiliza de respostas que nosso Sistema Límbico acessa como memórias de longo prazo consolidadas, selecionadas como dicas, geralmente, mas nem sempre certas. Nos casos em que há inadequação e precisamos ajustar, vamos enfrentar resistência emocional, não só pela adoção do novo, mas também pelo dispêndio consciente de atenção e energia alocados nessa tarefa (sentir as emoções). Imagine que você tem pouca habilidade e está diante de um grande desafio, é muito provável que se estresse. Nessa perspectiva a chance de enfrentar e vencer esse enorme desafio se reduz. Dificilmente se aprende alguma coisa, repetindo as mesmas atitudes e sempre chegando aos mesmos resultados. Por outro lado, se o desafio imposto é muito pequeno frente a suas habilidades, o tédio e a desmotivação se estabelecem. **Assim para desenvolver seu mentorado de maneira equilibrada, se impõe que o desafio, seja apenas um pouco maior que as habilidades e dessa maneira, ao vencê-lo, desenvolvamos relevância emocional que "nos viciam naquele pequeno sucesso" e nos motivam para vencermos os desafios subsequentes.** Não tenha pressa, as melhores e mais significativas vitórias, tiveram muitos pequenos passos, que chamamos de planejamento, que nada mais é que alinhar a atenção para as ações que nos conduzam ao nosso foco, objetivos de médio e longo prazo. Lembre-se do tempo que você levou para pensar e agir do jeito que faz e considere que precisa ter as mesmas oportunidades (tempo, suportar erros e frustrações) para fazer mudanças consolidando novos hábitos, escolhendo um de cada

[30] Kahneman, D. Rápido e devagar: duas formas de pensar. 1ª edição Rio de Janeiro, Objetivas, p471-481, 2012.

vez, os tópicos prioritários e que estejam no seu raio de ação. O eventual ganho de tempo ou produtividade na implementação de novos hábitos saudáveis, serão fruto do engajamento e estado de fluxo (flow), onde você trabalha com tal empenho que nem sente o tempo passar.

## NEUROCIÊNCIAS APLICADA A MENTORIA

Nosso interesse pessoal sobre neurociências, começou algum tempo depois de minha graduação em medicina e foi motivado pela visão empírica, até aquele momento, de que os atendimentos que fazíamos como ginecologista e obstetra tinham mais êxito, na medida em que dedicávamos maior atenção, conversando longamente com as pacientes, muitas vezes sobre aspectos psicológicos, aparentemente sem relação com as causas físicas que procurávamos diagnosticar e tratar. Percebemos, assim como tantos outros profissionais da área, que não se tratava exclusivamente de um problema do corpo e sua interação com disfunções, bactérias, vírus, fungos etc. em que pese não negarmos a importância dessas associações. Havia mais que isso, uma interação com aspectos mentais, que incluíam pensamentos, imaginação, emoções, sentimentos com influência nos resultados obtidos, tanto positiva quanto negativamente, pois estes, de alguma maneira, estimulavam comportamentos, geralmente repetitivos, muitas vezes inconscientes que eram determinantes. Vale a pena destacar, o quanto interagimos conosco, com outros e com o meio ambiente com respostas automáticas do organismo, extremamente eficientes, mantendo a homeostase, em outras palavras, o equilíbrio dinâmico visando nossa sobrevivência com o máximo de bem estar, mesmo quando as condições internas e externas se alteram. Para dar um exemplo: enquanto é feita esta leitura, você interpreta o significado das palavras que usamos e geralmente não se dá conta que seu sistema nervoso através de seus sensores, incluídos aqui tato, audição, visão, gustação e olfato, estão mapeando continuamente o ambiente e seu próprio corpo, fazendo as correções necessárias automaticamente (ex. suor em ambientes mais quentes) e até "despertando sua atenção" através da consciência, para você voluntariamente tomar uma decisão, por exemplo, se afastando de uma fonte de calor que poderia lesar sua pele. Monitoramos continuamente e recebemos informações das condições, sejam elas de origem interna, como pensamentos com preocupações sobre o futuro (ansiedade), sejam de origem externa, como a visão de animal que lhe pareça potencialmente agressivo. A detecção desses estímulos e suas possíveis consequências, desencadeiam uma série de reações visando, como já disse, nossa sobrevivência, seja com respostas automáticas e inconscientes (maioria) ou mesmo voluntárias e conscientes. Essa orquestração espetacular, que envolve comunicação entre os vários sistemas de controle em nosso organismo, notadamente sistemas nervoso, endócrino e imune, é o que estuda a neurociência, literalmente como definida por Eric Kandell em seu magnifico livro Princípios de Neurociências[31],

> "Neurociência é a ciência biológica multidisciplinar cujo objetivo é a compreensão de como o fluxo de sinais elétricos, através de circuitos neurais, origina a mente – como percebemos, agimos, pensamos, aprendemos e lembramos".
>
> **(Kandell, 2014, pg1)**

Vale reforçar que a principal função do sistema nervoso é a tomada de decisão, geralmente uma ação motora que se denomina comportamento.

## Práticas de mentoria e sinergia com a neurociência

Considere que no relacionamento mentor e mentorado haverá uma vasta gama de situações que envolverão autoconhecimento, empatia, interpretação e visita a hábitos etc., que resultarão numa série de ações que, em última análise, objetivam promover o amadurecimento e autonomia do mentorado. Nossa abordagem não incluirá noções aprofundadas e detalhadas de neuroanatomia, neurofisiologia, neurotransmissores etc., que serão visitados de maneira superficial, apenas na proporção em que sejam necessários para entendimento. Para facilitar seu entendimento com imagens, é possível fazer pesquisas complementares[32].

A célula mais importante do Sistema Nervoso (SN) é o neurônio e ele tem prolongamentos de entrada da informação (vários dendritos) e geralmente um só de saída (axônio). A transmissão da informação passa por dentro do neurônio através de impulso elétrico e dele para outro neurônio ou glândulas, na região que é chamada de sinapse, onde neurotransmissores químicos são secretados (como adrenalina, serotonina, dopamina, etc). O desenvolvimento do Sistema Nervoso entre os animais foi moti-

---

[31] Kandel, E. R, et others. Princípios de Neurociências, 5ª ed. Porto Alegre,: AMGH, p1-17, 2014.

[32] https://www.proenem.com.br/enem/biologia/tecido-nervoso/

vado pelo seu aumento do tamanho físico e aparecimento de estruturas cada vez mais complexas. Assim, a necessidade de detecção de informações (sensores), seu processamento (atividade mental visando decidir) e a transmissão da decisão tomada (ação motora comportamental) são rotina importante. Dentro desse espírito, cabe apenas dizer que o processamento é feito pelo Sistema Nervoso Central (SNC) e o Sistema Nervoso Periférico (SNP) responde pelas "estradas de entrada e saída da informação".

As estruturas do SNC são tão importantes que ficam protegidos por estruturas ósseas, o crânio (no caso do encéfalo) e as vertebras da coluna (na medula espinal). Da bacia até a cabeça, olhando pelo perfil, tem a medula espinhal que responde com ações reflexas mais simples e o encéfalo que se dividi em três áreas, imaginando-as como andares de um prédio. A mais primitiva e que fica em continuidade com a medula é o tronco encefálico (bulbo, ponte e mesencéfalo) que responde inconscientemente, por instintos básicos, controla a respiração, batimento cardíaco, define a vigília (acordado ou dormindo), sendo também conhecida como Cérebro Instintivo ou Reptiliano. O andar do meio é o Sistema Límbico importante para análise e geração de emoções, tendo na amigdala sua estrutura representativa dos aspectos emocionais e também no hipocampo, o responsável pelo gerenciamento das novas memórias, sendo também conhecido como Cérebro Emocional ou de Mamíferos Inferiores. Na "cobertura" temos a Córtex Cerebral, estrutura mais avançada e que integra todas as informações, julga, avalia riscos e toma decisões, tendo o raciocínio e a razão como ferramentas de ponta, portanto trabalha com mecanismos conscientes, sendo conhecida como Cérebro Racional ou Humano, pois nos diferencia dos demais mamíferos. A córtex se divide em lobos que tem o nome do osso craniano correspondente, occipital, temporal, parietal e frontal, que tem funções diferentes, sendo os primeiros mais receptores de informação e os últimos dois mais executores. Cabe menção ao cerebelo, como se fosse um anexo da cobertura, que lida com o controle de movimentos, equilíbrio e postura, tendo especial papel no controle de erros, inativando circuitos inadequados e facilitando aqueles com maior chance de êxito. Imagens para facilitar o entendimento podem ser obtidas nos links relacionados no rodapé[33]. Ainda no córtex cerebral, olhando

[33] https://novaescolademarketing.com.br/o-cerebro-trino-reptiliano-limbico-e-neocortex/
https://psicologiaparaofuturo.wordpress.com/2012/08/02/o-cerebro-humano-conceitos-basicos/

por cima da cabeça, teríamos os hemisférios cerebrais direito que avalia as coisas novas, espacialmente, olhando para dentro e para os outros com base nas emoções, considerando o contexto e contendo a memória autobiográfica. Já o esquerdo é mais racional, avaliando entre outras coisas a lógica, linearidade, números, fatos, texto, olhando o mundo. Assim com essa estrutura, podemos ter dois tipos de resposta (comportamento) frente a um estímulo: uma resposta mais rápida, inconsciente e, portanto, emocional e outra mais lenta, porque além da avaliação do Sistema Límbico, inclui também áreas da Córtex Cerebral e Cerebelo, onde ocorre análise mais cuidadosa e racional. Quando falarmos na desejada integração mente-corpo, que leva às melhores tomadas de decisão e comportamentos, nos referimos a considerar como valiosas as informações vindas de todos controles, quais sejam: os 3 andares (crânio-caudal), bem como das áreas receptora e executora (posterior-anterior) e finalmente de cada um lado dos dois hemisférios cerebrais.

Para facilitar a memorização dos 3 tipos de cérebro que aqui referi quanto a função, você pode pensar na palavra **REI**, ou seja, **R**acional, **E**mocional e **I**nstintivo. Do ponto de vista cronológico, recorde que o desenvolvimento neurobiológico começou com o instintivo, só com objetivo de manutenção da vida, depois o emocional visando não só a sobrevivência, mas também a prosperidade, com a adoção de mecanismos de memorização de comportamentos automáticos por respostas emocionais e finalmente o desenvolvimento do racional, que através da consciência pode contrabalançar e avaliar a continuidade ou a mudança na resposta emocional, com a adoção de novos hábitos comportamentais.

Neste capítulo, por conta da exígua descrição realizada, recomenda-se ao leitor interessado bibliografia e links de imagens, bem como livros básicos de autores renomados como Eric Kandel' Carla Tieppo, Cosenza e Guerra e Daniel Siegel constantes na bibliografia final deste capítulo.

## CONCLUSÕES

Ao finalizar este capítulo, cujo objetivo foi despertar a atenção para alguns tópicos de sinergia entre mentoria e neurociência, há algumas premissas básicas que julgamos importantes.

1. Mudanças sempre envolvem alterar comportamentos e para isso o mentorado precisará identificar qual o comportamento quer

ajustar, o gatilho que o dispara e a recompensa que tem recebido, mantendo-o. Dê mais atenção aos talentos que pontos fracos, com exceção de fragilidades que dificultem a visualização do talento.

2. Nenhuma mudança é fácil e algumas irão fracassar, especialmente se a mudança, não estiver sob controle do mentorado. Releve e se refaça de pronto. Por outro lado, mudanças podem ser necessárias mesmo diante de acertos anteriores, pois as condições mudam com frequência e implicam em atualização. Assim, evite ser mais um daqueles que jamais se refazem de um sucesso, não percebendo que chegou a hora de mudar.
3. Estimule seu mentorado a fazer apenas algumas mudanças de cada vez, priorizando as que ele entenda, mais impactam sobre as outras e estejam alinhadas com seus talentos e objetivos. Alinhe o tamanho dos desafios, que devem ser apenas um pouco maiores do que as habilidades existentes.
4. Oriente para detalhar cada passo num plano concreto, definindo onde quer chegar, quando e como, com atitudes que alavancam, permitem checagem e otimizam o resultado.
5. Gratidão é uma visão diferenciada que considera que até mesmo os erros, são enorme fonte de aprendizado. Assim, oriente a identificação diária de ocorrências que mereçam a gratidão do mentorado, se possível antes de dormir, pois isso acalma e deixa a mente livre para gravar os aprendizados do dia. A gratidão tornará o mentorado apto a enxergar mais facilmente os vários caminhos positivos de aprendizagem.
6. Lembre-se que a maioria dos hábitos inadequados não desaparecem, apenas são substituídos por outros cujos resultados se mostraram mais adequados, e isso exige empenho, treinamento e persistência, mas cada mudança obtida facilita ainda mais a próxima. Não menospreze os erros, identifique-os, aprenda com eles, corrija e assegure que não se repitam.
7. Que o acrônimo MESA te ajude a memorizar como são decisivos para sua saúde mental: **m**editar, **e**xercícios regulares, **s**ono que relaxe e descanse, além de **a**limentação balanceada e natural.
8. Mentoria é um vínculo de longo prazo e exige expertise na área de atuação. Apesar disso os conhecimentos que o mentor possua

como professor e/ou coach, fundem-se, compondo seu repertório, valorizando-o ainda mais. Todavia e apesar disso, exerça apenas uma função por vez, evitando confusões em sua atuação.

9. Prepare previamente cada encontro, porque mais que um ato de respeito e consideração, é uma oportunidade de reativar cada vez mais os registros em sua própria memória, que ficará cada vez rápida e acessível (facilitada) para o encontro de soluções criativas na hora em que precisar tomar decisões.
10. Todas as ações de desenvolvimento humano praticadas por um mentor implicam em ter consciência e autoconhecimento de si, como forma de assegurar sua qualificação prévia, desempenho consistente, relevância na área e mais que tudo, interesse genuíno pelo mentorado.

## REFERÊNCIAS BIBLIOGRÁFICAS


BRITTA, K.; HÖLZEL, A. B.; CARMODYC, J.; VANGELA, M.; GARDA, T. and LAZARA, S. W. Mindfulness practice leads to increases in regional brain gray matter density. NIH Public Access, Psychiatry Res. January 30; 191(1): 36–43, 2011.

COSENZA, R. M. Fundamentos de neuroanatomia – 3ª ed. Rio de Janeiro, Guanabara Koogan, 2005.

COSENZA, R. M.; GUERRA, L. B. Neurociência e educação: como o cérebro aprende. Porto Alegre: Artmed, p 27-39, 61-85, 2011.

DAMÁSIO, A. A estranha ordem das coisas: a origem biológica dos sentimentos e da cultura. 1ª edição São Paulo: Companhia da Letras, p. 191-222, 2018.

DARWIN, C. A Origem das Espécies, no meio da seleção natural ou a luta pela existência na natureza. 1 vol., E-book baseado na tradução de Joaquim de Mesquita Paul., Lello & Irmão Editores, Porto, 2003.

GOLDBERG, E. Creativity: The Human Brain in the Age of Innovation', NY: Oxford University Press, 2018. .

GRUBER, M. J.; GELMAN, B. D.; RANGANATH, C. States of curiosity modulate hippocampus-dependent learning via the dopaminergic circuit. Neuron, Oct 22;84; 486-96, 2014.

KAHNEMAN, D. Rápido e devagar: duas formas de pensar. 1ª edição Rio de Janeiro, Objetiva, p 471-481, 2012.

KANDEL, E. R.; SCHWARTZ, J. H.; JESSEL, T. M.; SIEGELBAUM, S. A.; HUDSPETH, A. J. Princípios de Neurociência. 5ª ed. Porto Alegre: AMGH, p 1-17, 2014.

MRAZEK, M. D.; FRANKLIN, M. S.; PHILLIPS, D. T,; BAIRD, B.; SCHOLLER, J. W. Mindfulness training improves working memory capacity and GRE performance while reducind mind wandering. SAGE Journals, vol 22 p 776-781, 2013.

OLIVEIRA, S. Cicatrizes: os desafios de amadurecer no século 21. São Paulo: Integrare, 2018.

OLIVEIRA, S. Mentoria: elevando a maturidade e desempenho dos jovens. São Paulo: Integrare, 2015.

SIEGEL, D. J. Cérebro adolescente; a coragem e criatividade da mente dos 12 aos 24 anos. São Paulo: Versos, 2016.

TIEPPO, C. Uma viagem pelo cérebro: a via rápida para entender neurociência. São Paulo, SP: Conectomus, 2019.

PARTE 3

# Alta Performance: O Que é e Como Obtê-la

- Alinhamento Comportamental para a Alta Performance
- Alta Performance das Empresas: O Que é e Como Surgiu
- Prioridade para Alcance da Alta Performance e de Resultados Exponenciais
- Principais Ferramentas Utilizadas em Processos de Coaching e Mentoring para Profissionais de Alta Performance
- Ampliando Possibilidades para o Alto Desempenho – Uma Abordagem Sistêmica: A Constelação Familiar (Teoria e Casos Práticos)

CAPÍTULO 8

# Alinhamento Comportamental para a Alta Performance

Rosimeri Dalagnol Severo[34]

*"A cultura impulsiona a performance através da liberação do potencial humano."*

**Richard Barrett[35]**

## INTRODUÇÃO

No contexto hiperconectado e em profundas transformações da Indústria 4.0 se acentuam as inquietações das pessoas (como crescer na carreira; qual profissão seguir; onde buscar emprego ou empreender; como se preparar para ter espaço em meio às novas tecnologias, etc) e das organizações (qual estratégia adotar e como fazê-la vencedora; como transformar a cultura para que o negócio tenha sucesso; temos as competências instaladas; como engajar pessoas de cinco gerações diferentes; como inovar e crescer, quais tecnologias adotar, etc) enfim, para qual caminho seguir.

***Peter Drucker[36] afirma que a cultura come a estratégia no café da manhã. Mas afinal, como o alinhamento comportamental pode produzir uma cultura forte capaz de suportar a performance de pessoas e organizações e no que o coaching, mentoring e counseling contribuem?***

[34] Mestranda em Gestão de Conflitos e Mediação, com especializações e MBA´s em diferentes áreas da gestão empresarial e do desenvolvimento humano. Profissional com robusta experiência no C-level de organizações. Trabalha como Coach/Mentor executivo, Consultora em cultura organizacional, Conselheira e Docente.

[35] Richard Barret é fundador e chairman do Barrett Values Centre, autor reconhecido internacionalmente como um dos mais influentes pensadores do tema liderança e evolução de valores humanos nos negócios e na sociedade.

[36] Peter Druker foi um dos mais conhecidos e influentes pensadores e escritores na teoria e prática do gerenciamento no século XX.

Este capítulo pretende trazer, primeiramente, um breve alinhamento conceitual, uma visão, dados os diferentes públicos leitores, e lançar um pouco de luz já que por vezes os conceitos que envolvem o comportamento são usados como sinônimos e não o são. A partir daí, apresentar uma forma onde o processo de *coaching, mentoring e counseling*, tem sido útil para pessoas e organizações performarem melhor: o alinhamento comportamental baseado em valores e propósito. O tema é vasto e não se esgota aqui, pelo contrário, pretende-se apenas instigar *insights* para aprofundamento, dentro do que tem sido eficaz no desenvolvimento de lideranças em organizações de alta performance.

## COMEÇANDO PELAS PESSOAS

*"Tudo o que ocorre na empresa é decorrente do comportamento das pessoas."*

**Carolyn Taylor**

### Entendendo o comportamento humano

Não há alta performance sem mudança comportamental. Mas, é preciso compreender para então conseguir modificar. Cotidianamente os termos comportamento, atitude, valor, crença, princípio se confundem para a maioria das pessoas.

***Então, o que mesmo é comportamento humano?***
***É o mesmo que atitude?***

Compreender todos os aspectos que envolvem o comportamento humano, nem os maiores estudiosos do assunto afirmariam que dominam. O comportamento humano é mutável, probabilístico, complexo e histórico, portanto, não há precisão absoluta para afirmar se um padrão de comportamento vai ser repetido ou não, será sempre uma probabilidade. Por isto é tão importante fugir de eventuais generalizações a respeito deste tema e entender sobre suas variáveis (de onde vem determinado comportamento). Este entendimento é básico para modificar comportamentos e é um dos passos nos processos de *coaching e mentoring*.

Ao buscar a origem da palavra comportamento no Latim, *comportare*, "trazer coisas para um mesmo lugar, reunir, amontoar". Um comportamento tem a ver com a maneira pela qual uma pessoa se porta com os outros, isto é, como atua socialmente, segundo Perissé (2014), pode ser visto como a reunião de gestos e palavras com os quais agimos e reagimos o tempo todo (discurso, vestimenta, postura física etc.).

O comportamento é objeto de estudo da psicologia behaviorista ou comportamental. Watson (1913) lançou o termo "behaviorismo", dando origem a psicologia behaviorista. O termo inglês *behavior* significa comportamento.

Comportamento envolve ação e ambiente. Segundo Bock (2018), hoje se entende comportamento como uma relação entre aquilo que o organismo faz e o ambiente onde o seu "fazer" está inserido. Ou seja, são as respostas aos mais variados estímulos do dia a dia, tanto de origem interna quanto externa.

Parece simples, mas você já parou para pensar que temos variáveis internas e externas que compõe este "ambiente"?

Muitas vezes usada como sinônimo de comportamento, a atitude não é a mesma coisa.

## E O QUE SÃO AS ATITUDES?

A atitude é formada pelo conjunto de elementos que compõe o *mindset* (crenças, valores, conhecimentos, necessidades, experiências, expectativas, etc).

A atitude precede o comportamento. Ou seja, uma atitude irá gerar ações a partir de um processo de pensamento global do indivíduo, seus pontos de vista, perspectivas e como ele se relaciona com o mundo. Funciona como um processo decisório individual de influência diretiva e dinâmica sobre o comportamento. Assim, as atitudes podem não ser reveladas no comportamento, caso o indivíduo no momento de agir julgar que as consequências da ação serão negativas.

Atitude envolve, portanto, a forma habitual de pensar ou a postura intelectual face um certo objeto ou ação. Assim as pessoas terão a tendência de responder de forma positiva ou negativa diante das mesmas coisas (ideias, objetos, pessoas, situações), ou seja, algumas enxergam o "copo meio cheio" e outras "meio vazio".

Pessoas de atitude positiva são confiantes, humildes, têm altas expectativas de si mesmos e dos outros e antecipam resultados positivos. A atitude positiva diante da vida gera muito benefícios: melhor qualidade de vida, menos estresse, aumenta a produtividade, melhora relacionamentos e o trabalho em equipe; todos itens fundamentais para uma melhor performance.

Já a atitude negativa pode fazer a pessoa tornar-se obstáculo do seu próprio crescimento. Pessoas com atitude negativa normalmente têm dificuldade em manter trabalhos e relacionamentos, apresentando uma vida sem propósito, ressentida, alto nível de estresse, saúde comprometida e mau humor mais constante.

Os processos de *coaching e mentoring* proporcionam ao *coachee* (ou mentorado) a oportunidade de aprofundar o entendimento sobre si mesmo e suas atitudes, para então adotar a postura positiva diante da vida, necessária para atingir os resultados futuros almejados.

## Valores individuais, crenças e princípios

***Afinal, o que são valores individuais?***
***Você sabe quais são os seus principais valores?***
***Sabe como conhecê-los e hierarquizá-los?***

De fato, a maioria das pessoas não sabe quais são seus valores, tampouco quais são os principais. Este fato implica em dizer que a pessoa se tornou o que é de forma inconsciente.

O sentido original da palavra "valor" vem do latin e significa coragem, bravura, o caráter do homem (Japiassú, 1994, p. 268).

O conceito de valor vem ao longo da história se constituindo objeto de estudo das mais variadas ciências. Nasceu com a Filosofia, ainda em sentido bem amplo, até as que, sob influência desta, foram aparecendo, vários tipos de valores, a sua neurobiologia, relacionados com várias disciplinas e ciências, que lhe atribuíram acepções próprias, como a Sociologia e Antropologia.

> "Pode-se dizer que valor corresponde a tudo aquilo que preenche (positivamente, pois do contrário tem-se um contra valor ou desvalor) uma determinada carência, vacuidade ou privação de um determinado Ser em geral, e do Ser do Homem de forma muito particular ou especial. Isso porque o Ser Homem é o único Ser que tem a capacidade de valorar, em função de possuir, potencialmente, uma consciência intencional, ou um estado de consciência mais aprimorado, que lhe permite viver no mundo da cultura e no mundo dos valores, e não no mundo da natureza como os demais Seres."
>
> **(Beresford, 2002 p.77)**

**Valores** representam, portanto, medidas de importância atribuídas pelo próprio indivíduo a algo ou alguma coisa, seja por despertar admiração ou respeito, seja pela natureza física, intelectual ou moral.

Valor é algo que energiza. E como identificar o que energiza de fato? Duas perguntas simples usadas no *coaching* são suficientes para identificar valores individuais:

1. Quando você se sente importante e energizado?
2. Por que isso é importante para você?

Os valores podem mudar lentamente conforme os ciclos ao longo da vida. Só mudarão rapidamente se acontecer algo que interfira de forma disruptiva as necessidades.

***E por que é tão importante conhecer nossos valores?***

A todo momento as pessoas fazem escolhas, ou seja, tomam decisões, das mais simples as mais complexas, optando dentre seu repertório de alternativas. Se alguma alternativa desrespeita o mundo externo ou interno, esta escolha não será feita. Portanto, valores são os guias (de forma consciente ou inconsciente) para toda e qualquer tomada de decisão, ou seja, para se fazer escolhas, bem como para avaliar se as decisões e as dos outros são as melhores. Aí está a grande importância de conhecê-los. Justamente para se fazer escolhas conscientes. Estas, com certeza, serão as melhores decisões, pois estarão coerentes com os valores pessoais.

As crenças e valores sustentam o *mindset*, ou seja, a forma de pensar e ver o mundo. Robert Dilts (2014) afirmou que são as crenças que motivam ou inibem as capacidades e comportamentos. Crenças e valores estão neurologicamente ligados ao sistema límbico no cérebro, que é inconsciente. Sendo assim, se a forma como é visto o mundo não for alterada, não será possível mudar comportamentos.

Ao mudar valores, muda-se o foco, o destino, as prioridades, isso muda a vida do indivíduo. O *coaching* é uma ferramenta poderosa para isso, tanto para trazer a consciência quais são os valores e crenças que guiam as escolhas, quanto para mudar seu foco e, consequentemente, seu destino.

Imagine alguém que tenha na hierarquia de valores a Aventura como valor número um. Suas decisões envolverão risco mais alto. Provavelmente será um amante de esportes radicais, terá um perfil voltado a investimentos em renda variável e assim por diante. Já alguém que tenha a

Segurança como seu valor número um, tomará decisões envolvendo risco baixo, planejamento, garantias, sempre prezando por assegurar-se que suas escolhas o conservarão física, material e mentalmente, ou seja, todas as decisões terão como condição a segurança ao mundo externo e/ou a si mesmo.

Em suma, valores são conceitos elevados, além de servirem de critérios para se viver e tomar decisões, servem para avaliar se as próprias ações (e as dos outros) são boas ou ruins, justamente por representar aquilo que o indivíduo acredita ser o mais importante na sua vida.

Difícil falar de valores, sem falar em crenças e princípios, até porque são o que leva ao comportamento. Valores individuais são assentados por crenças.

As **crenças** representam como cada ser humano enxerga o mundo, o que o indivíduo acredita e como percebe a realidade – formando a sua verdade única. São pressupostos, não necessariamente racionais – o que o indivíduo crê serem os mais importantes princípios até mesmo de sua vida. Esses princípios de vida, então, são absorvidos pelas crenças, se tornando seus valores pessoais.

Os **Princípios** são o conjunto de regras e condutas éticas e morais que guiam a vida de cada pessoa ao longo de sua existência, representando a base dos comportamentos. Quando se diz "uma pessoa de princípios", em geral, está se referindo a sua conduta dentro da moral e da ética. O contrário de "uma pessoa sem princípios", a qual se permite cometer transgressões para conseguir o que quer, indicando falhas de caráter.

*"O mundo não existe meramente em si mesmo,*
*mas da forma como ele se apresenta a mim".*

**C.G. Jung**

Portanto, cada pessoa molda sua realidade criando uma versão única a partir de suas experiências e expectativas.

Valores e crenças podem ser elementos positivos ou limitantes. Os positivos serão responsáveis por empoderar o indivíduo e lhe trazer otimismo, em uma ideia de abundância e prosperidade, já as limitantes, serão motivo de frustração e limitação no desenvolvimento do indivíduo. As crenças negativas atrapalham o processo de coaching e podem comprometer a alta performance do indivíduo.

## E como identificar comportamentos?

Além dos instrumentos consistentes já elencados em outros capítulos, a identificação do perfil comportamental dos indivíduos pode ser feita por meio das avaliações 360º e de entrevistas por competência. Sendo sempre importante mencionar que qualquer ferramenta terá alguma limitação, os instrumentos apontarão tendências fruto das preferências dos comportamentos escolhidos – mas se complementam facilmente com uma entrevista (por exemplo); a avaliação 360º. trará o conjunto de comportamentos observáveis e as entrevistas por competências identificará o padrão comportamental com base em experiências passadas que tenderão a se repetir no futuro. Enfim, o conjunto acaba por evidenciar melhor aproximação da personalidade de cada um.

Jamais deve-se permitir rótulos aos indivíduos fruto dos instrumentos utilizados. Rótulos nesta linha, podem retirar as perspectivas e possibilidades de desenvolvimento, podendo além de impactar na reputação dos indivíduos, vir a se tornar uma crença potencialmente limitante e irreal.

## Coaching, mentoring e advise (ou counseling) para a alta performance

*"Quando a dor de não estar vivendo for maior que o medo da mudança, a pessoa muda."*

**Freud**

Alta performance exige constância. É diferente de ter picos de performance, como é comum a quem procrastina. Constância gera alta produtividade e para isso, cuidar de si – corpo e mente – e concentrar maior **foco** no presente é parte determinante para o alcance de uma meta. A Febracis[37] chama de inteligência foco temporal. E ressalta que é preciso

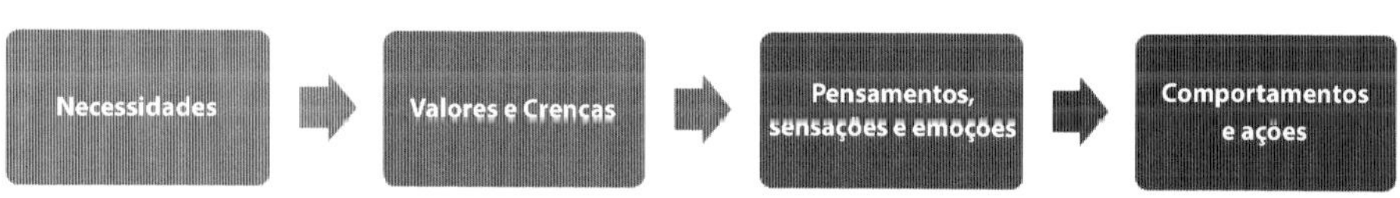


**Figura 1** A tomada de decisão refletindo valores e crenças. Barrett (2017) com adaptações da autora.

[37] Inteligência Foco temporal: Palestra de Paulo Vieira – fundador da Febracis. https://www.youtube.com/watch?v=BfHbemhKtCY

produzir energia suficiente para que a meta aconteça. Segundo a Febracis as maneiras para isso são: comunicar-se e comportar-se a respeito da meta; pensar e meditar sobre a meta; e, sentir-se vivenciando a meta.

## O CONTEXTO ORGANIZACIONAL: UM POUCO SOBRE CULTURA E ESTRATÉGIA

*"Nada acontece no contexto de negócios que não seja por meio das pessoas."*

**Carolyn Taylor**

### Cultura organizacional

Cada organização apresentará sua cultura própria. Esta é fruto do que é valorizado e praticado no dia a dia. Pode não ser exatamente o que está no quadro na parede, mas sim o que está presente nas atitudes cotidianas das lideranças e de toda equipe.

***E como o alinhamento comportamental pode gerar melhor performance?***

Primeiro serão apresentados alguns conceitos para um melhor entendimento.

#### O CONCEITO DE CULTURA COMO BASE PARA FORMAÇÃO DE COMPETÊNCIAS

Etimologicamente advinda do latin *colare*, cultura é um conceito de várias acepções, o que comumente causa alguma confusão no entendimento de qual realmente é seu significado.

Para Schein (2017, p.8), a "Cultura como conceito é uma abstração, mas suas consequências comportamentais e atitudinais são, de fato, muito concretas. " Ou seja, sua força criada em situações sociais e organizacionais são de enorme poder.

A cultura é um processo contínuo e evolutivo, servindo de base para a formação de diversas competências em diversas funções empresarias e sociais.

Para aproveitar oportunidades e fazer frente às ameaças, uma empresa precisa desenvolver uma expertise que permite minimizar riscos e otimizar recursos. Isso exige competências. E a base da formação de competências é a cultura, e por essa razão investir no desenvolvimento da mesma é crucial ao negócio.

A **competência das pessoas**, segundo Fleury e Fleury[38] refere-se a saber agir de maneira responsável. É preciso mobilizar, integrar, transferir conhecimentos, recursos, habilidades, de forma que agreguem tanto valor econômico à organização quanto valor social à pessoa.

São as pessoas que, ao colocarem em prática o patrimônio de conhecimentos da organização, concretizam as competências organizacionais e fazem sua adequação ao contexto. Utilizando de maneira consciente o patrimônio de conhecimento da organização, as pessoas conferem-lhe validade ou implementam as modificações necessárias para seu aprimoramento. A agregação de valor dos indivíduos é, portanto, sua contribuição efetiva ao patrimônio de conhecimentos da organização, o que lhe permite manter sua vantagem competitiva ao longo do tempo.

Isto está em linha com o que Peter Drucker (1985) sustenta sobre como tomar decisões sobre pessoas. Cabe aos gestores, portanto, dar foco a tornar produtivos as forças e o conhecimento específicos de cada pessoa na organização.

Em suma, o indivíduo competente sabe agir de maneira responsável e coerente, ou seja, demonstra comportamentos alinhados.

## COMO A CULTURA ORGANIZACIONAL SE FORMA

A cultura organizacional emerge de três fontes:

1. as crenças, valores e suposições dos fundadores;
2. as experiências de aprendizagem dos membros do grupo na organização; e
3. as novas crenças e suposições de novos membros e líderes.

De longe a de maior impacto é a dos fundadores que operam como líderes fortes. O papel do líder ativado no grupo é de propor como operar interna e externamente. Em razão dos líderes fundadores tenderem a ter fortes teorias de como fazer as coisas, suas teorias são testadas logo no início das atividades da organização.

[38] RAC, Edição Especial 2001: 183-196, em http://www.scielo.br/pdf/rac/v5nspe/v5nspea10.pdf em 02/02/20.

A cultura vem do que é valorizado, ou seja, do que as pessoas fazem para ser aceitas, valorizadas e recompensadas. A parte visível serão os comportamentos e práticas, no entanto, a empresa é um organismo vivo e, assim como no comportamento humano, terá também valores, crenças, sentimentos subjacentes (Daft, 2012, p.328). Os principais componentes da cultura podem ser sintetizados da seguinte forma:

**Tabela 1** Componentes da cultura. Fonte: Taylor (2014) com adaptações da autora.

| Componentes | Descrição |
|---|---|
| Comportamentos | As ações observadas nos outros, especialmente aqueles que nos parecem importantes;<br>Os comportamentos refletem os reais valores organizacionais. |
| Sistemas | Mecanismos para gerenciar pessoas e tarefas, tais como: sistemas de RH e de avaliação; de planejamento; relatórios de resultado; sistema de comunicação interna; sistema de controle de clientes; a estrutura organizacional. |
| Símbolos | Eventos observados, artefatos e as decisões aos quais as pessoas atribuem significados. |

A cultura é formada de dois modos: pela interação informal espontânea em um grupo desestruturado que rapidamente criará suas normas e regras, ou pela imposição de regras pela vontade e visão do iniciador ou fundador de um novo grupo.

Schein (2017) afirma que liderança não cria cultura automaticamente. Será preciso que as crenças e valores do líder levem o grupo ao sucesso para que as suposições se tornem verdadeiras e criem a identidade do grupo, formando a cultura. Atingir o sucesso a partir das convicções do líder é condição *sine qua non* para que este seja reconhecido como líder do grupo.

O fato é que os indivíduos e grupos buscam estabilidade e significado. Entender isto é entender o porquê é tão difícil mudar uma cultura – exige tempo e provoca ansiedade – justamente porque implica mudar as suposições básicas do grupo.

A cultura vai além de normas, valores, padrões de comportamento, rituais, tradições, envolvendo estabilidade estrutural, profundidade, extensão e padronização da seguinte forma: a estabilidade estrutural implica não só em compartilhamento, mas significa dizer sentido de identidade e mesmo que alguns integrantes mudem, a cultura não mudará porque o grupo valoriza a previsibilidade e o significado da estabilidade.

O mesmo autor Schein (2017) argumenta que a menos que se chegue ao nível das suposições básicas, não é possível decifrar os artefatos, valores, crenças e as normas.

Além da estrutura da cultura é importante entender a sociodinâmica da formação cultural nos relacionamentos. Os grupos apresentam 4 estágios de crescimento e desenvolvimento, examinados à luz dos conceitos sociopsicológicos verificados na própria dinâmica de seu funcionamento:

**Tabela 2** Estágios da evolução do grupo. Fonte: Schein, 2017, p.63.

| Estágio | Suposição dominante | Foco socioemocional |
|---|---|---|
| 1. Formação do grupo | Dependência: "O líder sabe o que devemos fazer" | Auto-orientação: foco emocional nas questões de (a) inclusão, (b) poder e influência, (c) aceitação e intimidade e (d) identidade e papel |
| 2. Construção do grupo | Fusão: "Formamos um grande grupo, gostamos uns dos outros" | Grupo como objeto idealizado: foco emocional na harmonia, na conformidade e na busca por intimidade. As diferenças dos membros não são valorizadas |
| 3. Trabalho em grupo | Trabalho: "Podemos desempenhar efetivamente porque nos conhecemos e aceitamos uns aos outros" | Missão e tarefas do grupo: foco emocional em realização, trabalho em equipe e manutenção do grupo em boa ordem. As diferenças entre os membros são valorizadas |
| 4. Maturidade do grupo | Maturidade: "Sabemos quem somos, o que desejamos e como obter as coisas. Somos bem-sucedidos, portanto, devemos estar certos" | Sobrevivência e conforto do grupo: foco emocional na preservação do grupo e de sua cultura. A criatividade e as diferenças dos membros são vistas como ameaça |

É a partir da evolução do grupo que as suposições irão se fortalecendo, formando aprendizagens coletivas, tidas como as "verdades" que formarão e sustentarão a cultura.

## RELAÇÃO ENTRE O PAPEL DO LÍDER PARA A ALTA PERFORMANCE E A CULTURA

O papel dos fundadores e dos primeiros líderes tem grande importância dentro do processo de moldar seus padrões culturais, que podem ajudar a desenvolver formas próprias de resolver problemas e conflitos ao longo da existência da organização, proporcionando visão de mundo aos demais e também um papel que a organização deve desempenhar no mundo. Eles são peças chaves no desenvolvimento cultural da empresa, porque a maioria dos mecanismos de socialização se encontram em suas mãos.

Mesmo que a cultura seja criada de experiências compartilhadas, é o líder quem inicia esse processo, ao impor suas crenças, valores e pressupostos, dessa forma os líderes devem ser claros e fortes ao transparecer sua visão para a organização, assim como permanecer abertos às mudanças ao longo do caminho.

Segundo Schein (2017), cultura é o resultado de um complexo processo de aprendizagem de grupo que é apenas parcialmente influenciado pelo comportamento do líder. Mas se a sobrevivência do grupo estiver ameaçada em razão de elementos de sua cultura estarem mal adaptados, será função das lideranças em todos os níveis da organização reconhecer e fazer algo em relação a esta situação. E é neste sentido que os conceitos de liderança e de cultura se entrelaçam.

É, portanto, em tempos de "mar revolto" que a liderança fará diferença e será preponderante para a longevidade do negócio, ao contrário dos tempos de "calmaria", nos quais a organização simplesmente "navegará" com as forças da equipe. A influência do líder sempre existe, mas não é o determinante fundamental como nas situações de dificuldade.

Neste ponto, Carolyn Taylor no livro *Walking the Talk* (2014), afirma que liderar uma Cultura é uma extraordinária oportunidade de aprendizado e autoconhecimento. Haverá muitos desafios, pessoas contra e a favor, mas o líder da mudança aprenderá a tirar forças profundas para sustentar o que Jim Collins chamou de "a genialidade do E" no livro *Feitas para durar* (2015): transformando a cultura "E" entregando resultados em curto prazo.

Neste ponto, Carolyn Taylor (2014) ilustra bem os impactos na cultura a partir do comportamento do líder:

**Tabela 3** Comportamento do líder & Impacto na cultura. Fonte: Taylor (2014, p.21).

| Comportamento do líder | Impacto na cultura |
|---|---|
| Humildade, disposição em reconhecer os próprios erros | Abertura, aprendizado |
| Disposição em ouvir as opiniões da base | Foco do cliente |
| Delegar e cobrar compromissos | Responsabilidade |
| Saber dizer não e aceitar um não como resposta | Disciplina; controle de risco |
| Aceitar desculpas pelo não cumprimento de objetivos | Falta de comprometimento |
| Favorecimentos, proteção | Politicagem |
| Matar o mensageiro | Encobrimento |

O importante é que haja consistência entre os mecanismos que o líder adotar. O líder comunica implícita e explicitamente as suas suposições, então, se houver inconsistências, estas também serão comunicadas podendo ser a base para contraculturas.

Schein (2017) apresenta os mecanismos pelos quais os líderes **fixam crenças, valores e suposições** que formam e sustentam a cultura.

Principais mecanismos de fixação da cultura:

1. que os líderes prestam atenção e o que eles mensuram e controlam na rotina;
2. como os lideres reagem a incidentes críticos e crises;
3. como alocam recursos;
4. como os lideres deliberam sobre a modelagem de papéis, ensino e ***coaching***;
5. como alocam recompensas e *status*; e
6. como os lideres recrutam, selecionam, promovem e demitem.

Além desses, há outros seis mecanismos secundários de sustentação:

1. design e estruturação organizacional;
2. sistemas e procedimentos organizacionais;
3. rituais e ritos da organização;
4. design do espaço, fachadas;
5. histórias sobre eventos e pessoas importantes;
6. declarações formais do propósito, credos e códigos organizacionais.

Além disto, para fixar a cultura, os **processos de socialização de novos membros** também são considerados cruciais para a reprodução de simbologias. Muitas estratégias de integração podem ser utilizadas, o essencial é que os valores e comportamentos sejam transmitidos e incorporados pelos novos membros. E é importante que colaboradores antigos sejam os multiplicadores da cultura, afinal, um treinamento básico não é suficiente, o exemplo dos mais antigos e do fundador, tem uma força motriz impulsionadora incomparável.

Também não há cultura boa ou ruim, mas sim cultura eficaz para determinado contexto ao qual a organização está inserida. Neste ponto, é possível afirmar que mesmo considerada uma abstração enquanto conceito, seus efeitos determinantes de comportamentos e atitudes são sempre muito perceptíveis. É, portanto, essencial ao líder o entendimento da cultura em que está inserido, do contrário será gerido por ela. Este entendimento será fundamental na tomada de decisões assertivas, envolvendo a própria formação da equipe, na análise de seus perfis e a capacidade de contribuir para a cultura desejada.

## Modelo de gestão e estilo de liderança

É preciso um **modelo de gestão** que favoreça a aprendizagem e o alinhamento constante, fazendo com que permeiem toda organização, oportunizando crescimento e o fortalecimento da cultura interna. Há, portanto, de se repensar os modelos de gestão. Do comando e controle para um modelo de aprendizagem. O comando e controle é insuficiente para engajar os colaboradores e os limita no desenvolvimento. O problema deste modelo é que estagna a equipe, não a desenvolve, nem utiliza seu potencial. Cria um nível de dependência do chefe cujas consequências são, além de sobrecarrega-lo, ao se ausentar a equipe fica completamente confusa. A origem do modelo é militar, daí a tática de guerra de capturar o comandante e rapidamente obter a rendição da tropa. Já no modelo de aprendizado ou coaching, o objetivo é que os liderados aprendam e se desenvolvam, aumentando suas capacidades, neste modelo são os "atletas corporativos" – termo cunhado pelo PhD Jack Groppel (in: Di Stefano, 2005) – que formam a equipe e lideram o jogo no campo, não o técnico. O modelo de gestão voltado a aprendizagem ou coaching é o que melhor desenvolve a equipe e forma outros líderes.

Já quanto ao **estilo de liderança,** Ken Blanchard e Paul Hersey (1969) apresentaram um modelo que vem sendo aplicado até a atualidade a **Liderança Situacional**.

De acordo com esta teoria, para adotar o estilo de gestão mais adequado, é preciso que 3 fatores sejam levados em consideração:

- O grau de emergência do fato (contexto no qual o problema se apresenta).
- O nível de competência ou preparo do liderado para a tarefa.
- A motivação ou disposição do liderado.

Vale acrescentar que o nível de competência ou preparo do líder para ler o contexto e ter sensibilidade para compreender o grau de maturidade em que a equipe se encontra é fundamental para que os três fatores funcionem.

***Liderança é quando conquistamos o liderado para mais próximo.***

**Pedro Mandelli**[39]

Esta aproximação é justamente o que a liderança situacional oportuniza e, por isto, têm se mostrado o estilo mais eficaz para alta performance.

## AS TIPOLOGIAS CULTURAIS

As organizações são o resultado de pessoas que trabalham juntas com um propósito comum. As tipologias simplificam o pensamento ao viabilizarem categorizar essas complexas realidades organizacionais.

## O DIAGNÓSTICO CULTURAL PARA O ALINHAMENTO COMPORTAMENTAL

Em um mercado turbulento e economicamente instável, utilizar da cultura como recurso estratégico é inteligente e essencial. O envolvimento e o comprometimento dos colaboradores – engajamento – tornam as empresas mais eficazes e competitivas.

No entanto, de nada adianta declarar os "conceitos" se eles não forem praticados e bem trabalhados dentro da empresa, e isso exige que sejam construídos a partir de uma verdadeira identidade. Assim o discurso deve estar alinhado com a ação. As pessoas precisam praticar o que pregam, ou seja, alinhar comportamentos.

[39] Pedro Mandelli é autor e professor de cursos de pós-graduação no Brasil e exterior.

**Tabela 4** Tipologias culturais. Há diversas acepções conforme cada autor. Fonte: a autora, adaptado de Schein (2017).

| Autor/ano | Tipos de organizações |
|---|---|
| Etzioni (1975) | • Coercitivas (o indivíduo alienado é cativado e se submete a ordens impostas por razões físicas ou econômicas);<br>• Utilitárias (o indivíduo calculista fornece um dia de trabalho por uma remuneração justa);<br>• Normativas (o indivíduo se compromete devido as metas da empresa estarem alinhadas as suas). |
| Gofee e Jones (1998) | Na ótica de visão compartilhada apresentam as tipologias usando as dimensões de sociabilidade (orientação às pessoas) ou solidariedade (orientação às tarefas) para identificar quatro tipos de culturas:<br>• Fragmentada: baixa em ambas as dimensões<br>• Mercenária: alta em solidariedade, baixa em sociabilidade<br>• Comunitária: alta em sociabilidade e baixa em solidariedade<br>• Em rede: alta em ambas as dimensões |
| Cameron e Quinn (1999) | Desenvolveram uma tipologia de quatro categorias, baseada em duas dimensões – quão estável ou flexível é a organização e quão externa ou internamente focada ela é:<br>• Clã: flexível e com foco interno<br>• Hierárquica: estável e com foco interno<br>• Adhocracia: flexível e com foco externo<br>• Mercado: estável e com foco externo |
| Martin (2002) | Defende a análise das culturas organizacionais sob a perspectiva da integração. Para ela<br>• há culturas mais integradas (onde toda a organização compartilha de uma mesma cultura);<br>• há culturas diferenciadas (onde há subculturas discordantes em questões cruciais como o trabalho braçal e o administrativo); e,<br>• há culturas fragmentadas (onde há subculturas muito grandes sem um conjunto amplo de suposições compartilhadas). |

É importante saber a história de criação da empresa para compreender como os conceitos e valores foram transmitidos na organização. Afinal, ao se transmitir um valor para a cultura da empresa, esse permanecerá durante anos sendo passado de colaborador para colaborador.

Um diagnóstico da cultura realizado em profundidade, sem entendimentos intuitivos prematuros, é capaz de revelar a essência da cultura e gera *insights* poderosos, descortinando porque certas pessoas abandonam a organização e outras permanecem, porque certas ideias nunca são compradas e porque mudar é tão difícil.

Na vasta literatura a respeito de cultura organizacional, cada autor propõe sua sistemática a partir de tipologias que preconizam e apresentam uma sequência de passos a seguir.

1. Barrett (2017) prevê o uso de pesquisa estruturada e realização de *focus group* para validações.
2. Taylor (2014) sustenta o uso de pesquisa quantitativa e qualitativa via entrevistas estruturadas.
3. Cameron & Quinn (1999) também sugerem o uso de pesquisa.
4. Para citar um exemplo dos passos a seguir para decifrar a cultura, Schein (2017) propõe um processo de 10 etapas a saber:
   i. Obter o comprometimento da liderança;
   ii. Selecionar grupos para entrevistas
   iii. Selecionar o local apropriado para as entrevistas de grupo
   iv. Explicar o propósito da reunião ao grupo
   v. Uma etapa de explanação sobre como pensar a cultura
   vi. Identificar descrições dos artefatos
   vii. Identificar os valores assumidos
   viii. Identificar suposições tácitas compartilhadas
   ix. Identificar apoios e obstáculos culturais
   x. Relatar suposições e análise conjunta

No entanto, há pontos em comum entre os diversos autores na literatura e o método deve ser escolhido conforme o propósito do diagnóstico cultural:

1. O principal é o comprometimento do nível estratégico da organização;
2. É preciso estabelecer onde a organização está (cultura atual) e onde quer chegar para atender sua estratégia (cultura desejada) e a partir daí promover todo processo de alinhamento comportamental;
3. O trabalho com os líderes deve ser qualitativo para fins de diagnóstico e mais ainda para fixação dos valores da cultura desejada;
4. **Todos os autores citam o coaching para os líderes** nas transformações culturais, pois sua mudança comportamental (seu *mindset*) é que irá promover que os novos valores reverberem pela organização, bem como fará com que se consolidem na cultura desejada.

## CONECTANDO A ESTRATÉGIA NO ALINHAMENTO COMPORTAMENTAL

A palavra **estratégia** etimologicamente advinda do grego: *stratègós*, de *stratos* (exército) e *ago* (liderança), caracterizava a "arte do general", que se afastava da tropa do exército (colinas) onde observaria o campo e escolheria a melhor posição e ações para vencer a batalha e, quiçá, a guerra. Não se consegue enxergar a extensão da floresta, estando dentre as árvores. Fazer escolhas adequadas (estratégias) exige compreender o panorama em que se pretende atuar.

Depois de trabalhar com seus alunos e ouvir suas histórias, a professora de Harvard e autora Cynthia A. Montgomery conclui que não se pode pensar em estratégia como algo fixo, um problema que pode ser resolvido e abandonado. A estratégia – o sistema de criação de valor que sustenta a posição competitiva de uma empresa e sua singularidade – precisa ser adotada como algo aberto, em mutação. É um sistema que evolui, se move, muda.

Boas estratégias precisam ser uma **jornada com liderança contínua** e por mais que tenham sido bem-pensadas ou bem-executadas, nenhuma estratégia vingará se sua liderança a encarar como produto finalizado. Ajustes, adaptações no plano e oportunidades para capitalizar o aprendizado que o negócio proporcionou ao longo do caminho, fazem parte da jornada.

Montgomery recomenda cuidado para não cair no mito do super administrador e ignorar as forças do setor. O impacto delas no destino da empresa pode ser brutal.

O ponto chave numa estratégia não está em vencer a concorrência. Não é isso. Estratégia tem a ver com atender uma necessidade que está em aberto, fazer algo original ou algo excepcionalmente bem de modo a servir um conjunto de partes interessadas. A pergunta-chave é: como se explica a diferença enorme que o efeito empresa gera entre os players de um mesmo setor? O que pode levar uma empresa como a Ikea (empresa sueca do setor moveleiro) a se dar tão bem mesmo num setor difícil como esse? A resposta, começa com o **propósito**. O propósito é onde nasce um desempenho diferenciado.

> ***Nada é mais importante para a sobrevivência e o sucesso de uma empresa do que sua razão de existir e o conhecimento de quais necessidades ela pode suprir.***
>
> **Cynthia A. Montgomery**

Acima de tudo, um bom propósito prepara o terreno para agregar valor e ter bons resultados. Seja qual for o propósito, ele deve significar algo para as outras pessoas, de modo a produzir retorno para o indivíduo.

Um grande propósito não é uma grande estratégia. Uma grande estratégia é mais do que uma aspiração, mais do que um sonho: é um sistema de criação de valor, um conjunto de partes que se reforçam mutuamente. Ancorado em um propósito forte, esse sistema é que dita em que campo a companhia vai atuar, como vai agir e o que vai conquistar. Além de facilitar a comunicação com todas as partes interessadas *(stakeholders)*, o propósito será um dos propulsores de alinhamento entre estratégia e comportamento, por meio do qual as pessoas entenderão como o próprio trabalho se encaixa no todo, darão significado e saberão o que se espera deles.

## *FIT* CULTURAL NA SELEÇÃO E NO DESENVOLVIMENTO DE COMPETÊNCIAS COMPORTAMENTAIS

A complexidade do ser humano ainda não está suficientemente tabulada e considerada dentro dos atuais modelos utilizados para mapeamento e diagnóstico comportamental. A maioria das organizações, prioriza avaliações no que se refere às competências técnicas em detrimento aos aspectos comportamentais.

Formar a equipe, ter as pessoas certas no lugar certo, no tempo certo, é uma condição não só para o sucesso atual, mas para a própria perenidade do negócio diante das necessidades que o cenário contemporâneo exige. O recrutamento eficaz, especialmente de altos executivos é a força vital da mudança organizacional, conforme afirma McCool (2010) em seu livro *Escolhendo Líderes*.

Preocupação de todos os gestores: "Preciso trabalhar com gente inteligente e motivada. Como vou engajar as pessoas?"

As pessoas não ingressam na empresa desprovidos de cultura. Todas as pessoas são produtos e carregam cultura e costumes de seu meio, cidade, amigos e de tudo que as cercam, ou seja, trazem consigo seus valores sociais construídos e reconstruídos em outros grupos sociais que fazem parte da sua história de vida. Cabe ao administrador estudar muito a organização que dirige. Qual é a cultura atual? Qual é a cultura desejada/necessária para sustentar a estratégia? Os valores declarados são os praticados? Quais são valores inegociáveis para alguém trabalhar nesta organização?

Acima de tudo, seu capital humano é o mais importante para atingir êxito no negócio, portanto, identificar os valores individuais no processo de seleção é simplesmente fundamental.

Para o indivíduo, é condição básica para sua satisfação no trabalho – valores individuais alinhados com os principais valores organizacionais (o *fit* cultural). Os valores principais (conforme a hierarquia de valores), podem ser identificados na seleção pelos mecanismos semelhantes que já foram citados para a identificação do perfil comportamental, ou seja, entrevista por competências e ferramentas (MBTI, DISC, PDA, dentre outros).

Não basta, no entanto, apenas selecionar e alocar as pessoas com alinhamento de valores às posições certas (**seleção com *fit* cultural**), este movimento, deve estar associado a ações de desenvolvimento de competências comportamentais que contribuam com o maior alinhamento na busca de resultados e atingimento de sua estratégia. O *coaching, o metoring e o advise* representam ferramentas mais assertivas para o necessário **desenvolvimento de competências comportamentais.** É importante ter atenção às mudanças na cultura decorrente da entrada de novos colaboradores e gestores com novos valores. A entrada desses, deve privilegiar os aspectos culturais assemelhados, um perfil que se enquadre aos dos demais colaboradores.

A atenção aos processos de seleção, de desenvolvimento de competências comportamentais e socialização de novos colaboradores de forma alinhada à cultura desejada, além de como as pessoas são reconhecidas e avaliadas são condições importantes para manutenção da alta performance.

## CONCLUSÃO

*"O que nós fazemos (comportamentos) produz o que temos (resultados).*

**Carolyn Taylor**

*"As organizações dirigidas por valores são as mais bem-sucedidas organizações do planeta."*

**Richard Barrett**

Crescer não é fácil nem para os indivíduos, nem para as organizações. As organizações precisam dispor de pessoas alinhadas com seus objetivos, engajadas, além de recursos.

As pessoas buscam a felicidade. O problema da felicidade é que ela dura pouco tempo. Barrett (2017) afirma que felicidade é um sentimento (uma reação emocional) que é experimentado quando se abre mão da ansiedade ou do medo em relação a não ser capaz de satisfazer as próprias necessidades ou quando uma experiência do passado em que necessidades foram satisfeitas de maneira amorosa é lembrada. Para ele, a chave para alegria e o contentamento é encontrar um propósito para a vida e a habilidade de suprir as necessidades de crescimento gera uma sensação mais profunda que a felicidade, com consequente motivação e comprometimento (engajamento).

Definir um propósito, como já citado anteriormente, requer investir em autoconhecimento e desenvolvimento de competências comportamentais para coerência com os próprios valores.

Também as organizações, mais que recursos tecnológicos, financeiros e produtivos, precisam investir no desenvolvimento e constante aprimoramento da sua cultura organizacional, como sendo seu maior patrimônio.

**Assim, respondendo à questão inicial, o alinhamento comportamental não só pode produzir uma cultura forte capaz de suportar a alta performance de pessoas e organizações, como é essencial para tanto, justamente na medida em que:**

- Um propósito seja estabelecido – inspirador tanto para o indivíduo, quanto para a coletividade na organização;
- os valores e a hierarquia de valores próprias tornem-se conhecidos pelos indivíduos, via autoconhecimento constante;
- os valores e a hierarquia de valores praticados na organização são conhecidos e coerentes;
- a liderança se comporte como exemplo;
- haja uma estratégia conhecida coerente com o contexto e as tendências do mercado, apoiada num propósito claro;
- o estilo de liderança promova a atenção um a um aos liderados (situacional);
- o modelo de gestão promova a aprendizagem organizacional (líder-coaching);
- as contratações observem o *fit* cultural e socialização alinhada.

A representação abaixo foi criada pela autora para ilustrar o entendimento dos pontos de conexão tendo o propósito como guia, alicerçado em valores:

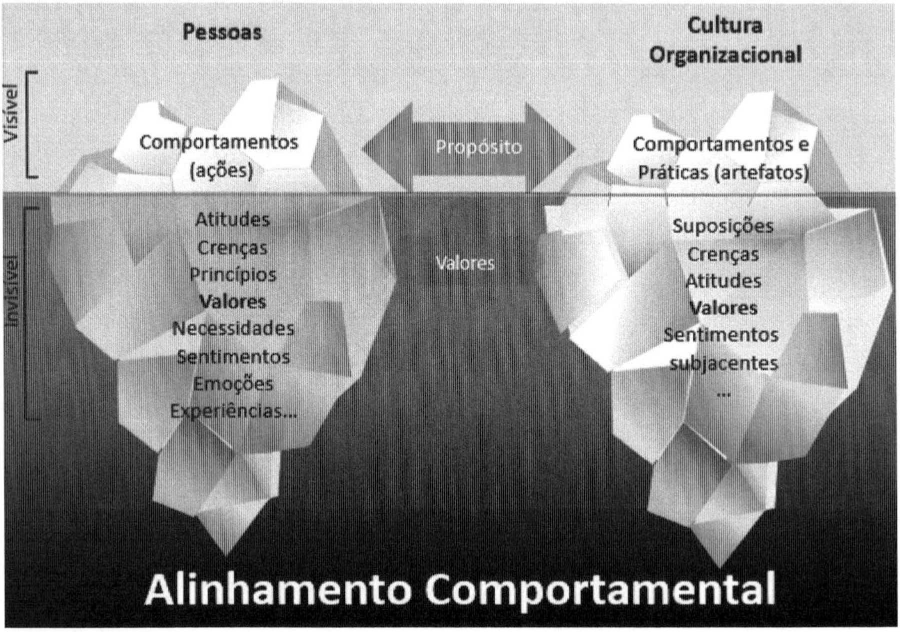


**Figura 2** O Alinhamento comportamental. Fonte: a autora.

O fato é que, à semelhança do desenvolvimento humano, também na organização para que transformações culturais sejam permanentes, somente é possível pela mudança na hierarquia de valores de uma massa crítica de pessoas em posição de influência e poder que assegure mudanças permanentes. Este movimento representa substancial desenvolvimento organizacional. Por envolver mudanças individuais para que a mudança coletiva aconteça e a cultura desejada seja internalizada, os processos de ***coaching, o mentoring e o advise*** são os impulsionadores eficazes dentro de um programa estruturado de alinhamento cultural.

Construída de forma colaborativa, a cultura reflete, assim, o esforço do grupo em competir e aprender e se formará como resíduo deste processo de aprendizagem.

Todos estes itens comunicarão a cultura e sendo fruto do consenso tornarão o convívio confortável. A liderança aparecerá aqui como fonte de ideias e modelos comportamentais, pois em qualquer situação de grupo, os membros mais ativos proporão como as coisas devem funcionar.

Neste capítulo, foi apresentado de forma simples, algumas explicações sobre fenômenos que são inerentes à natureza humana, os quais são complexos e exigiriam análises e estudos muito mais profundos para uma compreensão ampliada sobre os fundamentos do comportamento humano, mas são suficientes para uma base que sustente a compreensão de que **propósito e alinhamento de valores podem formar uma cultura não só forte, mas adequada para suportar a alta performance de pessoas e organizações**. Onde o *coaching*, o *mentoring* e o *counseling* aparecem amplamente referenciados na literatura como as metodologias mais indicadas para impulsionar o alinhamento comportamental necessário.

## REFERÊNCIAS BIBLIOGRÁFICAS

BARRETT, Richard. A organização dirigida por valores: liderando o potencial humano para performance e a lucratividade. Rio de Janeiro: Alta Books, 2017.

BLANCHARD, K. Liderança de alto nível – como criar e liderar organizações de alto desempenho. Porto Alegre: Bookman, 2007.

BOCK, A.M.B., O.FURTADO e TEIXEIRA M. Psicologias. 15ª ed. SP: Saraiva. 2018

CAMERON, Kim S.; QUINN, Robert E. Diagnosing and Changing Organizational Culture: Based on the Competing Values Framework. CA: Jossey-Bass,1999.

COLLINS, Jim. Feitas para durar. São Paulo: Rocco, 2015.

COLLINS, Jim. Empresas feitas para vencer: Por que algumas empresas alcançam a excelência... e outras não. Rio de Janeiro: Alta Books, 2018.

DAFT, L.Richard. Organizações. 11ª edição. SP: Cengage Learning Edições Ltda, 2012.

DI STEFANO, Rhandy. O Líder-coach: Líderes criando líderes. RJ: Qualitymark, 2005.

DILTS, Robert B. A brief history of logical level. 2014. Disponível em: http://www.nlpu.com/Articles/LevelsSummary.htm>. Acesso em: 22 de janeiro de 2020.

DRUCKER, Peter. How to make people decisions. Harvard Business Review, Massachussetts, jul./aug. 1985.

ETZIONI, A. A comparative analysis of complex organizations. New York: Free Press, 1975.

FERNÁNDEZ ARÁOZ, Claudio. Grandes decisões sobre pessoas: por que são tão importantes, por que são tão difíceis e como você pode dominá-las a fundo. 3. ed. São Paulo: DVS, 2012.

FRANKL, Viktor E. Em busca do sentido. SP: Editora Vozes. 1984

GOFEE, R. Jones G. The character of a corporation. New York: Harper Business, 1998.

GOLEMAN, Daniel. Trabalhando com a Inteligência Emocional. Rio de Janeiro: Objetiva, 1998.

JAPIASSÚ H. Introdução a Epistemologia da Psicologia. SP: Letras e Letras. 1994

KOTTER, John P. Liderando mudanças. Transformando empresas com a força das emoções., 5. ed. Rio de Janeiro: Alta Books, 2017.

McCOOL, J.D. Escolhendo líderes. São Paulo: Saraiva, 2010.

MONTGOMERY, Cynthia A. O estrategista. Rio de Janeiro: Sextante, 2012.

PERISSÉ, Gabriel. Palavras e origens. 2014. SP: Editora Saraiva.

SALOVEY E MAYER. Emotional Intelligence.1990.

SCHEIN, Edgar H. Cultura Organizacional e Liderança. São Paulo: Atlas, 2017.

SINEK S., D.MEAD e P. DOCKER. Encontre seu porquê. RJ: Sextante: 2018

WATSON, John B. Psychology as a behaviorist views it. Psychological record, v.20, p.158-177, 1913.

## Site consultado

INTELIGENCIA FOCO TEMPORAL: Paulo Vieira, Febracis https://www.youtube.com/watch?v=BfHbemhKtCY acesso em 21 de janeiro/20.

CAPÍTULO 9

# Alta Performance das Empresas: O Que é e Como Surgiu

GIANCARLO PEREIRA[40]

## CONTEXTUALIZANDO ALTA PERFORMANCE

A palavra "desempenho", ou "*performance*", no idioma inglês, não chega a ser em si um termo técnico, sendo, na verdade amplamente empregada na linguagem informal. Sua utilização em publicidade é extremamente frequente, sobretudo quando se quer justificar o preço mais elevado para um serviço ou produto, quando comparado a similares. É importante lembrar que hoje em dia já não existem mais diferenças entre "serviços" e "produtos". O mesmo argumento é utilizado em atividades comerciais e de prestação de serviços em geral, o que levou à popularização do conceito de "*performance*".

Essa variedade de conceitos sobre desempenho ou performance está presente também na literatura técnica sobre o assunto. A contribuição de pesquisadores de áreas aparentemente distintas como filosofia, administração ou engenharia, dedicada a estudar a questão, tem levado, por um lado, a uma considerável abrangência da noção do que seja "alta performance" e, por outro, a confusões e equívocos quando se tenta colocar em prática determinadas definições. Alguns equívocos bastante comuns são os seguintes:

- Pensa-se em alta performance como algo abstrato, sem vida própria, indefinido. Nesse sentido, ele seria algo inatingível, um estado ideal sem contato com a realidade. Essa posição não pode ser confundida

[40] Doutor em Engenharia de Produção pela Poli/USP. Professor do PECE/Poli/USP. Pesquisador na EAESP/FGV. Parecerista da FAPESP.Parecerista do CNPq.

com abordagens que defendem que a alta performance não pode ser definida com precisão, tratando-se de um aspecto relevante do produto ou do serviço, sentido ou observado, mas não claramente descrito.

- Supõe-se que a alta performance seja algo subjetivo, sem meios de ser conceituada com clareza por falta de condições de se organizarem todos os pontos de vista e opiniões sobre a questão, ou seja, de serem mapeadas as diferentes maneiras como a alta performance é encarada.
- Identifica-se alta performance com perfeição, imaginando-se que seja um conceito definitivo, imutável.
- Existe quem ache que alta performance seja pré-requisito para as empresas altamente competitivas sobreviverem hoje em dia.
- Confunde-se, ainda, alta performance com classes ou categorias de um determinado produto ou serviço.
- Há quem veja a questão de forma restrita, identificando alta performance com a capacidade que um produto ou um serviço tem de sair conforme seu projeto, sem sequer verificar se existe relação real entre o projeto e possíveis usuários daquilo que se projetou.
- Há quem pense em alta performance como um departamento da empresa que cuida do assunto.

Essas confusões não seriam por si mesmas danosas se não tivessem desastrosos reflexos práticos nas empresas. Na verdade, todos esses equívocos provocam atitudes, comportamentos e posições que levam a situações nas quais os esforços pela alta performance são considerados dispensáveis, ineficientes ou até mesmo desnecessários. De fato, definir alta performance conforme um dos conceitos expostos leva a riscos consideráveis, sobretudo quando se consideram as decorrências naturais dessas abordagens, sendo as mais comuns as seguintes:

- Se for algo subjetivo, a alta performance não pode ser mensurável, nem avaliada em bases objetivas. Se for sinônimo de perfeição, a alta performance reflete a realidade de ter atingido um patamar máximo, não podendo mais ser alterada ou melhorada.
- Se entendida como caso ideal, pode-se induzir que nunca será atingida, sendo, portanto, inviáveis e ineficazes os esforços para tanto.

- Pode-se pensar que a alta performance seja algo imutável, estático, ou um conceito absoluto.
- Colocando-a num ponto extremamente elevado, até mesmo impreciso e difuso, pode-se pensar que a alta performance é um objetivo inalcançável ou então que só pode ser obtida a custos elevados, por meio de completa reestruturação empresarial. Além disso, sua busca e obtenção chocar-se-iam com outros objetivos da empresa.
- Se for apenas diferente modelo de um mesmo produto ou serviço, alguém poderá ser induzido a pensar que basta agregar algumas "novidades" a mais no produto ou serviço para que ele tenha melhor performance.
- Se for um departamento que cuida do assunto, pode-se pensar que alta performance é tarefa de pessoas especiais dentro da empresa, que seriam, também, os culpados pelas falhas que podem ocorrer durante o processo.

## O QUE É ALTA PERFORMANCE?

Para uma visão mais abrangente do conceito de "alta performance", podemos utilizar as seguintes abordagens:

### Abordagens transcendentais

Embora sem ser necessariamente subjetiva ou abstrata, a alta performance pode ser vista como um conceito que dificilmente pode ser fixado com precisão. Esta é a base geral desta abordagem, que considera a alta performance uma característica, propriedade ou estado que torna um produto ou um serviço aceitável plenamente, embora essa aceitação seja derivada não de análises e da experiência.

Dessa forma, é possível reconhecer a alta performance de um produto ou serviço, embora não tenham sido feitas maiores análises dele. Assim como atributos físicos ou estéticos de um ser humano, a alta performance, segundo esta abordagem, seria "primitivamente definida", ou seja, observável, mas não descrita.

### Abordagens centradas no produto/serviço

Esta abordagem entende alta performance como uma variável passível de medição e assertiva. Assim, diferenças de alta performance seriam observáveis no produto e no serviço pela diversidade de quantidade de elementos ou atributos que eles possuem. Em uma análise mais ampla, melhor performance seria sinônimo de um maior número e de melhores características que um produto ou serviço apresenta.

Trata-se de uma abordagem que traz uma contribuição para a fixação de um conceito prático do que seja alta performance. De fato, como se fala em quantificação de características, podemos observar que existe um modelo de avaliação de performance baseado em padrões objetivos. Isso quer dizer que é plenamente possível avaliar a performance de um produto ou serviço sem emitir opiniões ou externar preferências, pontos de vista ou outras formas subjetivas de análise, mas fixando um padrão cujas unidades de medida integram uma escala contínua e bem definida. Pode-se pensar, entretanto, que sempre se incorre em maiores custos quando se tenta melhorar a performance, já que isso só ocorre pela agregação de novas características ao produto e ao serviço.

## Abordagens centradas no valor

Esta abordagem agrega performance aos custos de produção e considera que um produto ou serviço é de boa performance se apresentar alto grau de conformação a um custo aceitável. Como consequência, o produto ou serviço pode ser vendido a um preço razoável, que, no final, é o que interessa. Assim, um produto apresenta alta performance se oferecer melhor performance a um preço aceitável, ou seja, se for bom e barato. Esse enfoque gera confusão considerável.

Preço e performance são aspectos que parecem estar relacionados, já que dizem respeito a um mesmo produto. Observa-se, entretanto, que são conceitos diversos, tanto em sua origem quanto em sua estrutura. Trata-se, aqui, de notável dificuldade prática, que poderia ser superada com boas doses de imaginação e criatividade somadas a boas performances de mão-de-obra, equipamentos e materiais, que, assim, agregariam alta performance aos produtos e serviços sem elevar seus custos de produção, ou até mesmo reduzindo-os.

## Abordagens centradas na produção

Esta abordagem fixa-se no esforço feito para produzir um item em completo acordo com suas especificações básicas, determinadas no projeto. Assim, o processo de produção não pode desenvolver um produto diferente de suas especificações. A ideia de alta performance, aqui, pode ser entendida como o empenho para produzir, logo no primeiro esforço, um produto ou serviço que atenda rigorosamente às suas especificações.

Esta abordagem leva, muitas vezes, a fazer com que se veja o projeto de um produto ou um serviço como "a tábua dos dez mandamentos", em que a única coisa que sobra para a produção é obedecer ao projeto original, esforçando-se ao máximo para viabilizá-lo, sem que se proceda, no entanto, a qualquer discussão que coloque em xeque as especificações do projeto.

## Abordagens centradas no usuário

Esta abordagem fixa-se no usuário como fonte de toda avaliação sobre a performance de um produto ou serviço. Segundo ela, ninguém pode pensar em alta performance se não se fixar, primeiro, no que o consumidor quer ou deseja e, a partir daí, procurar desenvolver um produto ou serviço que o atenda. Dessa forma, portanto, a performance de um produto fica condicionada ao grau com que ele atende às necessidades e conveniências dos consumidores.

É importante observar que, segundo esta abordagem, não se pode pensar em alta performance sem pensar no consumidor. Torna-se assim compreensível porque os produtos com ótimos projetos, bons padrões de performance, bonitas embalagens, sem defeitos, saem das fábricas destinados aparentemente ao sucesso – na visão da empresa – e acabam não tendo sucesso. Isso ocorre porque existem fatores que acabam tornando-se relevantes, embora sejam altamente subjetivos, mas nem sempre são considerados como tal. Por exemplo, uma empresa lançou um novo óleo de cozinha com características superiores aos dos óleos já existentes, mas que foi rejeitado pelos consumidores pela sua cor, diferente daqueles a que estavam acostumados.

Embora existam diversas abordagens e, por decorrência, muitos conceitos sobre alta performance, sua compreensão não é difícil, apesar de ocorrerem alguns conflitos quando de sua aplicação. Na maioria dos casos, isso acontece porque as diferentes áreas nas empresas têm visão parcial da questão. Assim, por exemplo:

- O setor de vendas acha que o que conta é ter preço competitivo e que nisso reside o sucesso de um produto no mercado, ou o seu fracasso. Parece esquecer que não se deseja apenas colocar o produto no mercado, mas mantê-lo.

- O setor de marketing acha que, a qualquer preço, é preciso satisfazer os consumidores, colocando no mercado um produto ou serviço que, por suas características, seja diferente dos demais. É um misto das abordagens centradas no produto e no usuário.
- A produção está mais voltada para o objetivo de produzir um item de acordo com as especificações, custe o que custar. Isto seria aceitável se não se procurasse fazê-lo de qualquer maneira.

Os conflitos são minimizados quando se analisa a questão globalmente e se utilizam enfoques específicos nas várias bases da produção. Considere a seguinte definição de alta performance:

***"alta performance é a condição necessária para uma empresa se posicionar para o fim a que se destina."***

Essa definição pode ser incluída na abordagem centrada no usuário, caso se pense que satisfazê-lo representa tudo o que se quer. Assim, é necessário definir que "fim" é esse e, portanto, deve-se pesquisar o mercado para saber o que se deseja e o que o consumidor espera do produto ou serviço em questão. Agregado a isso, pode-se procurar definir que preço ele está disposto a pagar, ou seja, quanto deverá custar o produto. Isso permite definir as faixas de mercado em que o produto ou serviço irá atuar, tem-se aqui a abordagem centrada no valor.

A partir do que se viu no mercado, e até para passar à produção as informações necessárias, definem-se as características do produto ou serviço. Isso deve ser feito de forma clara e objetiva, segundo a abordagem baseada no produto. Já a produção procurará produzir o item de acordo com o projeto, atendendo a todas as suas especificações, ou seja, guiar-se-á pela abordagem centrada na produção.

Finalmente, "a condição necessária" de que fala a definição deve estar sujeita a uma definição precisa e, por isso, pode-se recorrer à abordagem transcendental em um grande número de situações. Assim, parece relevante considerar todas as abordagens em termos de diferentes bases da produção de algo e das características que, em cada caso, afetam ou influenciam seu nível de performance, no todo ou em partes determinadas.

Além disso, as abordagens atêm-se aos aspectos básicos da performance, que, por isso, devem ser considerados. Assim, por exemplo, a abordagem centrada no produto se fixa em aspectos como performance e durabilidade; a abordagem centrada no usuário preocupa-se com estética e conveniência para o uso; já a abordagem centrada na produção se fixa em confiabilidade e conformidade. Desse modo, subjetivas ou não, mensuráveis ou não, as diversas características dos produtos ou serviços precisam todas serem consideradas, e as diversas abordagens ressaltam a importância dessa análise global.

Em resumo, "alta performance" pode ser o grau de ajuste de um produto ou serviço à demanda que pretende satisfazer.

Neste último conceito, aparecem, novamente, as várias abordagens, só que com conotações práticas mais precisas:

- Fala-se em *grau* e, com isso, observa-se uma base objetiva da análise, quantificável e, tanto quanto possível, precisa.
- Fala-se em *produto*, cuja performance deve ser obtida de todas as suas partes, ou seja, de suas características.
- Fala-se em *demanda*, não no sentido de um certo número de clientes, mas de um público-alvo potencial.
- Busca-se satisfazer, ou seja, pretende-se produzir produtos e serviços de aceitação ampla.
- Fala-se em *ajuste*, dando à performance uma conotação relativa. E, por relativo, entende-se que existem duas coisas que são analisadas conjuntamente – uma "em relação" à outra. Assim, de um lado está o produto; do outro, o consumidor. A boa performance funciona como o elo entre eles. E, por ajuste, entende-se a adequação das partes: de um lado, o consumidor, com suas necessidades e conveniências; de outro, as empresas, com suas capacidades de performance e suas estratégias.

Os produtos e serviços que as empresas pretendem vender, portanto, terão boa performance à medida que, da forma mais ampla possível puderem satisfazer a ambas as partes. Daí a necessidade e a importância de, nos diferentes momentos do processo produtivo, em diferentes aspectos de um mesmo produto e em situações diversas, utilizarem-se abordagens diversas para um mesmo conceito, porque a ideia que fica, no final, é que performance é isso mesmo, tudo o que foi dito, ou seja, um conjunto de elementos básicos que, ao atuarem sobre os produtos e serviços, permitem que a eles seja atribuída "alta performance".

## Alta performance seria o mesmo que perfeição?

De todos os equívocos sobre o conceito de performance, este parece ser o mais comum. Na verdade, a ideia básica mostrada na conceituação de performance é que se trata de algo relativo. Consideram-se, por exemplo, o consumidor com suas necessidades e conveniências; a empresa com sua capacidade de performance e sua estratégia; o processo produtivo, com suas características e especialidades e assim por diante. Por outro lado, fazer produtos e serviços perfeitos pode ser objetivo inatingível devido à variação normal de todos os processos, e inviável devido aos custos altíssimos que acarretaria. Assim, a alta performance precisa ser planejada, e sua produção não pode ser confundida com a busca desesperada de padrões perfeitos ou totalmente isentos de quaisquer falhas.

Não se pode confundir alta performance com programas do tipo "zero defeito" ou "6 sigmas", ou outros que visem minimizar e eliminar erros cometidos durante o processo produtivo. Esses programas desenvolvem estratégias próprias e são, antes de tudo, um conjunto de atitudes, comportamentos e ações que visam erradicar procedimentos que possam comprometer a performance dos produtos e serviços. Todos eles vêm embutidos dentro de uma abordagem motivacional específica. Há sérias decorrências práticas desses equívocos, como:

- Se não for atingida, é possível que se conclua que todo esforço para produzir alta performance em uma empresa é inútil. Assim, pensa-se que não valha a pena investir tempo e energia em atividades que tenham esta finalidade.
- Idêntico raciocínio pode ser desenvolvido quando se observa que, ao atingir o estágio da perfeição, já nada pode ser melhorado. Nesse caso, há uma perspectiva estática que, de forma alguma pode ser associada ao conceito de alta performance, essencialmente dinâmico e evolutivo.
- Em ambos os casos, observa-se, em quem cabe produzir alta performance, tendência a acomodação, aceitando a situação presente porque convive com a falsa ideia de que nada pode ser feito para alterá-la.
- Em muitas empresas, é comum encontrar dificuldades consideráveis para conseguir níveis aceitáveis de investimento na busca da alta performance.

Essas dificuldades podem tornar-se incontornáveis quando se confere à busca da alta performance objetivos ambiciosos, que tentam associá-la a produtos e serviços isentos de falhas de qualquer natureza e de alta aceitação no mercado. De forma geral, portanto, confundir alta performance com perfeição também pode ser um entrave ao esforço de produzi-la.

## POR QUE A ALTA PERFORMANCE É IMPORTANTE?

A importância da alta performance é decorrente de sua profunda ligação com o objetivo de qualquer empresa competitiva.

Analisando em um contexto mais amplo, o objetivo de qualquer empresa é sobreviver e gerar riquezas. A única forma que a empresa dispõe para tanto é vender seus produtos ou serviços, ou seja, mantendo-se em atuação no mercado. E, como qualquer ser, a empresa ambiciona crescer e desenvolver-se, o que só pode ser possível ampliando suas vendas e conquistando novos mercados. Dessa forma, para sobreviver, a empresa precisa considerar o cliente e os mercados como metas prioritárias, já que de sua satisfação dependerá a manutenção dos produtos e serviços no mercado.

### O que mantém um produto ou serviço no mercado?

Muito se tem discutido acerca deste ponto, e já parece ser de comum acordo que, muito mais importante do que preços, prazos e cortesia no atendimento, o que o cliente realmente deseja é obter satisfação com o produto ou serviço comprado.

Costuma-se dizer que, em muitos casos, "o barato sai caro" – o que mostra a preocupação do consumidor com a performance do produto ou serviço, que, se não for encontrada em produtos ou serviços baratos, acaba por torná-los caros graças aos custos de reposição ou de reparos. De outra parte, há de se observar que a boa performance dos produtos ou serviços reduzem custos – às vezes, bem altos – como refugo, retrabalho, reprogramação, além da própria racionalização do trabalho.

Dessa forma, a alta performance traz benefícios que garantem a fixação, para os produtos e serviços, de preços acessíveis. De fato, se o produto ou serviço tiver boa performance, haverá maiores probabilidades de garantir o mercado e de a empresa se consolidar. Com a empresa consolidada e por consequência sólida, os empregos estarão garantidos e a mão-de-obra receberá reflexos positivos, que, por si mesmos, serão fontes de motivação; convenientemente motivada, a mão-de-obra tende a produzir produtos e serviços ainda melhores, o que permitirá a manutenção do mercado atual e sua ampliação e, em decorrência, uma empresa mais forte. A análise deste ciclo mostra que alta performance é tarefa de todos, pois todos dependem dela e ela depende de todos.

Parece importante divulgar na empresa o ciclo completo do produto ou serviço, já que, muitas vezes, as relações existentes entre empresa e mão-de-obra parecem inexistir. Nota-se em grande número de situações clara insatisfação da mão-de-obra por não conhecer e não ter reconhecimento dos resultados de seu trabalho, bem como por não ver como eles contribuem para solidificar a atuação da empresa no mercado. Por não receber esse tipo de informação, que funciona como realimentador do sistema produtivo, a mão-de-obra pode ser induzida a pensar que seu trabalho não é importante e sentir-se desmotivada para executá-lo adequadamente. Assim, é preciso mostrar à mão-de-obra que o próprio emprego depende da performance, porque os prejuízos decorrentes da má performance são maiores do que apenas aqueles observáveis. Não se trata só dos danos financeiros imediatos, mas também das consequências ao nome da empresa causadas pelo mercado consumidor, esses prejuízos refletem-se na venda de produtos e serviços.

Logo, reduzidas as vendas, a produção cai e daí surge o desemprego. Mas também é preciso mostrar à mão-de-obra que são os seus esforços que produzem o fluxo contrário, que o que se quer é o que se espera. A alta performance é fruto do esforço de todos; cada participação, por mais simples que seja, é relevante e precisa ser efetivada com empenho e dedicação.

## POR QUE A ALTA PERFORMANCE DEVE SER CONTROLADA?

A alta performance deve ser controlada porque é fundamental para a sobrevivência da empresa. E, como um dos aspectos essenciais a serem observados nos produtos e serviços, ela deve ser acompanhada de perto, avaliada, analisada, discutida e estudada.

Além disso, há outros fatores relevantes que requerem o controle de performance, como os seguintes, que fazem com que seja praticamente impossível obter completa uniformização dos processos:

- A performance dos equipamentos sofre variações ao longo do tempo, o que torna o seu funcionamento irregular, embora, em muitos casos, essa irregularidade seja quase imperceptível.
- Os materiais utilizados nem sempre são homogêneos e, por razões diversas, têm uma ou mais de suas características alteradas.
- A mão-de-obra é instável e muitas vezes, por razões aparentemente irrelevantes ou sem qualquer ligação aparente com a situação atual, sofre alterações nos seus padrões de performance.
- O método de trabalho para conduzir a situações que permitam mais de uma ação a executar, naquele caso, naquele momento, gerando diferentes procedimentos a serem adotados em uma mesma atividade, o que induz às variações observadas no processo, no produto ou no serviço.
- Pequenas alterações no ambiente de trabalho igualmente podem afetar a performance de pessoas ou de máquinas ou modificar as condições de uso em geral.

Como se vê, portanto, quaisquer dos equipamentos básicos de um processo produtivo podem ser alterados e com isso provocar reflexos negativos na performance dos produtos ou serviços, que, dessa forma, requerem cuidadoso controle.

A má performance pode resultar da falta de controle. Muitos são os prejuízos decorrentes da má performance, como: custos de materiais perdidos, custos de operações que precisam ser refeitas, custos de inspecionar todo um lote, custos com retrabalho, reprogramação, horas extras, custos com refugos, recuperáveis ou não; aumento desnecessário da produção devido às perdas, prejuízos ao nome e à reputação da empresa, quebra ou interrupções do ritmo de trabalho, insatisfação do pessoal pela rejeição constante do que fizeram, entrega fora do prazo, execução de operações desnecessárias ou não planejadas e entre outros.

Assim, pensando em termos da minimização ou até da eliminação desses custos é que a performance precisa ser controlada. É preciso, portanto, que haja concorrência para atingir alta performance. Por sua importância, na verdade, a performance muito antes de ser controlada deve ser produzida. A boa performance deve ser, na verdade, a meta prioritária das empresas. Afinal, se ela não for obtida, não haverá como controlá-la. A preocupação com a performance e a alta performance, embora pareça, não é novidade, pois desde o início do século XX ela já ocorria.

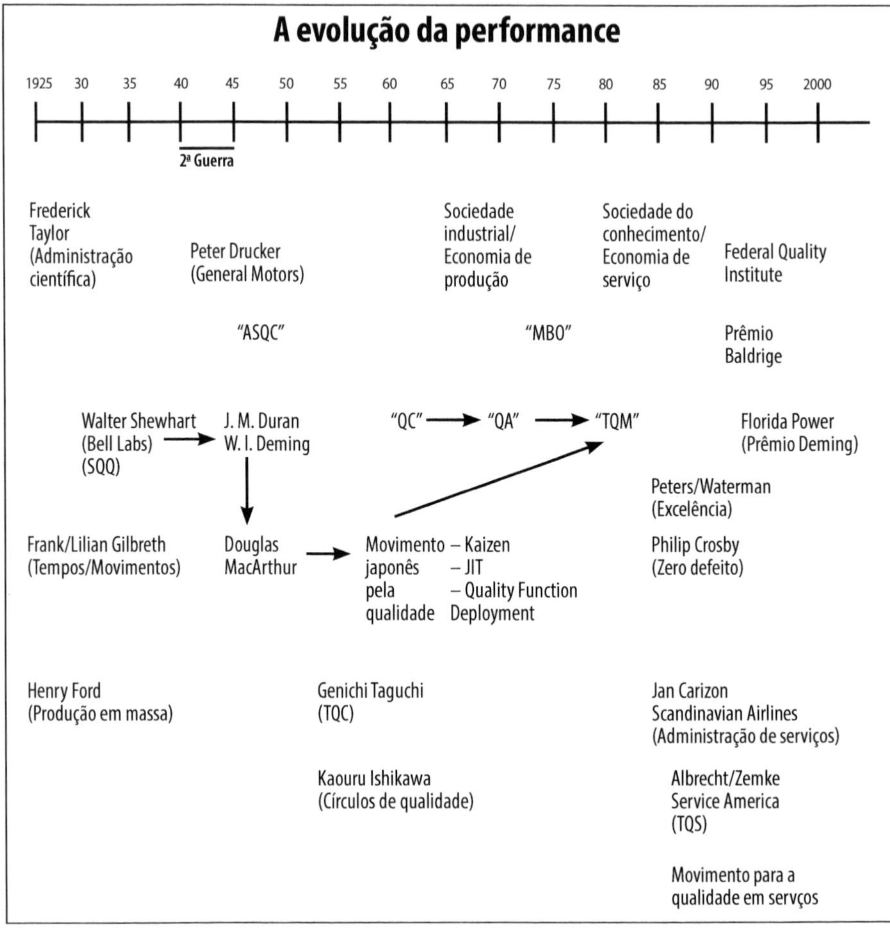


**Figura 1** A evolução da performance. Fonte: CARLSON, JAN. (2005).

## Linha do tempo da alta performance

A partir de 1900, já existiam pessoas que se preocupavam com a performance de suas empresas, não apenas porque eram geniais, como Henry Ford, mas porque performance significa liderança, e liderança significa lucros e conquista de participação em mercados. Também vejamos Frederick Taylor, por exemplo. Você sabia que Frederick Taylor não era administrador, mas, sim, engenheiro?

Você poderia imaginar que, no início do século XX, aquele que até hoje é considerado o pai da administração formou-se por correspondência? Pois bem, Taylor, além de ser considerado o pai da administração, foi também uma das primeiras pessoas a se preocupar com a performance das empresas. Por intermédio de suas observações, Taylor contribuiu para a administração moderna e para a performance com métodos de administração científica. Taylor foi o primeiro a enxergar uma empresa como um todo, como se fosse um organismo vivo, no qual todas as partes se comunicam e são interdependentes.

Nessa mesma época, também surgiu o famoso casal Frank e Lilian Gilbreth, que desenvolveu o famoso método "*therblig*", que permitiu organizar tempos e movimentos. Na verdade, o casal Gilbreth era obsessivo nesse sentido, pois passava horas dentro de empresas e indústrias medindo quanto tempo levava para se produzir algo e qual o método utilizado para isso. Dessa maneira, eles conseguiam diminuir significativamente o tempo para se produzir algo e melhorar a maneira como isso era feito.

Agora vamos falar um pouco sobre Henry Ford, o fundador das Indústrias Ford. Muito mais do que isso, Ford foi o idealizador da produção em massa. Foi ele quem elaborou os primórdios do que conhecemos hoje como linha de produção e organizou, inicialmente, o que conhecemos hoje como "chão de fábrica".

Ao observar como os automóveis eram produzidos, ou seja, um bloco de operários e peças em torno do produto, Ford concebeu a ideia de que os operários e os insumos de um automóvel deveriam estar dispostos ao longo de uma grande esteira rolante, por onde se iniciava a montagem do chassi do automóvel, e esse mesmo chassi ao percorrer a esteira rolante ia tendo anexadas a si as outras partes que compõem um automóvel, tais como: motor, câmbio, carroceria, partes elétricas etc. Com esse advento, entre outros, Ford concebeu o que conhecemos hoje como "produção em massa", propiciando que seus produtos pudessem ter preços extremamente competitivos para a época. Por exemplo, o famoso Ford modelo "T" custava à época US$ 500 dólares, o que foi uma verdadeira revolução. Ford também se preocupava com os seus funcionários e dizia sempre que se não os remunerasse bem, eles não teriam dinheiro suficiente para comprar os automóveis que eles mesmos produziam.

Seguindo um pouco adiante durante a época da 2.ª Guerra Mundial, encontramos Peter Drucker à frente da General Motors. Drucker foi quem concebeu a ideia das grandes corporações que existem até hoje e que nada mais são do que a união de várias indústrias com interesses comuns organizadas por uma *holding*. Assim nasceu a General Motors, que até hoje é o maior fabricante mundial de veículos. Após Drucker, surgiu também uma importante pessoa que consolidou o seu trabalho, Alfred Sloan, que também presidiu a GM.

Sloan pode ser reconhecido como o "pai" da indústria de reposição, pois, enquanto à época diversas indústrias encontravam dificuldades em colocar os seus produtos, já saturados, Sloan teve a simples e genial idéia de "remodelar" os produtos já existentes produzidos pela GM e relançá-los no mercado com um novo apelo de marketing.

Logo ao terminar a 2.ª Guerra, os Estados Unidos determinaram que o General Douglas MacArthur, fosse para o Japão. Como todos nós sabemos, o Japão foi derrotado na 2.ª Guerra Mundial, e para sua reconstrução o general MacArthur começou a implementar conhecidas técnicas americanas de alta produção nas indústrias japonesas que sobreviveram à Guerra.

Houve aí um encontro excepcional entre o pragmatismo japonês para produzir as coisas com precisão e a capacidade de inovação dos americanos. Conta-se que em determinado momento da reconstrução japonesa, as máquinas utilizadas na reconstrução, como tratores, esgotaram sua capacidade de trabalho e de peças de reposição. Imediatamente, MacArthur determinou a um grupo de engenheiros japoneses que pegasse um trator americano, que todos conhecemos pelo nome de Caterpillar, desmontassem-no totalmente e literalmente copiassem tudo, "parafuso por parafuso", e construíssem um outro trator semelhante com as peças e recursos existentes no Japão. Os engenheiros japoneses seguiram essas ordens à risca e construíram tratores que colaboraram para a reconstrução do Japão. A esses tratores foi dado um nome que se transformou em uma poderosa indústria que conhecemos até hoje pelo nome de Komatsu. Você sabe o que "Caterpillar" traduzido literalmente para o idioma português significa? E você sabe o que "Komatsu" literalmente traduzido do idioma japonês para o português significa? Pois bem, ambos significam a mesma coisa, ou seja: "lagarta".

Os engenheiros japoneses foram tão rigorosos em copiar um produto que lhes era útil, que não só copiaram o equipamento, como também o seu nome, só que em japonês. Incrementa-se a partir daí o conceito de performance utilizando as melhores práticas ou também o que conhecemos como "*benchmarking*". O *benchmarking* tem sido há vários anos uma poderosa ferramenta para se alcançar a alta performance. Mas as coisas não pararam por aí no Japão. De fato, os japoneses, que têm o trabalho como uma questão de honra, desenvolveram uma enorme série de técnicas para a melhoria da performance das empresas. Apenas para citar algumas, vamos lembrar de: Just in Time (JIT), Kaizen, Quality Function Deployment e o conhecido Total Quality Control (TQC). Os americanos, por sua vez, também se esforçaram principalmente devido à competição japonesa, que começou a surgir fortemente nos mercados mundiais a partir da década de 1960, e desenvolveram também diversas ferramentas que buscavam a melhoria da performance das empresas, como os Quality Control (QC) e os Total Quality Management (TQM). Também desenvolveram diversos prêmios para empresas com melhores performances, como o prêmio Baldrige.Muitos são os estudiosos desse tema, como: Peters e Waterman, com seus estudos sobre a busca da excelência empresarial; Philip Crosby, com a teoria dos "zero defeito"; Albrecht e Zemke, com o Total Quality Service (TQS).

Todos esses exemplos e autores que acabamos de mencionar foram fundamentais para criar e chegar ao conceito de empresas de alta performance, que começaram a surgir com maior nitidez por conta dos estudos e pesquisas realizados de 1990 até os dias de hoje. O que encontrávamos até então eram organizações com modelos hierárquicos pesados, lentas em suas respostas, com dificuldade em serem competitivas. As decisões eram sempre tomadas nas cúpulas, mesmo as mais corriqueiras, gastando-se muito tempo com a administração e pouco tempo com a análise de negócios e oportunidades. Lamentavelmente, ainda podemos encontrar um bom número de empresas que funcionam assim. Mas esse modelo não serve para uma empresa sobreviver em um mercado competitivo.

Nesse tipo de modelo, que é o herdado de instituições seculares, como a igreja e as instituições militares, as tomadas de decisão e sua implementação são lentas, os diversos níveis horizontais a serem percorridos e os interesses envolvidos internamente confundem e dificultam as ações.

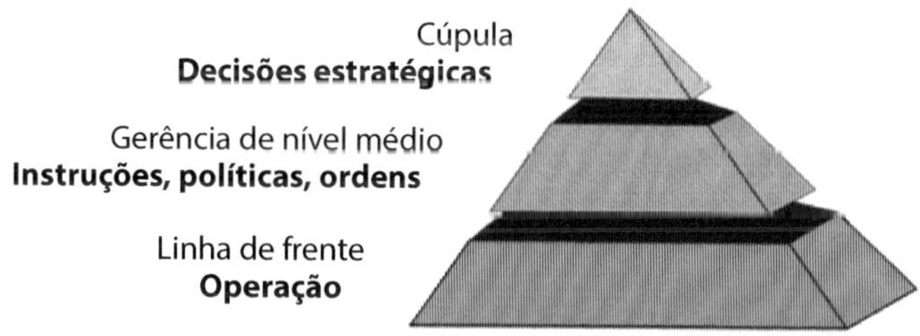


**Figura 2** Organizações com modelos hierárquicos. Fonte: Carlson, Jan. Derrube as pirâmides (2005).

Esse modelo é caracterizado por ter o poder concentrado na cúpula da empresa, cabendo às gerências o papel de dar as ordens, instruir e supervisionar o trabalho executado. Mas, se quisermos partir para um modelo competitivo, teremos de literalmente virar a empresa de cabeça para baixo, de forma que algumas decisões, guardadas as devidas proporções, possam ser tomadas pelo pessoal da "linha de frente". Entende-se por pessoal da linha de frente aquele que está em contato direto com os clientes – que são aqueles a quem as empresas devem servir e atender. Jamais, hoje em dia, uma empresa terá condições de ser competitiva se o poder de decisão não for dado ao pessoal da linha de frente. Obviamente, quando falamos em poder de decisão, não estamos falando em dirigir a empresa ou tornar-se dono dela, mas, sim, de atender ao mercado e aos seus clientes em suas aspirações. Nessa situação, cabe à cúpula da empresa definir novas oportunidades de negócios e de clientes. A gerência existe para dar suporte a esse pessoal.

## A organização de cabeça para baixo

Hoje em dia, o mercado demanda serviços que são atendidos pelo pessoal da linha de frente, que por sua vez são atendidos pelas equipes de suporte. Quando falamos de serviços, é bom lembrar, como já dissemos anteriormente, que hoje em dia não existe mais diferença entre serviços e produtos. Isso acontece por um motivo muito simples: *"Toda pessoa quer ser tratada como pessoa, não como um número a mais".*

Os negócios evoluem rapidamente. O que encontrávamos aquela época era o seguinte: produção menor que a demanda; os produtores estavam no comando das ações e prevalecia o "sistema"; as receitas para a competição e a boa performance dentro desse contexto eram fáceis; a administração era encarada pelo aspecto de custos; a orientação era voltada

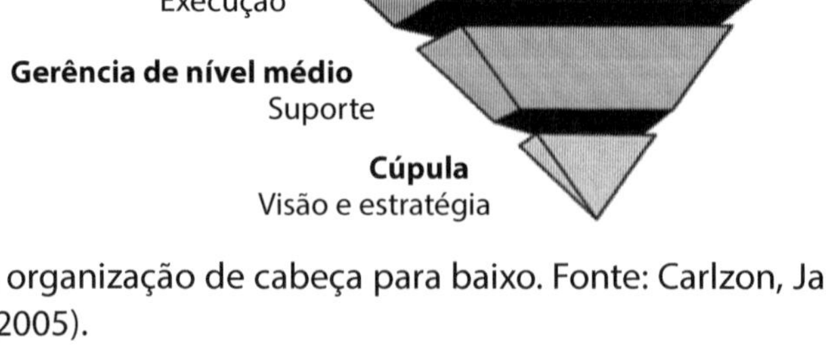


**Figura 3** A organização de cabeça para baixo. Fonte: Carlzon, Jan: Derrube as pirâmides (2005).

para a produção; os processos existiam de "dentro para fora", não se levando muito em conta o que o consumidor preferia; a produção era local para mercados locais; e o foco de boa performance ficava sobre as máquinas.

Entretanto, com o passar dos anos, as coisas mudaram, principalmente nos dias de hoje. Contribuíram para esta mudança os seguintes fatores:

- A crise do petróleo da década de 1970, que teve reflexos diretos sobre a indústria automotiva mundial.
- O preço dos recursos para a produção, uma vez que agora a produção torna-se maior que a demanda.
- A forte concorrência internacional em todos os níveis, fazendo com que os clientes e o mercado é que estejam no comando.
- As receitas e os recursos são incertos, obrigando as empresas a aprender a administrar pelo aspecto receita.
- A orientação voltada para o mercado, onde os aspectos externos influenciam os aspectos internos das empresas.

Isso leva todos os envolvidos a assumirem riscos, e o que significa assumir riscos em uma empresa? Assumir riscos em uma empresa significa o engajamento de todos os funcionários. O desenvolvimento econômico gerado por conta desses fenômenos e impulsionado durante anos nos traz hoje basicamente duas consequências: a ausência de limites para a produção, para o marketing e para as comunicações e o grande aumento das alianças e fusões e aquisições.

E como será possível o ambiente empresarial de hoje e daqui para a frente sem alta performance? Afinal, no ambiente empresarial de hoje, torna-se fundamental dirigir o foco para clientes individuais enquanto usuários e eliminar desperdícios.

## CONTEXTO GLOBAL DE TROCAS

A alta performance está interligada com um processo chamado "cadeia de valor", em que fornecedores, clientes e mercado interagem para atingir alta performance. Devemos dedicar especial atenção para que os modelos gerenciais sejam baseados em pelo menos estes três elementos:

- direcionamento para o mercado com busca da satisfação dos clientes;
- atitude dos funcionários com envolvimento e comprometimento de todos, desde a alta direção até a linha de frente;

- Competição acirrada
- Inovação tecnológica
- Sofisticação do mercado
- Indução legal

**Performance: definições clássicas**

**Deming**
"Melhoria continua"

**Juran**
"Adequação ao uso"

**Crosby**
"Conformidade com os requisitos"

**Figura 4** O contexto global. Fonte: o autor (2019) Figuras disponíveis no arquivo do Power Point, Domínio Público.

- utilização de processos modernos de administração com alta performance, tipo *kaizen/breakthrough*.

Para atender ao mercado e aos clientes, isto é, obter satisfação, devemos ter uma abordagem sistêmica, ou seja, buscar obsessivamente a alta performance. Para isso, devemos observar na Figura 5.

Mais que isso, alcançar a alta performance pode gerar um curioso anacronismo, como poderemos observar na Figura 6.

Quanto mais buscamos a alta performance, mais o mercado e os clientes solicitam, pois tomam para si os saltos qualitativos, que passam a ser normais com o uso. É como se fosse um desenho oval sendo superado pelo desenho retangular, que é superado pelo oval, que... Infinitamente. Para diminuirmos este fenômeno e sempre levarmos nossa empresa à alta performance, precisamos analisar e fazer funcionar o modelo dos "5 *gaps*", ou espaços vazios, pois sempre há o que fazer para melhorar os sistemas de funcionamento de qualquer empresa, mesmo das mais competitivas. Vejamos a Figura 7 que exemplifica este modelo.

É importante observarmos esse modelo, pois sempre existe algo a fazer em dois níveis básicos. No nível de mercado e clientes, trabalhar para

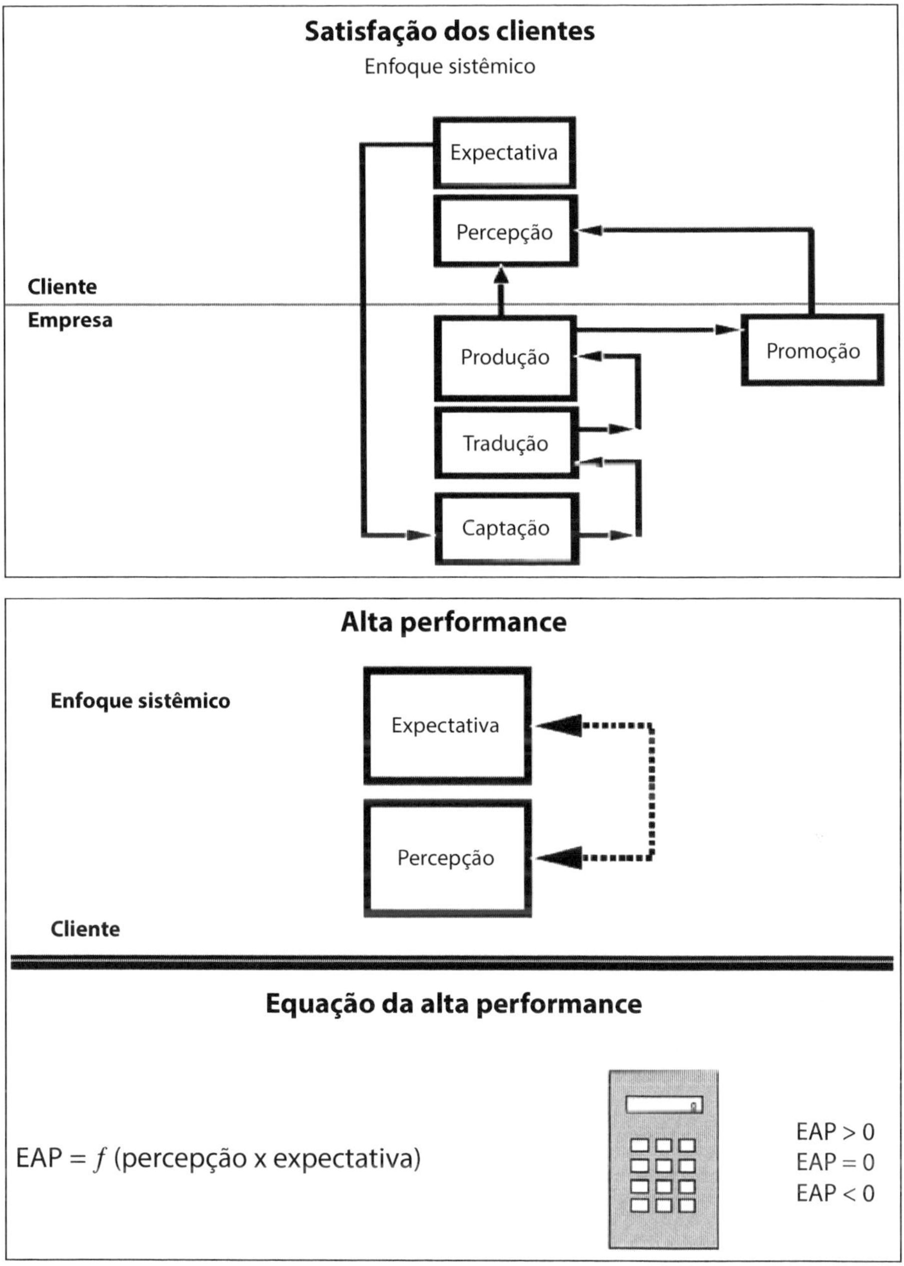


**Figura 5** Modelo de satisfação dos clientes. Fonte: Parasuraman *et al.* (1987).

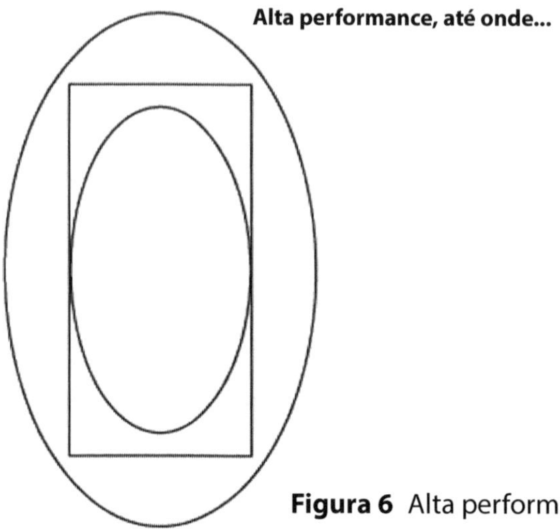


**Figura 6** Alta performance. Fonte: o autor.

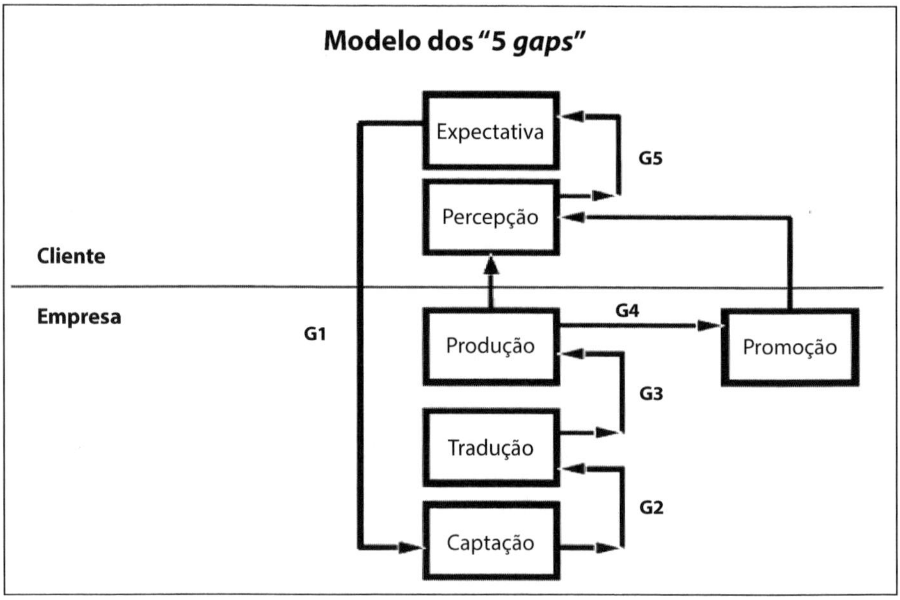


**Figura 7** O modelo dos 5 gaps. Fonte: Parasuraman *et al.* (1987).

que a percepção ao consumir de qualquer produto ou serviço seja o mais próximo possível da expectativa tida anteriormente. E no que diz respeito às empresas que buscam a alta performance, todo e qualquer serviço ou produto deve responder às expectativas de mercado; estas devem ser auscultadas pelos departamentos competentes, que, com sensibilidade, irão captar esses anseios e traduzi-los corretamente. Para isso, é necessário que todos da empresa tenham atitude, é necessário a participação e o envolvimento de todos, por meio de:

- *empowerment*;
- capacitação;
- envolvimento e comprometimento;
- *teamwork* e participação;
- liderança.

Os processos devem ser revisados continuamente para alcançar alta performance. Para isso, precisamos: de decisões baseadas em fatos, da busca da perfeição como objetivo e de gerenciamento dos processos. Uma das ferramentas mais poderosas na busca dos processos com alta performance é a gestão utilizando o "PDCA".

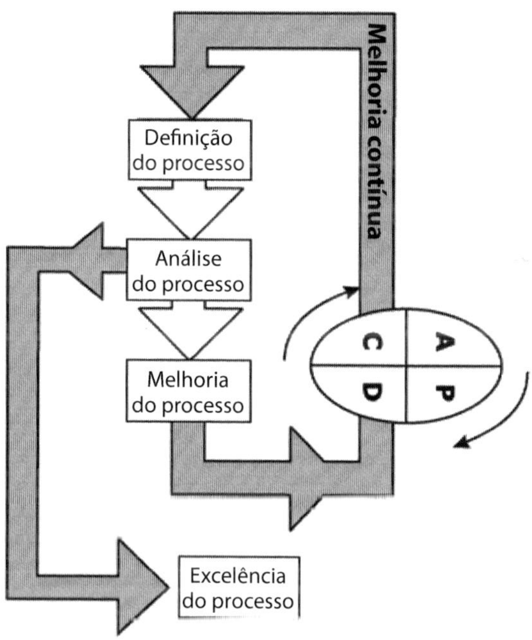


**Figura 8** O ciclo do PDCA. Fonte: O autor (2019).

PDCA é um modelo que significa:

- *Plan,* de plano – quando você define as metas a serem alcançadas e os métodos que permitirão atingir as metas propostas.

- *Do*, de fazer – é necessário educar e treinar as pessoas para alcançar as metas propostas; depois, executar a tarefa e coletar os dados.
- *Check*, de checar, verificar – é quando você mede os resultados das tarefas executadas.
- *Action*, de ação – nesse momento, é hora de atuar corretivamente.

Com isso, o modelo se repete infinitamente. Esta é uma das receitas para as empresas alcançarem alta performance. Entretanto, é necessário que haja uma mudança cultural na empresa para a busca da alta performance. Essa evolução deve ocorrer por meio de dois eixos ao longo do tempo, de forma que:

1. Encontramos e desenvolvemos um estágio para a sensibilização de todos os envolvidos;
2. Por meio da educação e do treinamento, mudamos as pessoas e as preparamos para a alta performance;
3. Começamos a desenvolver um estágio de comprometimento;
4. Por meio dos processos anteriores, evoluímos ao longo do tempo para a capacitação total para a alta performance.

Torna-se fundamental que haja um sistema eficiente de diagnóstico e de avaliação dos processos existentes que devem ir do estado atual para o estado futuro desejado e/ou do novo estado atual para o novo estado futuro desejado, e, assim, sucessiva e continuamente até chegarmos ao estado de excelência. Também se torna necessário elaborar e implementar um bom sistema de autoavaliação, que tenha, pelo menos, estas quatro etapas:

- Autoavaliação: comece pensando no que você é bom e no que você é ruim. Naturalmente, isso não é tão simples assim, mas você pode imaginar as coisas que você faz com prazer, cujos resultados são positivos, e as coisas que você faz com desprazer, por pura obrigação, cujos resultados são apenas razoáveis. Isso o levará, automaticamente, ao próximo passo.
- Análise das forças e das fraquezas: agora você já pode identificar seus pontos fortes e seus pontos fracos. A partir daí priorize, ambos em alinhamento com as necessidades conjunturais e escreva-os em um pedaço de papel.
- Priorização.

- Planos de ação: é hora de colocar em prática, é hora de agir. Tudo isso é importante para não cairmos em tentação na "anedota da solução de problemas".

## O QUE NÃO PODE EXISTIR EM UMA EMPRESA QUE BUSCA ALTA PERFORMANCE

A Figura 9 ilustra esta afirmativa.

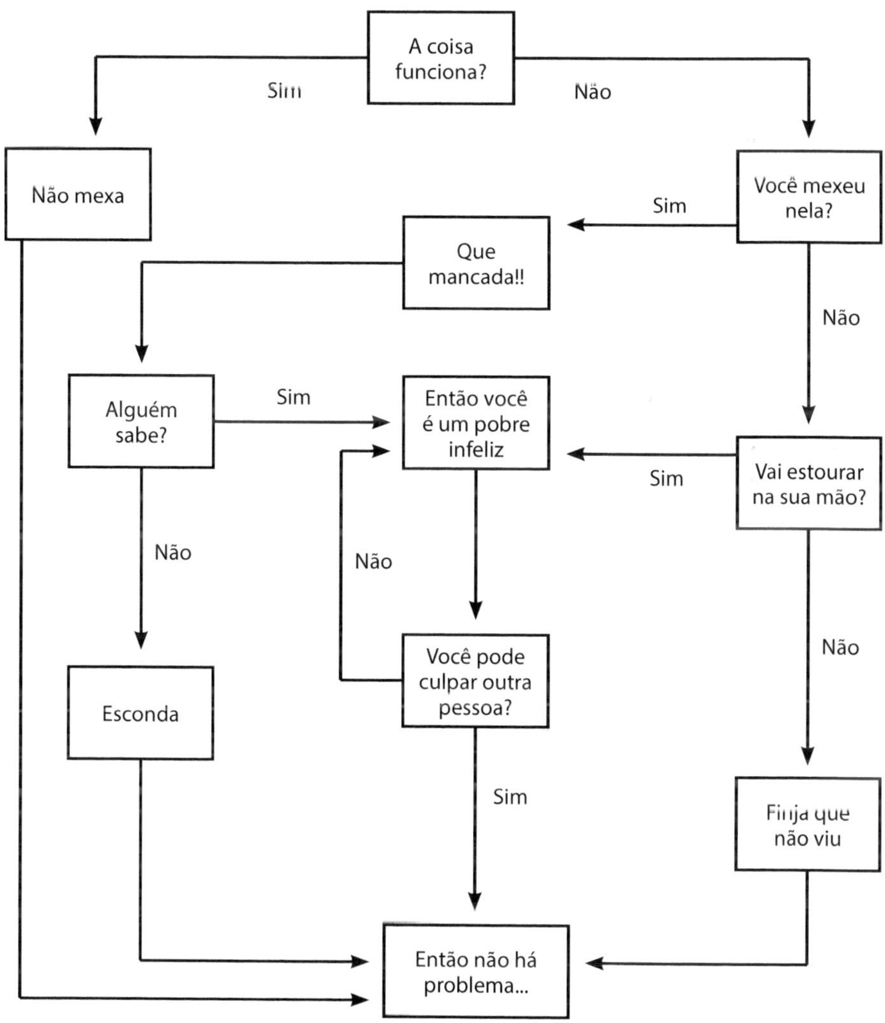


**Figura 9** Empresa onde não há alta performance. Fonte: o autor (2019).

## O PROCESSO DA ALTA PERFORMANCE

Dinâmica por natureza, a alta performance é representada por um elenco de compromissos, ações, decisões e planos que se fazem necessários para que a empresa alcance este intento. Para tanto, é necessário dispor de informações pertinentes a partir da análise dos ambientes externo e interno e de formulação das estratégias corretas que levarão uma empresa à alta performance, ou seja, a obter retornos superiores à média.

## MATRIZ DE ANÁLISE DA PERFORMANCE

**Tabela 1** Matriz de análise de performance. Fonte: o autor (2019).

| Ambiente | Ficha de *check-up* | Peso | Nota | Resultado |
|---|---|---|---|---|
| | **1. Análise de clientes, de mercado e Tecnologia da Informação** | | | |
| E/I | 1.1. Existência formal de análise do perfil do cliente | | | |
| I | 1.2. Qualidade das ações sobre seus desvios e correção | | | |
| I | 1.3. Qualidade dos bancos de dados | | | |
| | **2. Governança e liderança** | | | |
| I | 2.1. Potencial do capital intelectual e sucessório da empresa | | | |
| I | 2.2. Análise crítica da performance | | | |
| I | 2.3. Participação efetiva da governança na estratégia da empresa | | | |
| | **3. Estratégia e planos** | | | |
| E/I | 3.1. Grau de conhecimento da empresa em relação às tendências de mercado | | | |
| I | 3.2. Capacidade de alinhamento com as tendências | | | |
| I | 3.3. Idealização de planos futuros | | | |
| I | 3.4. Desdobramento das estratégias | | | |
| I | 3.5. Medição da performance | | | |
| | **4. Recursos humanos e conhecimento** | | | |
| I | 4.1. Qualidade dos sistemas que ouvem o RH e Compliance | | | |

| Ambiente | Ficha de *check-up* | Peso | Nota | Resultado |
|---|---|---|---|---|
| I | 4.2. Existência efetiva de RH para alinhar as expectativas | | | |
| I | 4.3. Capacitação constante do pessoal | | | |
| | **5. Fornecedores** | | | |
| E/I | 5.1. Existência de um canal de Suply Chain | | | |
| I | 5.2. Efetiva análise das recomendações recebidas | | | |
| I | 5.3. Implementação efetiva dos conselhos recebidos | | | |
| | **6. Capital intelectual** | | | |
| I | 6.1. Existência de bancos de dados sobre o CI da empresa | | | |
| I | 6.2. Melhoria e investimentos constante no CI | | | |
| I | 6.3. Percepção do CI no futuro | | | |
| | **7. Informações inteligentes** | | | |
| I | 7.1. As informações são confiáveis e têm modelagem inteligente | | | |
| I | 7.2. As informações estão em tempo real | | | |
| I | 7.3. As tomadas de decisões estratégicas se baseiam no conjunto das informações inteligentes | | | |
| | **8. Conhecimento e informações** | | | |
| I | 8.1. Existência de bancos de dados preparados para o uso da informação Inteligência Artificial, IoT, Analitcs, | | | |
| I | 8.2. Uso prático e diário da informação na avaliação de cenários operacionais e estratégicos | | | |
| I | 8.3. Mensuração constante dos dados simulados gerando aprendizado | | | |
| | **9. Sinergia** | | | |
| I | 9.1. Amplo conhecimento dos conceitos de sinergia | | | |
| I | 9.2. Diversos investimentos visando sua preservação | | | |
| I | 9.3. Nível atual da sinergia geral da empresa | | | |

| Ambiente | Ficha de *check-up* | Peso | Nota | Resultado |
|---|---|---|---|---|
| | **10. Cadeia de valores** | | | |
| E/I | 10.1. Conhecimento de sua real cadeia de valores | | | |
| I | 10.2. Divulgação ao time interno dessa cadeia de valores | | | |
| E/I | 10.3. Divulgação aos clientes da cadeia de valores | | | |
| | **11. Qualidade** | | | |
| I | 11.1. Existência de programas de qualidade | | | |
| I | 11.2. Investimentos para manter os programas implantados | | | |
| I | 11.3. Transferência aos clientes dos atuais e futuros padrões de qualidade | | | |
| | **12. Sociedade** | | | |
| E/I | 12.1. Ética e desenvolvimento social | | | |
| E/I | 12.2. Responsabilidade socioambiental | | | |
| | **13. Administração financeira** | | | |
| I | 13.1. Informes financeiros | | | |
| I | 13.2. Gestão da liquidez | | | |
| I | 13.3. Política de dividendos | | | |
| I | 13.4. Lucratividade | | | |
| | **14. Resultados** | 100% | | |

## Instruções de uso

- Cada item desta matriz pode obter uma nota máxima de 10,0. São 41 itens, que servem como referência.
- Leia atentamente cada um e veja se ele se aplica à sua empresa e determine um peso de importância a cada item de acordo com o perfil dela. Esses pesos vão de 0 a 10 e devem ser colocados na coluna "Peso"
- Atribua uma nota de performance de 0 a 10 e de acordo como você vê que sua empresa desenvolve o processo relacionado ao item, item por item

- Multiplique o peso pela nota e lance o resultado na coluna "Resultado". Obtenha o somatório dessa coluna.
- Veja o nível de performance de sua empresa comparando o resultado obtido na "Matriz de análise de performance" com a "Tabela de resultados".

## TABELA DE RESULTADOS

**Tabela 2** Tabela de resultados. Fonte: o autor (2019).

| Faixa | | | Estágio da performance |
|---|---|---|---|
| **Nº** | **Classificação** | **Pontuação** | |
| A | Alta<br>Media<br>Baixa | 3.700 ou mais<br>3.500<br>3.300 | Enfoques adequados para quase todos os itens, sendo vários deles proativos e disseminados pelas principais áreas, processes e produtos. Resultados relevantes, sendo a maioria deles com tendências favoráveis.<br>Alta performance |
| B | Alta<br>Media<br>Baixa | 3.100<br>2.900<br>2.700 | Enfoques adequados, sendo alguns proativos disseminados na maioria das áreas, porem com algumas lacunas de aplicação.<br>Boa performance |
| C | Alta<br>Media<br>Baixa | 2.600<br>2.400<br>2.200 | Enfoque adequado a alguns itens, com alguma reatividade Inteligência Artificial, IoT, Analitcos, e disseminados nos processes e produtos. Entretanto, existem lacunas a serem trabalhadas.<br>Média performance |
| D | Alta<br>Media<br>Baixa | 200<br>180<br>160 | Estágios preliminares de desenvolvimento. Ainda não existem resultados relevantes.<br>Fraca performance |

Prezado Leitor: Para o uso, correto, desse quadro é importante que se usem as instruções constantes no item 8. Tenha presente, que isso é um farol, não um trilho. Cada empresa tem suas especificidades. Após os resultados você terá uma boa noção dos pontos fortes e dos pontos fracos da sua empresa, o que lhe ajudará a tomar decisões e organizar, melhor seus planos estratégicos.

## REFERÊNCIAS BIBLIOGRÁFICAS

ALBRECHT, Karl. [S. l.], Disponível em: http://karlalbrecht.com. Acesso em: 10 fev. 2020.

CALÔBA Guilherme, KLAES Mario. Gerenciamento de Projetos com PDCA. São Paulo; Alta Books, 2016.

CORREA Henrique L. & GIANESI Irineu G. N. Just in Time, MRP II e OPT – Um Enfoque Estratégico. São Paulo: Atlas, 1996.

CARLSON, JAN. A Hora da Verdade, São Paulo: Sextante, 2005.

CARLSON, JAN: Derrube as pirâmides Cambridge, Massachusetts: Ballinger 1987.

CROSBY, B. Philip. The Absolutes of Leadership. A Warren Bennis Executive Briefing Series Book. USA: 1997.

DEMING, W. Edwards. The Essential Deming: Leadership Principles from the Father of Quality. Joyce Orsini Books, USA: 2012.

DRUCKER, F. Peter. Inovação e Espírito Empreendedor: Prática e Princípios. São Paulo: Saraiva, 1985.

GILBRETH, Lillian Moller. The Psychology of Management. Northeastern University Press. Boston, MA, USA, 2018.

JURAM, J. M. Managerial Breakthrough. McGraw-Hill. USA: 1995.

PARASURAMAN. Modelo dos cinco gaps. [S. l.]. Disponível em: http://www.miami.edu. Acesso em: 10 fev. 2020.

PETER Tom, WATERMAN, Robert H. In Search of Excellence: Lessons from America's Best-Run Companies (Collins Business Essentials) USA E-Book Kindle, 2019.

PORTER, Michael. Estratégia competitiva: Técnicas para análise de indústrias e da concorrência. São Paulo: Elsevier, 2005.

SERVIQUAL, SERVIQUAL. Modelo dos cinco gaps. [S. l.]. Disponível em: http://www.tspg-consulting.com. Acesso em: 10 fev. 2020.

SLOAN, P, Alfred. Meus Anos Com a General Motors. São Paulo: Negócio, 2001.

TAYLOR, Frederick Winston. Princípios da administração científica. São Paulo: Atlas, 1990.

CAPÍTULO 10

# Prioridades para Alcance da Alta Performance e de Resultados Exponenciais

Ricardo Santos[41]

## INTRODUÇÃO

Muito se fala de procrastinação, mas há um mal tão terrível quanto: a falta de terminativa. É sobre isso que falaremos nesse capítulo, destacando a importância da prioridade em todas as nossas ações.

O cérebro tende à preservação da integridade física e mental, economizando energia e evitando correr riscos. Por isso, somos bombardeados por pensamentos reflexivos opositores quando decidimos fazer exercícios, estudar, encarar um problema, conquistar algo inédito.

Fazer o mesmo trajeto para o trabalho, dormir na mesma posição, comer as mesmas comidas, usar os mesmos recursos, tudo isso nos dá conforto e prazer, por não exigir esforço maior. Fazemos no automático, assim como dirigir. Contudo, é preciso driblar os *drivers* mentais e formatá-los de tal maneira que consigamos alcançar os resultados almejados.

Geralmente quer-se fazer no último minuto do prazo tudo o que foi deixado de lado quando havia tempo de sobra. Essa pressão de prazo estourado ou no limite faz mal para a saúde, tanto física quanto emocional. Faz mal pra quem nos rodeia. Traz culpa, estresse, frustração e insatisfação, no mínimo. Conselho para quem está vivendo isso agora (prazo estourado)? Faça o que for possível, realizável, e bem. Realize micro tarefas e

[41] (Investidor Anjo, Broker Internacional de Projetos e Startups em Expansão, Advogado, Empresário, Escritor e Pastor).

conquistas de produtividade. Imediatamente após, inicie o planejamento e o trabalho que precisa ser feito em tempo hábil.

Temos o hábito de protrair aquilo que é chato, estressante, que não dominamos completamente e que contenha elementos que fogem do nosso controle (e que, por isso, nos causa insegurança), o que não traz benefício (prazer) imediato e o que não nos diz respeito diretamente. Essa insegurança advém, em muitos casos, da ansiedade, e uma ansiedade tal que trava a pessoa por completo em relação àquele assunto ou tarefa.

O perfeccionismo, longe de ser uma virtude e diferente da excelência e da diligência, é uma propulsão para a dilatação de prazos e procrastinação. É preciso saber que o feito é melhor do que o perfeito e que não se coaduna com o malfeito.

A palavra procrastinação vem do latim *procrastinare* ou *procrastinatus*: *pro* (à frente) e *crastinus* (de amanhã), que significa "à frente de amanhã" ou "depois de amanhã", datando do Séc XVI.

Mudança de ambiente, conexão com pessoas ativas e assertivas, ordens audíveis em tom imperativo ao cérebro, anotações postas em lugares estratégicos (como fazem os atletas de alta performance que colocam seus objetivos no teto, bem acima de suas camas, a fim de, ao se deitarem, fitar aquela meta até pegarem no sono), projeção das recompensas, tudo isso nos faz ter iniciativa para avançar e alcançar.

Mas, atire a primeira pedra quem nunca deixou de terminar a leitura de uma obra, quem concluiu cem por cento da reforma da sua casa, se formou no curso de inglês, conseguiu colocar todos os acessórios no carro, visitou os países que desejava, escreveu e publicou o livro dos sonhos!

## INICIATIVA E TERMINATIVA

Iniciativa é o *start*, a fagulha, a propulsão, aquilo que nos faz começar algo, sair da inércia e deixar o grupo dos procrastinadores. Mas, quantos são terminativos? Quantos concluem o que começaram? Quantos alcançam seus objetivos traçados? Perseverança é a palavra-chave. Isso mesmo, basta continuar, mesmo com preguiça, com oposição, sem resultados visíveis, mesmo que ninguém acredite. Até porque, ninguém é obrigado a acreditar em nós. Isso é tarefa nossa. E a persistência é a maior prova de que acreditamos em nós mesmos e nos nossos sonhos e projetos.

Aqui se faz necessário pontuar e escrever num quadro algumas situações:

- A primeira é que a vida precisa ser dividida em etapas. Enquanto alguns acreditam que a felicidade está lá na frente, no destino apenas, deixam de perceber que ela está no trajeto, na caminhada, devendo ser celebrada e desfrutada a cada conquista. Ter prazer em cada etapa é o que dá sentido a tudo. E saber que as coisas precisam ter início, meio e fim (*startups*, por exemplo, são criadas muitas vezes para serem vendidas em até três anos). Em cada idade que atingimos existem as muitas alegrias e particularidades próprias daquela etapa da vida.
- Depois, há situações que necessitam de tempo de maturação. Há emoções que precisam ser controladas antes de determinadas decisões. Há problemas que não são nossos e precisa ficar claro de quem é a responsabilidade por eles. Por isso mesmo há idade mínima constitucional para tornar-se Senador ou Presidente da República, no Brasil. Maturidade.
- Além disso, deve-se estar consciente de que problemas não se resolvem sozinhos, por si só. Se o tempo curasse tudo, na farmácia seria vendido relógio, em vez de remédio. Perdoe o trocadilho. Uma semente que hoje o pássaro pega com o bico, amanhã se torna uma árvore enraizada que nem trator arranca. Nem tudo pode ser posposto, sob pena dos resultados tornarem-se irreversíveis.
- Fazer o que se gosta. Penso nas pessoas que comemoram a chegada do fim de semana e não a segunda-feira igualmente. Se fazemos o que gostamos e fazemos bem feito, nunca precisaremos trabalhar na vida, e isso vai tirar uma carga dos nossos ombros em relação ao que é ou não felicidade e o que é ou não obrigação. Tem a ver com planejamento, fazer o que gosta, e quando se faz o que nao se gosta, entender que aquilo é o caminho para chegar aonde quer.
- Curtir o caminho. Se você planeja ir à praia, pode observar as belezas naturais e arquitetônicas no caminho para a praia. Tem engarrafamento? Ok. Mas tem boa música, boa conversa, bom *podcast*, boa comida (besteirinhas, diga-se de passagem, que não comemos nos outros dias). Haverá a alegria de chegar ao destino, a praia, mas há inúmeras outras alegrias no caminho. Você está numa viagem internacional que demora de 8 a 12 horas? Ok, pode ser cansativo. Mas tem uma vista in-

crível pela janela, um bom filme para dar gargalhadas, o livro que não teve como ler anteriormente, o sono acumulado que precisa colocar em dia, a pessoa ao lado com todas as suas experiências de vida e que pode tornar-se sua sócia em algum projeto ou tornar-se o cônjuge dos seus sonhos. Quer aposentar, mas sabe que leva tempo? Ok, continue no seu planejamento, mas viva o AGORA, adiante alguns momentos da aposentadoria, se dê ao luxo de algumas regalias. Ou seja, desfrute da caminhada enquanto não chega ao destino.

## PRODUTIVIDADE

Vamos imaginar um alto executivo com mil responsabilidades, *e-mails* para responder, lideranças para comandar, reuniões para realizar, relatórios e avaliações para escrever e uma agenda cheia. É preciso dividir o dia em pelo menos três períodos de produtividade: manhã, tarde e noite; priorizar os assuntos; definir alvos alcançáveis para determinado tempo, sob pena de terminar o dia com a sensação de incompetência, de que ficou muito por fazer e que o dia foi improdutivo, ou seja, insatisfação total que se reflete em desânimo, frustração, improdutividade e procrastinação.

Entenda: Ser ativo não significa ser produtivo. A produtividade se comprova pelos resultados. Por isso mesmo, não sou motivacional ou alguém que passa receitas de autoajuda, mas alguém que escreve e fala de forma ativacional. Meu objetivo não é dizer o que fazer, mas dizer em alto e bom som: faça, faça certo e faça agora, onde você está e com o que você tem! É isso que falo em um dos capítulos do meu livro "Os 8 Segredos do Sucesso Financeiro"[42].

Pense sobre o porquê há tanta coisa urgente na sua vida para fazer, tanto incêndio para apagar. Estão te confundindo com bombeiro!

> ***"Urgente é aquilo que um incompetente deveria ter feito em tempo hábil, e, como não fez, espera que algum imbecil supostamente desocupado o faça em tempo recorde"[43].***

Urgência é algo inadiável, emergência é algo inesperado. A primeira deve ser corrigida para não se tornar cultural; a segunda deve ser prevista, antecipada e evitada, denotando uma boa gestão.

---

[42] A referência completa encontra-se ao final do capítulo.

[43] A frase é do autor deste capítulo.

Cuidado com a procrastinação, mas igualmente fique atento com a precrastinação, que é o imediatismo, a antecipação de tudo, a ansiedade mal calculada, as ações movidas pela pressa da velocidade das coisas e pelos infinitos afazeres.

Planejamento e ajuste no meio do caminho são cruciais. Nada de extremos. Lembre-se da frase: "o feito é melhor do que o imperfeito e não significa mal feito".

Tratando-se de *Startups*, não se pode demorar anos para criar um produto, aperfeiçoá-lo para só então lançá-lo no mercado, nem lançar algo ruim e cheio de vícios. O certo é planejamento rápido, criação do produto ou serviço, poucos recursos humanos e financeiros, lançamento do protótipo, implantação através do MVP (*Minimum Viable Product* – Mínimo Produto Viável), fazer a validação e ajustar as coisas pelo caminho, aperfeiçoar. Ouça o *feedback* dos clientes e, caso necessário, faça a pivotagem (derivado do verbo em Inglês "to pivot", que significa girar). A demora pode fazer seu produto começar obsoleto e ultrapassado. Erre, mas erre rápido e não repita o erro.

## TÉCNICA POMODORO

Na sua rotina diária, use a Técnica Pomodoro, do italiano Francesco Cirillo (desenvolvida na década de 1980 e apresentada ao mundo com seus resultados reunidos em 1992). Ele tinha um relógio de cozinha em formato de tomate (daí o termo *pomodoro*) com *time* de 25 minutos e um alarme ensurdecedor. Eis a técnica: Escolha tarefas para cada um dos três períodos do dia, manhã, tarde e noite, conforme já citado. Coloque o cronômetro com tempo regressivo de 25 minutos e foque 100% em apenas uma tarefa, sem distrações. Ao final, marque a porcentagem de conclusão da tarefa. Descanse 5 minutos fazendo qualquer outra coisa. Particularmente, eu uso o tempo de 90 minutos com descanso de 5. Após quatro períodos de 25 minutos, descanse 30 minutos. (Já viu os *pufs* no ambiente de trabalho da *Google* e sala de jogos e de descanso de outras empresas?). Quem dorme após o almoço, tira a famosa sesta, comprovadamente tem sua produtividade aumentada e melhora sensivelmente sua qualidade e expectativa de vida.

Para aplicar esse princípio, existem muitos aplicativos de gestão de tempo, que eu chamo de gestão de vida, porque o tempo não muda, é o

**Figura 1** Relógio de cozinha em formato de tomate, referindo-se à Técnica de Pomodoro. Fonte: https://querobolsa.com.br/revista/tecnica-pomodoro--pode-te-ajudar-nos-estudos-conheca-essa-solucao

mesmo para todos. Você gere é a sua vida, elegendo prioridades e graus de importância aos assuntos. Escolha um *app* (aplicativo) que melhor se adapte aos seus hábitos e use-o.

Reflita e anote o que é importante, o que é urgente, o que pode ser delegado e pra quem (sugiro leitura de livros sobre delegação), o que é que dá resultado e o que só suga sua energia, o que deve ser descartado, o que precisa de mais atenção. Se você sabe que dormir bem, alimentar-se corretamente, exercitar-se, meditar, orar, ouvir música te faz bem e melhora a sua produtividade, por que não priorizar essas coisas?

Se um colaborador já foi treinado, corrigido, reciclado, advertido e continua dando trabalho em vez de solucionar problemas, por que continuar com ele? Se um produto ou serviço não é a sua atividade principal e não traz resultados expressivos, por que não terceirizar ou eliminar do *portfólio*?

## PRINCÍPIO DE PARETO

O Princípio de Pareto muito nos ajudará no foco, nas prioridades e na produtividade. Vamos a ele.

O princípio de Pareto, também conhecido como "regra dos 80/20", "lei dos poucos vitais" ou "princípio de escassez do fator", afirma que, para muitos eventos, aproximadamente 80% dos resultados vêm de 20% das causas. O conceito já foi explorado no capítulo tal, Ferramentas de Mentoring, portanto serei breve na aplicação dentro do contexto deste capítulo.

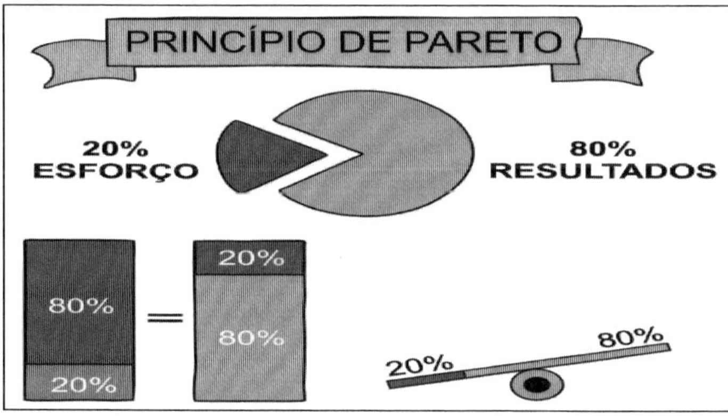


**Figura 2** Princípio de Pareto em imagens. Fonte: http://marcelotoledo.com/pareto-o-minimo-de-esforco-para-o-maximo-de-resultado/

O princípio surgiu através do economista, cientista político e sociólogo italiano Vilfredo Frederico Damásio Pareto, que notou a conexão 80/20 em sua passagem pela Universidade de Lausanne em 1892, como publicado em seu primeiro artigo "Cours d'économie politique". Essencialmente, Pareto mostrou que aproximadamente 80% das terras na Itália pertenciam a 20% da população.

Pareto desenvolveu o princípio ao observar que, em seu jardim, 20% das vagens continham 80% das ervilhas. Simples observação, mas que se mostrou comprovável em outros aspectos e níveis diversos.

Observa-se que, nos negócios, por exemplo, 80% das vendas vêm de 20% dos clientes.

Cientificamente, a regra dos 80/20 é seguida por uma distribuição de lei de potência (também conhecida como distribuição de Pareto) para um conjunto particular de parâmetros.

Pareto desenvolveu tais conceitos no contexto da distribuição de renda e riqueza entre a população. Na economia, 20% dos mais ricos detêm 80% das riquezas mundiais.

Na computação, corrigir os primeiros 20% dos *bugs* mais relatados, faz com que 80% dos erros e panes relacionadas em um dado sistema sejam eliminados.

Em teste de carga, 80% do tráfego ocorrem em 20% do tempo.

Em engenharia de *software*, 20% do código contêm 80% dos erros, o que direciona os esforços para consertá-los. E assim sucessivamente em cada área do saber e das atividades humanas.

Se bem usado, esse princípio pode oferecer a liberdade de trabalhar apenas poucas horas por semana, estar envolvido em diversos projetos e empresas e, ainda assim, ter tempo para família, férias, lazer e *hobbies*.

Citando o General chinês Sun Tzu, no livro "A Arte da Guerra[44]", use a estratégia de "conhecer-se a si mesmo para vencer", antes de preocupar-se com a concorrência, ou seja, use o princípio de Pareto, organize sua vida, foque no que é importante, naquilo que significa seus maiores resultados.

Quem dita as regras da sua vida é você. Seja autorresponsável e não escravo do sistema. Não espere pelos outros, nem que alguém arrume sua vida. Comece a dizer "não" para aquilo que te faz mal ou mata seu potencial. O "não" serve também para você não ultrapassar seu limite e "entrar em parafuso".

Nunca jogue a culpa em alguém. Mesmo que a culpa seja do outro, ela respinga em você, por ter contratado ou confiado na pessoa. O trânsito não é culpado pelo seu atraso, nem a chuva. Olhe a previsão do tempo, chegue um dia antes (isso mesmo, um dia antes, caso aquele compromisso seja importante como você diz e sabe que é), peça informações, prepare-se.

Coloque em prática tudo o que aprendeu e os *insights* que teve, imediatamente. Isso é autorresponsabilidade. Para que ler outro livro enquanto não usou e não explorou tudo que aprendeu no último? Para que imitar alguém se você tem **diamantes** em sua vida que são pouco ou nada explorados?

Diamantes, explico, são frases, modo de vida, talentos, especialidades, dons, habilidades, processos, tudo que você faz bem na sua vida, mas não valoriza porque para você é comum, fácil e rotineiro. Descubra seus diamantes e faça fortuna com eles. Ensine-os, explore-os, exponha-os.

Para você não achar que estou exagerando ou apenas motivando alguém sem talento nenhum para a vida, *4'33"* é uma música, de 1952, do compositor e maestro John Cage,[45] a qual é composta de quatro minutos e meio de **silêncio**. Sim, silêncio.

A obra se enquadra no movimento *happening* e é uma peça precursora da arte conceitual, por criar a expectativa, mas não executar uma única

[44] A bibliografia completa encontra-se ao final do capítulo.

[45] John Milton Cage Jr é considerado o compositor mais polêmico contemporâneo experimental. Disponível em https://www.youtube.com/watch?v=GwQdqn8XBQg.

nota musical. Sua primeira apresentação foi ao piano, interpretada por David Tudor. Questionando o paradigma da música ocidental, que explicava a música como uma série ordenada de notas, ou o que se esperaria de um concerto normal, Cage se voltou para o silêncio de forma eminentemente conceitual. Todos os mínimos ruídos, comuns em salas de espetáculos, criam a aura do *happening*, provocando o público e fazendo com que uma execução pública seja diferente da anterior e com contornos inesperados.

Apesar do caráter provocativo, Cage conseguiu destacar a importância do silêncio na música, a sua impossibilidade real e, por consequência, ampliar os limites da arte contemporânea. Milhares de pessoas consomem o *4'33"*, e pagam por isso.

Use seu conhecimento e experiência para impactar a vida das pessoas. Em vez de desejar um milhão de dólares, deseje ajudar um milhão de pessoas e impactá-las, resolver suas dores e problemas. Acredite no seu talento como seu tesouro. É seu *Know-How*. É a porta de entrada para se tornar um milionário. É o seu propósito.

## SUBA NO OMBRO DE GIGANTES

Uma amiga, especialista em encontrar o diamante das pessoas, leu uma frase minha e disse: esse é seu diamante. Foi essa a frase em questão: "*Leia livros e suba no ombro de gigantes*". Eu me referia a que, quando lemos um livro ou estudamos uma biografia, estamos subindo no ombro daquela

**Figura 3** Imagem representativa. Fonte: http://futebolearte-paciello.blogspot.com/2014/08/sobre-os-ombros-do-gigante.html

pessoa com toda sua experiência, bagagem e conhecimento. Passamos a ter a mesma visão que ela tem, com o mesmo alcance, nos poupando anos de sacrifício, tempo e dinheiro, para chegar naquele mesmo patamar de conhecimento e crescimento pessoal, sozinhos. Pense na semelhança com os filmes do vampiro *Crepúsculo*, *Blade* e *Highlander*, onde o assassino recebe todos os poderes da sua vítima.

> ***"Se eu vi mais longe, foi por estar de pé sobre o ombro dos gigantes".***
>
> **Sir Isaac Newton**

Interessante é que só soube da frase cunhada por Newton anos após ter falado sobre o assunto com mentorados e amigos.

Assim, além de citar as frases cunhadas por alguém, crie as suas. Além de compartilhar textos de terceiros nas redes sociais, crie seu próprio conteúdo que, então, será compartilhado pelas pessoas. Use seus próprios diamantes, suas riquezas. Não importa se você tem um, dois ou cinco talentos, como na parábola ensinada pelo Mestre dos Mestres, Jesus. Você tem, e isso é o que importa. Use.

***Aquilo que você pensa ser o veneno é o próprio antídoto.***

O antídoto vem do próprio veneno, depende da dose. O que te feriu, traumatizou, aprisionou, intimidou é, na verdade, a sua história de vida, sua experiência, sua bagagem, que te faz forte, único, *expert* no assunto e é o que te trouxe até aqui. Explore esse diamante. Ajude pessoas com ele. Conecte-se com os que estão enfrentando a mesma situação sem enxergar ou acreditar que existe uma saída. Esse é seu ponto forte e não sua fraqueza.

Paulo, o Apóstolo, disse: "*Quando estou fraco é que sou forte*"! 2 aos Coríntios 12.10. E o Profeta impôs: "*Diga o fraco, eu sou forte*"! Joel 3.10. "*Bendito seja o Deus e Pai de nosso Senhor Jesus Cristo, o Pai das misericórdias e o Deus de toda a consolação; Que nos consola em toda a nossa tribulação, para que também possamos consolar os que estiverem em alguma tribulação, com a consolação com que nós mesmos somos consolados por Deus*". 2 aos Coríntios 1.4.

## VOCÊ COMO PRIORIDADE

A prioridade é você e não os outros. A prioridade é dita por você, não pelos outros. Não é egoísmo, mas ter prioridade é que vai te dar liberdade de ajudar e servir aos outros, como deve ser a liderança do Século XXI, uma liderança servidora.

Fuja da "Síndrome do Messias", de querer resolver o problema de todas as pessoas, de abraçar o mundo com as mãos, de sentir-se obrigado a essa responsabilidade. Não dá para ser amigo de todos, nem agradar a todos. Seja coerente e tenha caráter, isso basta.

Já ouviu falar sobre a "punição dos bons"? É o seguinte: Entrega-se uma tarefa a um funcionário e ele a executa bem. Então, dá-se outra e ele faz melhor ainda. Daqui a pouco todo "pepino" que aparece é dado a ele, por ser o "cara" que resolve tudo e tem ótimos resultados. Mas chega ao ponto em que ele se sobrecarrega e não faz direito trabalho algum a partir de então. O erro foi de quem exigiu demais do bom funcionário, mas também dele, que não soube dizer "não" por já estar sobrecarregado. Há princípios aqui, lições a serem aprendidas.

Nem todo livro é pra ser comprado e lido. Nem toda pessoa vale a pena. Não que ela não tenha valor, mas não é para você. Nem toda ideia tem a ver com seu propósito, ainda que seja boa e rentável. Nem todo cliente vale a pena!

Você não vai morrer se ficar sem TV, ainda que possa bem raramente se sentar para assistir algo. Nem sempre comprar uma lancha ou um sítio ou uma casa na praia é a melhor escolha. Talvez a locação apenas quando for usar possa ser a melhor escolha para evitar custos, preocupação e tempo desperdiçado naquilo.

## CONCLUSÃO

A seguir deixo algumas dicas para concluir este capítulo.

**Divida a tarefa em pequenas partes**: em vez de pensar no trabalho que precisa ser concluído, divida a tarefa em pequenas partes e vá fazendo aos poucos. Desta forma, o seu cérebro não achará tão difícil realizar o que precisa. Pode ser feita uma maratona de um dia inteiro dedicado à tarefa, a fim de concluí-la ou se aproximar disso. Cada progresso fará você se sentir bem e dará a sensação de que é possível cumprir seus compromissos;

**Fuja das distrações**: para melhorar a sua concentração, tente evitar ao máximo as distrações cotidianas, como o celular, por exemplo, pelo menos enquanto conclui sua tarefa. A dica é deixá-lo no modo avião ou carregando longe de você. Conversas paralelas e outras tarefas que nada tem a ver com o que você se propôs a fazer, não devem receber sua atenção. Fazendo isso, o tempo que você poderia estar gastando olhando as redes sociais poderá ser gasto de maneira mais produtiva no trabalho;

**Faça uma lista e coloque prazo**: se você quer facilitar a rotina e evitar a procrastinação, uma dica é listar as suas atividades e tarefas para te deixar mais consciente do que é preciso ser feito. Coloque prazos razoáveis em tudo, inclusive para sua aposentadoria;

**Desenvolva bons hábitos**: talvez você não saiba, mas o seu cérebro vai tentar sabotar você o máximo possível para que dê mais atenção ao prazer momentâneo. E a única maneira de combater essa tentação é com disciplina. Por isso, comece a desenvolvê-la adquirindo bons hábitos. Use o despertador do celular para te avisar de tarefas. Sua vida e saúde valem a pena;

**Visualize o futuro**: estudar ou jogar videogame? Sempre que você se deparar com um dilema, basta praticar um exercício simples: imagine-se daqui a 5 anos. Inclua sua família nesse futuro. Imagine como será seu futuro de acordo com suas ações ou omissões hoje! Um professor de curso para concurso disse: "enquanto você está numa festa de aniversário, tem um japonês estudando para ficar com a sua vaga".

Seu empenho em eleger prioridades pode definir se você dará emprego para os outros ou irá procurar vaga na empresa de alguém.

Trace suas metas de sucesso para 1, 5 e 10 anos! Surpreenda e surpreenda-se! Um amigo meu recebeu um diagnóstico de câncer, logo após uma pessoa próxima perder a vida com o mesmo diagnóstico. Ele sempre foi uma pessoa legal, trabalhadora, mas tinha uma rotina de vida que foi completamente transformada após a notícia. E agora, após ter sido milagrosamente curado, ele tem outras prioridades: família, amigos, gastar seu dinheiro com coisas que ele sempre quis fazer, mas adiava por achar que tinha todo tempo do mundo para fazer e viver.

Você pode ter muitas camas, mas dorme numa só. Pode ter muitos carros, mas usa apenas um por vez. O que deveria ser prioridade? Passar a frente na lista da *Forbes* ou reparar como sua filha está linda ou como seu filho é inteligente? Dar tempo para os bajuladores ou agradecer pela esposa/marido que te ajudou desde o tempo em que você não tinha nada?

Porque preciso responder a todas as mensagens do aplicativo ou das redes sociais imediatamente (a não ser que este seja o seu trabalho)? E porque vou deixar aquelas das pessoas que realmente importam sem resposta? Vale a pena entrar com aquela ação judicial e se desgastar por anos ou brigar com familiares por coisas tão pequenas? Em quais demandas vale a pena entrar e quais devo evitar? Vale a pena ver o pôr do sol? Se sim, quantos verei, em qual lugar e com quem?

Faça tudo sabendo o que está fazendo e porque está fazendo. Gaste energias com batalhas que tem a ver com seu propósito. A vida é curta demais para perder tempo com o que não importa. Não entre no ringue alheio, pois isso é como pegar um cão pelas orelhas. Não temos energia ilimitada. Há batalhas urgentes, mas também outras que são distrações.

Olhando a minha foto em alguma parte desse livro, quantos anos você acredita que eu tenho? Obrigado aos de bom coração que falaram pouco mais de 40 anos, mas na verdade, se a média de vida é de 80 anos, eu tenho 30 ou menos. Sou de 1970. O que farei com esse tempo? O que posso realizar ou conquistar? Quantos e quais livros lerei? Por quê? Que países vou visitar? Qual empresa ou *startup* vou fundar?

**Prioridades! Quais as suas?**

Torne-se uma pessoa de alta performance para alcançar resultados exponenciais!

## REFERÊNCIAS BIBLIOGRÁFICAS

BERNARDINHO; Transformando Suor em Ouro. Rio de Janeiro: Sextante, 2006

CORDEIRO, Wayne; Liberador de Sonhos. Rio de Janeiro: Habacuc, 2004.

KING JAMES, Atualizada (KJA); Bíblia de Estudo. São Paulo: BV BOOKS, 2012.

SANTOS, Ricardo; Os 8 Segredos do Sucesso Financeiro. São Paulo: Biografia, 2017.

SANTOS, Ricardo e outros; Liderança e Inovação: A Marca do Líder Internacional. São Paulo: Sarvier, 2019.

TZU, Sun; A Arte da Guerra. São Paulo: Pé da Letra, 2016.

### Sites consultados

História da Obra 4'33". Disponível em https://pt.wikipedia.org/wiki/4%2733%22 Acesso em 19.01.2020.

Procrastinação. Disponível em https://pt.wikipedia.org/wiki/Procrastina%C3%A7%C3%A3o Acesso em 19.01.2020.

CAPÍTULO 11

# Principais Ferramentas Utilizadas em Processos de Coaching e Mentoring para Profissionais de Alta Performance

•Prof. Valdir R. Borba[46]

## APRESENTAÇÃO

Este capítulo tem por objetivo apresentar as principais ferramentas utilizadas nos processos de mentoring, envolvendo profissionais e líderes de alta performance. Vale enfatizar que tais ferramentas podem ser igualmente utilizadas em processos de coaching.

## FERRAMENTAS DE MENTORING E COACHING PARA LÍDERES DE ALTA PERFORMANCE

A metodologia de mentoring e coaching, de uma maneira em geral, apresenta inúmeras ferramentas, para o desenvolvimento do processo e, que servem para todos os tipos de aplicação do método; entretanto para áreas específicas de serviços existem ferramentas especiais com origem na excelência da qualidade percebida no atendimento (extrínseca) e na qualidade técnica inerente ao processo operacional, nem sempre percebida pelo cliente, (intrínseca) mas de fundamental importância.

[46] Mestre em Administração com especialização em Administração Hospitalar, Gestão de Negócios em Saúde - FDC, Docente, Gestor e Consultor Hospitalar, Autor de diversos livros sobre gestão em Saúde.

Geralmente o coaching de áreas de serviços se estrutura com ferramentas da gestão, da estatística, da qualidade extrínseca e também de ferramentas da qualidade com instrumentos da qualidade do atendimento, da psicologia e tantas outras especialidades.

## Estudo de cenários

Estabelece-se um estudo de cenários da situação atual (ponto A) com objetivo de chegar a situação desejada (ponto B). Nesse estudo observa-se todo o cenário para aquela proposta de trabalho e identifica-se as tendências e possíveis alterações mediatas e imediatas para aquele processo, ou seja, define-se o planejamento, o plano de metas e o curso da ação de todo o processo de desenvolvimento que está sendo pensado, projetado e programado.

## Estudo de ambientes

O estudo de ambiente é uma parte da análise inicial que se estabelece junto com o estudo de cenários e serve para orientar de forma clara todo o processo. É uma avaliação profunda dos elementos circundantes no processo de coaching e mentoria, para profissionais e líderes de alta performance, especialmente para o setor de serviços em geral.

O Estudo dos ambientes estabelece os pontos fortes e os pontos fracos do treinando ou da organização e estabelece também as oportunidades e as ameaças do mercado para aquela situação ou para aquele profissional.

Apurado todos esses pontos é o momento de construir a Matriz FOFA ou SWOT para que se possa cruzar os pontos levantados nessa análise do ambiente.

## Matriz SWOT para profissionais de alta performance

É importante ficar claro a essencialidade desses estudos de cenário e de ambientes para que se possa definir de forma objetiva e com eficácia uma matriz para a organização ou para o profissional de forma individualizada ou por grupo ou time.

Na área de serviços tem-se a metodologia "time de respostas rápidas" totalmente envolvidos no atendimento e para isso é imprescindível a definição de processos ponta a ponta e isso deve ser objeto dos processos de coaching de qualidade e acreditação do trabalho.

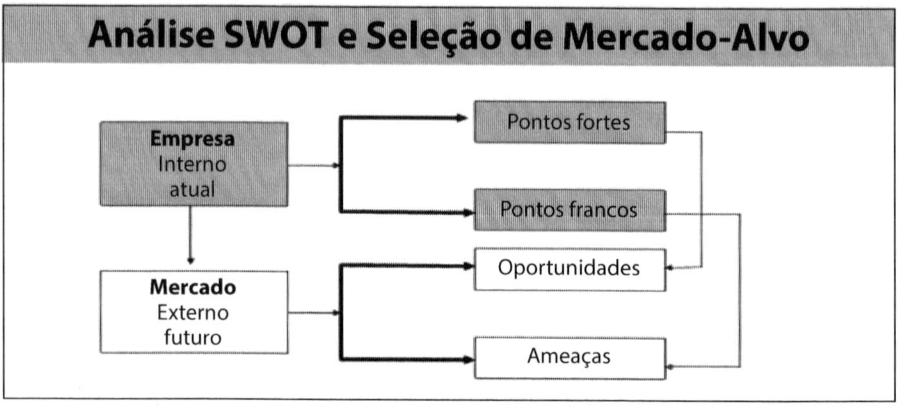


**Figura 1** Análise SWOT. Fonte: Borba, 2011.

A ferramenta de analises de ambiente denominada matriz SWOT representada pelo termo ingles Strengths (Forças), Weaknesses (Fraquezas), Opportunities (Oportunidades) e Threats (Ameaças) sendo também bastante conhecida no meio empresarial em todos os setores da economia incluindo serviços, para analises e projeções de planejamento estratégico. É verdadeiramente um farol, a luz para que se estabeleça estratégias corretas para alcançar objetivos.

Na área de gestão a análise SWOT é um importante instrumento no planejamento estratégico e consiste em recolher dados importantes que caracterizam o ambiente interno (forças e fraquezas) e externo (oportunidades e ameaças) da empresa. E essa mesma matriz é usada nos processos individuais de coaching e mentoring.

## Análise Swot cruzada

Nos processos de planejamento estratégico e nos processos de coaching e mentoring, após a elaboração da matriz SWOT faz-se uma análise cruzada, que consiste em cruzar as informações dos quatro quadrantes, de forma a obter uma moldura que permita delinear estratégias importantes para o futuro da organização ou do profissional. Para cada cruzamento é importante saber criar objetivos/estratégias:

- Pontos fortes x Oportunidades = estratégia ofensiva/desenvolvimento das vantagens competitivas.
- Pontos fortes x Ameaças = estratégia de confronto para modificação do ambiente a favor da empresa.

- Pontos fracos x Oportunidades = estratégia de reforço para poder aproveitar melhor as oportunidades.
- Pontos fracos x Ameaças = estratégia defensiva e de proteção com possíveis modificações profundas modificar e transformar a situação de forma a obter novos resultados mais positivos.

## Objetivos e metas

Definida as principais estratégias competitivas pela análise do ambiente, visão de futuro e pela matriz SWOT é essencial que o coach ou mentor estabeleça objetivos e metas a serem alcançadas. Os objetivos são os grandes pontos a serem alcançados e geralmente mais demorados por isso são classificados em longo prazo, geralmente para 1, 2, 3 ou mais anos. No conceito popular diz que o objetivo (macro) é ganhar o campeonato e para isso é preciso ganhar os jogos, (metas) e fazer gol (s) em cada jogo representa a ação particularizada e detalhada. Essa metáfora está bem definida e claramente representada no filme "Desafiando Gigantes"[47].

Geralmente os objetivos, metas e ações são distribuídas em uma planilha com cronologia para projeção e avaliação do desempenho, de modo que seja possível acompanhar o desenvolvimento, detalhe por detalhe (ações) e por metas e objetivos a serem alcançados, no curso do processo de coaching ou mentoring.

## Ações

As ações podem e devem ser detalhadas em períodos curtos, dias, meses, trimestre e até anos.

PA – PLANO DE AÇÕES

As ações detalhadas por objetivos e por períodos são descritas e agrupadas em um instrumento denominado PA ou Plano de Ações.

WORKING PAPER

Cada objetivo ou cada período tem o seu grupo de ações detalhadas nesse plano e destacadas em folhas ou planilhas decorrentes para que pos-

[47]Data de lançamento: 29 de setembro de 2006 Direção: Alex Kendrick Canção original: Voice of Truth-Produção: Alex Kendrick, Stephen Kendrick Roteiro: Alex Kendrick, Stephen Kendrick Estrelando:James Blackwell,Bailey Cave,Shannen Fields NETFLIX.

sam ser minuciosamente acompanhadas pelo coach com o coachee em todas as reuniões. Essas planilhas ou folhas de ações são denominadas de *Workpaper*, ou folhas de trabalho.

PAI – PLANILHA DE AÇÕES IMEDIATAS

Existe uma planilha bastante utilizada por alguns coaches e mentores, de forma muito destacada na área de serviços, em especial para planejamento de ações que precisam ocorrer muito rápidas denominada de Plano de Ações Imediatas ou Planilha de ações imediatas. É uma planilha bem estruturada que envolve também a metodologia do 5W e 2H quando utilizada para rápida transformação das organizações e envolve o PSDA quando utilizada para estruturação de mudanças planejadas no caso de carreiras e de sucessão.

DIAGRAMA DE ISHIKAWA

No desenvolvimento do processo de Coaching e de mentoring e quando se encontra um problema, com visível efeito é preciso buscar a causa ou causas e para isso utiliza-se o Diagrama de Ishikawa, conhecido como Diagrama de Causa e Efeito ou Diagrama Espinha de peixe ou ainda diagrama 6M.

Esse diagrama é um gráfico cuja finalidade é organizar o raciocínio em discussões de um problema prioritário, em processos diversos e na área da saúde é muito utilizado para identificar a causa de eventos adversos, ou não conformidades, sendo portanto uma ferramenta prática, muito utilizada para realizar a análise das causas-raízes em avaliações de não conformidades, por isso muitíssimo utilizadas, pois apresenta a relação existente entre o resultado indesejado ou não conforme de um processo (efeito) e os diversos fatores (causas) que podem contribuir para que esse resultado tenha ocorrido.

Sua relação com a imagem de uma espinha de peixe se dá devido ao fato que se pode considerar suas espinhas as causas dos problemas apontados e que ajudarão na descoberta de seu efeito.

**Os 6 M's do Diagrama de Ishikawa**

- Método.
- Matéria prima.
- Mão de obra.
- Máquinas.

- Medida.
- Meio ambiente.

Por ser uma representação gráfica simplificada, oferece diversos benefícios na análise de processos:

- Maior visualização dos problemas.
- Identificação das possíveis causas dos problemas.
- Aperfeiçoamento de processos.
- Equipe envolvida na gestão e nas ideias em grupo.

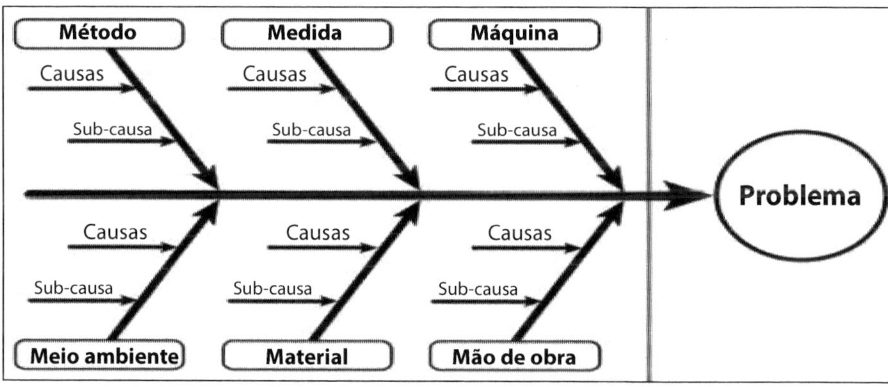


**Figura 2** Diagrama de Ishikawa. Fonte: Montanari, 2017 pesquisado em 05/04/2019.

Etapas para construção do diagrama de Ishikawa

- Defina o problema.
- Estruture o diagrama desenhe a espinha de peixe.
- Reúna a equipe para agrupar todas as informações.
- Classifique as causas.
- Conclusão do diagrama.

Nessa etapa conclui-se o diagrama, levando-se consideração as causas, de acordo com os 6 M's, inserindo-se também as subcausas de cada causa de cada um dos seis M (s).

PLANILHA 5 W 2 H

O 5W2H é uma planilha de projeto para elaboração de um *checklist* de atividades específicas que devem ser desenvolvidas com o máximo de clareza e eficiência por todos os envolvidos em um projeto.

Essas letras são iniciais (em inglês) das sete diretrizes que bem estabelecidas eliminam possíveis dúvidas que possam aparecer ao longo de um processo:

- What (o que será feito?)
- Why (por que será feito?)
- Where (onde será feito?)
- When quando será feito?
- Who – Quem fará?
- How como será feito?
- How much quanto custa?

É uma metodologia com base em sete perguntas poderosas, onde a partir das respostas se elabora um mapa de atividades que permitem acompanhar de forma clara e efetiva todos os passos do projeto. O 5W2H colabora de forma decisiva na execução e no controle das ações do processo de coaching e mentoring, sendo ferramenta fundamental para integrar os instrumentos de acompanhamento. Essa ferramenta pode ser aplicada também na vida pessoal de profissionais, de uma maneira em geral.

A metodologia 5W2H pode ser elaborada em uma planilha e sempre será eficiente para organizar o projeto com respostas claras e objetivas para estas perguntas.

<table>
<tr><th colspan="8">Planilha 5W2 H em coaching ou mentoring</th></tr>
<tr><th colspan="4">Mentor/Coach</th><th colspan="4">Mentee/Coachee</th></tr>
<tr><td rowspan="2">Itens</td><td>WHAT</td><td>WHY</td><td>WHERE</td><td>WHEN</td><td>WHO</td><td>HOW</td><td>HOW MUCH</td></tr>
<tr><td>O que</td><td>Por que</td><td>Onde</td><td>Quando</td><td>Quem</td><td>Como</td><td>Custo</td></tr>
<tr><td></td><td></td><td></td><td></td><td></td><td></td><td></td><td></td></tr>
<tr><td></td><td></td><td></td><td></td><td></td><td></td><td></td><td></td></tr>
<tr><td></td><td></td><td></td><td></td><td></td><td></td><td></td><td></td></tr>
<tr><td></td><td></td><td></td><td></td><td></td><td></td><td></td><td></td></tr>
<tr><td></td><td></td><td></td><td></td><td></td><td></td><td></td><td></td></tr>
<tr><td></td><td></td><td></td><td></td><td></td><td></td><td></td><td></td></tr>
<tr><td colspan="4">Ass.</td><td colspan="4">Ass.</td></tr>
</table>

**Figura 3** Planilha 5W2H. Fonte: adaptada por Borba, 2011.

## Business Model Canvas – Instrumental ou Mapa CANVAS

Uma outra ferramenta muito utilizada por Gestores e que cabe perfeitamente nos processos de coaching e mentoring especialmente no caso de organizações, e também individual para profissionais de alta performance (customizado) é o Business Model Canvas.

O Business Model **Canvas** ou «Quadro de modelo de negócios» é uma ferramenta de gerenciamento estratégico, que permite desenvolver e esboçar modelos de negócio novos ou existentes. É um mapa visual pré-formatado contendo nove blocos do modelo de negócios empresariais e/ou pessoais.

O **Canvas** foi criado por Alexander Osterwalder[48], durante o seu doutorado na University of Lausanne, que permite desenvolver e esboçar modelos de negócio novos ou existente, sendo portando uma ferramenta empresarial estratégica desenvolvida para auxiliar o empreendedor a elaborar seus modelos de negócios. Um modelo baseado no método Business Model **Canvas** ou "Quadro de modelo de negócios" que é uma ferramenta de gerenciamento estratégico.

No Canvas, as descrições formais do negócio se tornam os blocos para construir suas atividades e o seu criador propõem um modelo único de referência baseado nas semelhanças de um vasto número de conceptualizações de modelo de negócios. O *Business Model Canvas* é um mapa ou receituário de estratégia, que deve estar sempre sendo revisado cada quadrante ao longo do tempo. O mapa é um resumo dos pontos chave de um plano de negócio, mas não exclui a importância de se adotar um plano de negócio em si.

O Mapa de Canvas é um instrumental menos formal que pode ser utilizado com mais frequência no dia a dia.

## Infraestrutura "Como fazer?"

- Atividades-chave: As atividades mais importantes para executar a proposição de valor da empresa. Exemplo: uma empresa teve que criar uma eficiente *controladoria* para reduzir os custos.
- Recursos-chave: Os recursos que são necessários para criar valor para o cliente. São considerados ativos da empresa e são necessários para

[48] These, The Business Model Ontology A Proposition In A Design Science Approach, 2004 Universite De Lausanne Ecole Des Hautes Etudes Commerciales, pesquisado na Wikipedia 05/04/2018.

manter e dar suporte ao negócio. Esses recursos podem ser humanos, financeiros, físicos ou intelectuais.

- Rede de parceiros: São as alianças de negócios que complementam os outros aspectos do modelo de negócio.

## Oferta - "O que entregar?

- *É a* Proposição de Valor. Os produtos e serviços oferecidos pelo negócio. Citando Osterwalder, (2004 pg 23) uma proposição de valor

> "é uma visão geral dos produtos e serviços que, juntos, representam valor para um segmento de clientes específico, ou seja, é a cadeia de valor, dos serviços integrados em um ambiente ou plataforma. Descreve a forma como a empresa se diferencia dos seus concorrentes (Vantagem Competitiva) e é a razão pela qual os clientes compram ou utilizam os serviços de uma certa empresa e não de outra."

## Clientes "Para quem fazer?"

- Segmentos de clientes: o público-alvo para os produtos e serviços de uma empresa.
- Canais: O meio pelo qual uma empresa fornece produtos e serviços aos clientes. Isso inclui a estratégia de marketing e de distribuição de uma empresa.
- Relacionamento com o cliente: A empresa estabelece ligações entre si e os seus diferentes segmentos de clientes. O processo de gestão de relacionamento com o cliente é chamado de customer relationship management (CRM).

## Finanças ou respostas "Quanto?"

- Estrutura de custos: As consequências monetárias dos meios utilizados no modelo de negócios.
- Fluxos de receita: A forma como a empresa ganha dinheiro através de uma variedade de fluxos de receitas. Rendimentos de uma empresa.

FUNCIONAMENTO DO CANVAS

A Validação das hipóteses do seu negócio em 4 etapas com o CANVAS.

A base do modelo de negócios é a proposta de valor ao mercado, e o que realmente tem valor para os clientes. É mais objetivo do que o plano de negócios por estar mais próximo do valor esperado pelo cliente.

Muitos profissionais empreendedores ao iniciar um novo negócio ou o processo de lançamento de um novo têm dificuldade em construir o melhor modelo de negócio e criar uma boa proposta de valor, e para isso o Canvas pode ajudar a solucionar.

**Breve roteiro para aplicar o Canvas**

Dividir o preenchimento do Canvas em 4 partes, respondendo previamente a 4 perguntas principais, que devem ser descritas em sequência:

1. Qual a proposta de valor gerada para o meu potencial cliente?
2. Para quem estou gerando valor?
3. Como fazer para entregar o valor gerado para o meu cliente?
4. Quanto vai custar?

A construção e a aplicação do Canvas podem e devem ser realizadas de forma colaborativa e compartilhado com outras pessoas da organização e ou de seus relacionamentos especialmente com os seus potenciais clientes e parceiros, especialmente daqueles da cadeia de serviço.

## OUTRAS FERRAMENTAS ESPECIAIS NO PROCESSO DE COACHING E MENTORING

Existem outras ferramentas que os coach e mentores utilizam com muita frequência em seus processos e tratam-se de ferramentas voltadas também para os aspectos de *Assessment*, avaliação, que são muito utilizadas nos processos de seleção de talentos, mas muito uteis nos processos de *coaching e mentoring.*

Essas ferramentas são importantíssimas especialmente nos processos de avaliação de profissionais e nos processos de comportamento, clima organizacional e qualidade. As ferramentas são fundamentais para avaliação do trabalho na organização e para escolha de gestores, coordenadores e supervisores de todas as áreas, em especial, nos processos de mentoria para sucessão familiar ou gerencial.

### Roda da vida

É um dos instrumentos de avaliação pessoal muito tradicional, sendo muito utilizado no processo de coaching e mentoring para profissionais, pois sua aplicação está presente nos processos de coaching e mentoring da

**Figura 3** Modelo Canvas. Fonte: SEBRAE (2016).

vida e da carreira e por isso é considerada a "Roda de Competências". A Roda da Vida ajudar a organizar melhor a visão de vida e de cosmovisão.

No desenvolvimento de carreiras é muito utilizada em conjunto com a Matriz SWOT do profissional e também com outras ferramentas, tais como 5W2H e diagrama de Yshikawa. Portanto, é uma ferramenta utilizada para realizar avaliações pessoais, que implica em uma reflexão profunda do profissional sobre as áreas fundamentais de experiência diária em seus relacionamentos e de qualidade de vida.

Esse instrumento teve suas origens na década de 60, criado pelo americano Paul J. Meyer com aplicação na área motivacional. A roda da vida assemelha-se a um gráfico de pizza. É composto por círculos internos e concêntricos e geralmente possui dez círculos, que são fatiados em partes iguais, como se fosse uma pizza, e as fatia ou partes, representam as áreas fundamentais da vida e ou da profissão.

Para cada parte a pessoa deverá determinar seu nível de satisfação e como são dez círculos o apontamento dessa satisfação será em percentual, de zero a cem.Com isso apura-se um gráfico de pizza onde surgem as áreas que se destacam pelo elevado índice de satisfação e outras pelo baixo índice, dando uma perfeita visão para o coach e o coachee estabelecerem um plano de atuação baseado nessas informações. Portanto, essa ferramenta permite a visualização mais apurada e de maneira gráfica, as áreas que precisam ser trabalhadas. Um exemplo clássico que pode ser aplicado no caso de profissionais de alta performance é a roda da vida com 12 setores, ou fatias ou partes dessa pizza.

1. Saúde e disposição (Pessoal).
2. Desenvolvimento intelectual (formação e especialidades).
3. Equilíbrio emocional (inteligência emocional, resiliência e equilíbrio).
4. Realização e propósito Profissional (diz respeito a realização na profissão, sucesso profissional).
5. Recursos financeiros: Profissional (ganhos, salários, renda média, investimentos, Patrimônio, economias).
6. Contribuição social: Percepção da sua importância para sociedade, para o bem-estar coletivo. Propósitos e legados..
7. Família: Relacionamentos familiares, equilíbrio emocional na família, importância e dedicação.
8. Desenvolvimento amoroso: Capacidade de amar, equilíbrio amoroso e sexual..
9. Vida social: Relacionamentos com grupos de amigos, colegas de trabalho, vida extraprofissional.
10. Criatividade, hobbies e diversão (Qualidade de Vida) importantíssimo em relação ao controle tensional e estresses da profissão..
11. Plenitude e felicidade (Qualidade de Vida). Contentamento profissional e pessoal, propósito de vida e profissional.
12. Espiritualidade (Qualidade de Vida) Reflexão sobre aquilo que transcende. Sublime.

## APLICAÇÃO DA RODA DA VIDA PARA PROFISSIONAIS ESPECÍFICOS

Como trata-se de um instrumento que mobiliza a reflexão e incentiva o autoconhecimento, a Roda de Vida é perfeita para o coaching, em especial no caso de executivos que possuem profissão agitada, estressante e que necessita decidir com muita rapidez e altíssimo grau de assertividade.

A ferramenta é uma ferramenta de autoconhecimento que se aplica de forma eficaz de ampliação de possibilidades e aumento de consciência, de cosmovisão e de conhecimento de si e de suas principais dificuldades e facilidades.

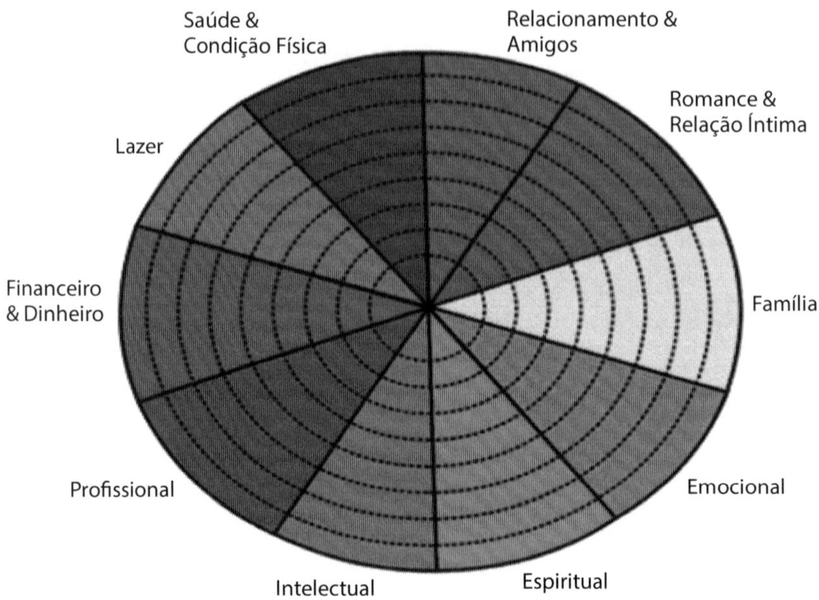


**Figura 4** Roda da Vida. Fonte: domínio público e adaptada por Borba, 2019.

A ferramenta pode ser considerada também como Roda Profissional e aplicada ao profissional, executivo que busca melhorar sua carreira, e nesse caso, aplica-se além da roda da vida anteriormente descrita, ou duas rodas decorrentes, com outras fatias da pizza ou partes:

1. Reconhecimento: refere-se ser reconhecido pelos demais profissionais em geral e da especialidade onde atua.
2. Relações profissionais: trata-se do grau de relações com os demais executivos de suas relações.
3. Plano de carreira: refere-se ao plano de carreira como especialista e executivo.
4. Propósito: qual o propósito em relação a profissão (macro objetivos).
5. Criatividade: nível de entendimento com relação a criatividade e inovação.
6. Participação em tomadas de decisão: trata-se da percepção de tomada de decisão em relação a profissão e ao futuro como profissional de alta performance.
7. Habilidades e formação: conscientização de habilidade profissionais e da própria formação.

8. Aprendizado rápido e independente: capacidade de aprender rapidamente e de forma independente.
9. Boa socialização: entendimento em relação a socialização, coleguismo, companheirismo, relacionamento com a sociedade em geral.
10. Rede de contatos vasta: trata-se do grau de entendimento sobre a capacidade de fazer network.
11. Perseverança: conscientização sobre a capacidade de resiliência
12. Disciplina: refere-se ao grau de disciplina, seguimento de processos e métodos de trabalho.
13. Preço competitivo: noção da pratica de preço adequado junto a clientela (no caso de profissionais que atendem clientes, tais como: advogados, médicos, psicólogos e outros).
14. Atendimento personalizado: principal item para os profissionais de serviços e refere-se à construção de um modelo de atendimento personalizado.
15. Suprir a necessidade de um nicho não explorado: capacidade de ocupar um nicho de mercado na profissão e que ainda não foi explorado.

A Roda da Vida é uma forma eficaz de ampliação de possibilidades e aumento de consciência e por isso é muito utilizada nos processos de coaching especialmente com profissionais de alta performance e que trabalham debaixo de um clima estressante e sujeitos aos efeitos da síndrome de Burnout (esgotamento profissional). Existem outros desdobramentos da roda da vida dependendo das áreas e dos objetivos do processo de coaching e mentoring, tais como: para vida financeira, esportes, desenvolvimento de talentos artísticos e outros.

## Indicador de comportamento pessoal: Eneagrama

É um gráfico composto por um círculo, um triângulo e uma hexade. Pode ser usado na compreensão e estudo de qualquer processo contínuo, uma vez que, na sua lógica, o fim é sempre o início de um novo ciclo. Trata-se de um modelo que descreve as diferenças individuais tendo por base nove tipos de pessoas. É representado por uma figura em forma geométrica com nove lados.

Descreve nove tipos de personalidade interconectadas e facilmente observáveis no dia a dia. Foi iniciado no Chile e, posteriormente nos Esta-

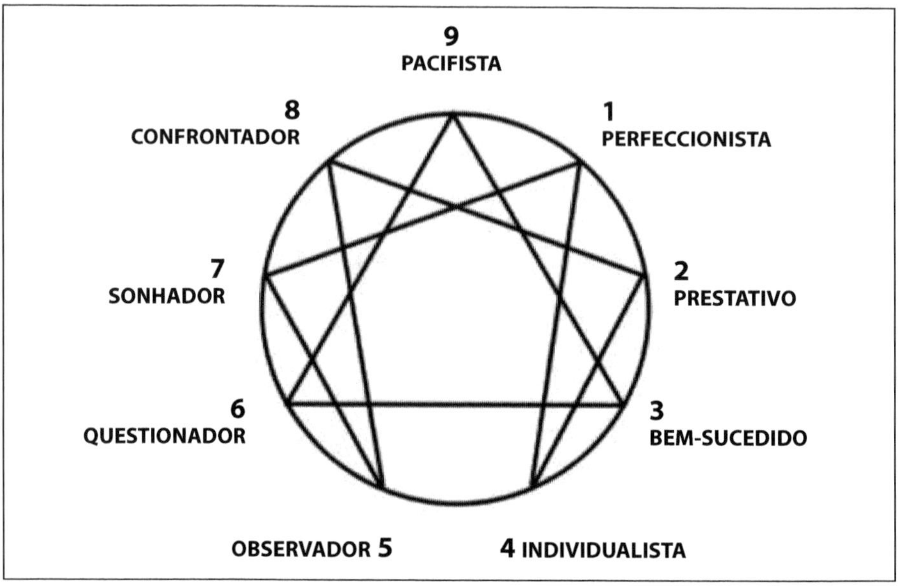


**Figura 5** Eneagrama. Fonte: pesquisado na Wikipédia dia 02/04/2019.

dos Unidos, com o nome de Eneagrama da Personalidade. É um reconhecido modelo de comportamentos pessoais.

OS TIPOS DE PERSONALIDADE NO ENEAGRAMA

No eneagrama, contamos com nove tipos de personalidade:

1. Perfeccionista, Reformista: tipo "Faço do meu jeito".
2. Prestativo, Manipulador: tipo: "Devo ajudar os outros".
3. Competitivo: tipo: "Preciso ser bem-sucedido".
4. Individualista: tipo: "Sou único".
5. Pensador: Tipo: "Preciso entender o mundo".
6. Questionador: Tipo: "Sou cético".
7. Sonhador: Tipo: "Sou feliz e aberto a novas ideias".
8. Confrontador: Tipo: "Sou forte".
9. Pacifista: Tipo: "Estou em paz".

No estudo de avaliação dos nove tipos é possível organizar o eneagrama em três (03) centros: Instintivo, Emocional e Mental que são detalhados um a um, tipo a tipo, com suas principais características e habilidades. Possibilita ainda o estudo de interconexões entre os tipos.

Essa ferramenta é riquíssima para os processos de coaching e mentoring especialmente para as escolhas de profissionais certos para os cargos certos, além de orientar o desenvolvimento do processo permitindo o acompanhamento por vários anos.

Concluindo, essas são as principais ferramentas que se recomenda para os processos de coaching e mentoring para profissionais e líderes de alta performance.

## REFERÊNCIAS BIBLIOGRÁFICAS


BORBA, V.R. Integralidade Convergente. Editora DOC CONTENT, Rio de Janeiro, 2014.

BORBA, V.R. Coaching, Mentoring e Advice para profissionais de saúde, Editora DOC CONTENT, Rio de Janeiro, 2019 – no prelo.

BORBA, V.R. et all. Liderança e Inovação: a marca do líder internacional. Como construir-se líder de gestão padrão mundial. Editora Sarvier, São Paulo-Sp, 2019.

BORBA, V.R, Estratégia e Ação: Balanced Scorecard no contexto de Saúde. Editora DOC Rio de Janeiro, 2011.

BORBA, V.R. A Marca do Novo Líder: Diplomata Empresarial – Como Construir Liderança Renovadora de Integridade e Integralidade – coautoria com Raissa Venezia Borba e Bruno Garcia – EPD – Ribeirão Preto – SP, 2016.

BORGES, D.F. Os Es da Gestão. Editora Ser Mais Ltda. São Paulo – Sp. 2013.

OLIVEIRA, Sidnei. Mentoria. Editora Integrare Business. São Paulo, 2015.

OSTERWALDER, A. These, The business model ontology a proposition in a design science approach, Universite de Lausanne Ecole des Hautes eEudes Commerciales, 2004.


### Sites consultados


www.mentoresdobrasil.com.br – pesquisado em 06/12/2019.

www.escoladementores.com.br – pesquisado em 12/12/2019.

www.holos.org.br – pesquisado em 12/12/2019.

www. Wikipédia – 05/04/2019.

CAPÍTULO 12

# Ampliando Possibilidades para o Alto Desempenho – Uma Abordagem Sistêmica: A Constelação Familiar (Teoria e Casos Práticos)

ALEXANDRA NARA RIBEIRO MACHADO[49]

## INTRODUÇÃO

Este capítulo visa apresentar algumas considerações sobre a utilização da constelação familiar sistêmica como ferramenta de autoconhecimento e de ampliação da visão de possibilidades do sujeito acerca não só de sua carreira, como de sua vida.

## O QUE É A CONSTELAÇÃO SISTÊMICA FAMILIAR

A Constelação Sistêmica Familiar é um trabalho filosófico e terapêutico que foi desenvolvido pelo pedagogo, psicoterapeuta e filósofo alemão Bert Hellinger (2015). Nascido na Alemanha em 1925, formou-se em teologia e pedagogia, trabalhou 16 anos como membro de uma ordem missionária católica entre os Zulus na África do Sul. Através de uma formação e experiência em campos variados, como Psicanálise, Terapia Primal, Análise Transacional, Hipnoterapia e Terapia Familiar, desenvolveu uma

[49] Alexandra é graduada em Psicologia e pós-graduada em Gestão Avançada de Recursos Humanos. Possui formação em Constelação Familiar Sistêmica e coaching.

abordagem terapêutica que traz à luz o que está oculto na dinâmica dos relacionamentos familiares e interpessoais. Método que coloca em evidência a conexão profunda que temos com a nossa família, em uma ou mais gerações.

## AS LEIS QUE REGULAM O SISTEMA FAMILIAR

Bert Hellinger postula que todos pertencemos a um sistema familiar e que este está submetido a leis que atuam sobre o mesmo, quer se concorde com elas ou não. Tais leis que regulam o sistema familiar ou as ordens do amor são a hierarquia, o equilíbrio e o pertencimento.

### A hierarquia

A hierarquia fala da ordem cronológica através da qual cada indivíduo chega ou nasce no sistema familiar. Quem vem antes tem precedência sobre quem vem depois, precisa ser reconhecido e respeitado como tal. Assim, os avós vêm antes dos pais e estes vêm antes dos filhos. Cada um tem um lugar no sistema e este é intransferível. Os pais têm precedência sobre os filhos e são maiores que estes porque lhes deram a vida, precisam ser respeitados como tal. É papel dos pais dar e dos filhos receber, tomar.

### A lei do equilíbrio

A lei do equilíbrio trata da necessidade do equilíbrio entre o dar e o receber que deve existir em todas as relações. A lógica é que um dá, o outro recebe e, de preferência, toma, porque tomar é mais ativo do que receber. Então, quem recebe fica grato e, de certa forma, em dívida e assim procura dar algo de volta. Idealmente, dá um pouco mais e assim quem recebe dessa vez, fica com a dívida e irá retribuir. Isso gera um vínculo crescente no qual o amor pode crescer.

### A lei do pertencimento

A lei do pertencimento preconiza que todos que fazem parte da família tem o mesmo direito de pertencer ao sistema, indistintamente. Isso inclui os que morreram precocemente, os natimortos, deficientes, os maus, os filhos abortados e outras pessoas para quem a família não quer olhar. Aqui especificamente, quando agimos e nos tornamos iguais aos membros do nosso sistema ficamos de consciência leve e assim pertencemos, ainda que seja um destino pesado. Quando ao contrário, agimos ou temos um destino diferente dos demais, ficamos de consciência pesada porque é como se deixássemos de pertencer.

Estas leis precisam ser respeitadas e sempre que alguma delas é transgredida cria-se no sistema um desequilíbrio, uma força que busca compensação. Assim, se alguém negligenciou uma das leis numa geração, algum membro da família, na geração seguinte será compelido, inconscientemente, a equilibrar o sistema repetindo o destino daquele que infringiu a lei e repetir o seu destino.

## O CAMPO MORFOGENÉTICO

Todas as informações relativas ao sistema familiar ficam armazenadas em um campo, que segundo a contribuição de Rupert Sheldrake 1981, biólogo inglês, é um campo morfogenético. Ele descreve os princípios básicos desse campo e explica que, além da herança genética, ocorre uma transmissão de informações por meio dos campos mórficos. Existe uma espécie de memória coletiva da espécie à qual se pertence que é atemporal. Assim, quer tenhamos consciência ou não de um acontecimento qualquer, este estará inexorável e indelevelmente registrado em nosso campo.

Pode-se dizer que o campo abarca as informações sobre os vínculos de amor do sistema familiar. E considerando sua dinâmica, é possível afirmar que o mesmo amor que leva para a vida, é capaz também de conduzir para a morte, para a impossibilidade, para a doença, depende da forma que este assume. Mas sempre será por um movimento de lealdade e de busca de pertencimento ao sistema.

Para maior compreensão, tomemos metaforicamente a água que se for colocada em um copo pode matar a sede, hidratar e permitir ao indivíduo ter a disposição para realizar suas atividades gerando assim, vida e movimento. A mesma água que cai em uma chuva torrencial pode causar danos, enchentes, matar pessoas, destruir propriedades e levar para a destruição, para a morte.

Em ambos os casos se trata de água, com a mesma composição química, porém, a forma que ela assume é que difere. Podemos dizer que a água no copo é o amor que vê, do campo da consciência, capaz de nos levar adiante. A água da tempestade é o amor cego, aquele que inconscientemente nos leva para a morte.

## OS BENEFÍCIOS OBTIDOS COM AS CONSTELAÇÕES FAMILIARES

O trabalho com as constelações familiares permite ao indivíduo olhar e identificar a dinâmica do seu sistema familiar e se reposicionar, transformando assim o amor cego no amor que vê. Trazer à consciência o que estava velado e poder, a partir de então, protagonizar a sua história.

Pode-se trabalhar individualmente ou em grupo com as constelações, abordar qualquer tema importante para o cliente e para o qual ele não esteja conseguindo solução, tais como: relacionamentos, desequilíbrios emocionais, separações, doenças crônicas, problemas financeiros, falência, vida profissional, entre outras.

Bert Hellinger nos diz que o sucesso tem o rosto da mãe. O primeiro êxito que temos na vida está relacionado ao nosso nascimento, o próximo será o movimento em direção à nossa mãe, à forma como tomamos o leite (alimento) e nos nutrimos através dela. Ao tomar a mãe como a fonte de nossa vida, com tudo o que flui através dela para nós, tomamos nossa própria existência; na medida em que tomamos a nossa mãe, aceitamos nossa vida como um todo e podemos fazê-la prosperar de várias formas, incluindo o sucesso profissional.

## CASES DE SUCESSO

Na sequência, serão apresentados alguns atendimentos realizados, onde tenho percebido que aliada a outras ferramentas no processo de coaching, a Constelação se torna relevante para trabalhar crenças limitantes, padrões de repetição, escolhas de carreira e para favorecer a alta performance.

### Caso 1 – uma carreira marcada por avanços e retrocessos

No processo de coaching, foi atendido um profissional, cujo potencial era perceptível, entretanto a carreira era marcada por avanços e retrocessos periódicos, uma repetição de perdas que acabavam afetando a sua autoconfiança e autoestima. Ele acreditava que só poderia atuar em empresas pouco expressivas e não tinha o direito de crescer profissionalmente. Embora tivesse o sonho de ser CEO. Seu histórico mostrava que ele conseguia ter êxito e crescer, mas perdia em seguida, quer financeiramente, quer através de problemas de saúde que o impediam de avançar ou se consolidar na posição.

Várias ferramentas foram utilizadas no processo, mas diante da crença limitante optei por trabalhar com a constelação individual com bonecos. Através dela foi possível para ele perceber que para pertencer ao sistema, no qual as pessoas da família não tinham sequer uma formação acadêmica e viviam uma situação financeira pouco favorecida. Ele, por amor, sabotava suas possibilidades de crescimento, inconscientemente, para ficar igual aos demais e também pertencer. Assim ele ficava de consciência leve. Sofria as perdas que eram desagradáveis do ponto de vista da realidade e da razão, mas mantinha a lealdade inconsciente ao seu sistema.

Para ilustrar imagine alguém que nasceu em uma família em que todas as pessoas estão na cadeira de rodas e só ela anda. Como se sente essa pessoa? Embora esteja bem fisicamente e goze da possibilidade de locomoção, inconscientemente ela fica de consciência pesada ao ver que todos estão mal e só ela é diferente. Assim, a pessoa é compelida a também perder para ficar igual e pertencer. A forma como ela o fará pode ser variada, contudo, o movimento nesta direção se instala e é inconsciente.

Entretanto, quando a pessoa pode olhar para essa questão no seu sistema e perceber que, por amor e para pertencer, ela também perde, pode tomar a decisão de fazer diferente e mudar sua postura diante da vida. Isso implica invariavelmente em abrir mão da inocência e de arcar com a culpa, de ficar com a consciência pesada para poder ser e fazer diferente. Ela então pode dizer ao seu sistema, que por amor e em honra a tudo o que seus antepassados viveram e sofreram até ali, ela pede autorização para fazer diferente em honra e tomando a força destes.

Neste caso foi o que aconteceu com o coachee, através da constelação ficou claro para ele as sabotagens que se impunha e que não conseguia, até então, perceber ou interromper. Ajudou muito que ele tivesse se colocado diante da mãe e do pai, representados na constelação por bonecos, e tivesse tomado deles toda a força para seguir adiante. A catarse que acontece no processo é muito intensa e favorece que a pessoa possa elaborar a vivência e se reposicionar no seu sistema e consequentemente na vida.

A nossa força vem invariavelmente dos nossos pais, independente do que tenham feito e de como tenham feito, sem juízo de valor ou julgamentos. Eles nos deram a vida e sem eles não existiríamos. É como pensar na árvore que se alimenta das raízes e precisa delas para crescer, não há outro caminho. Não adianta ficar procurando a força nos frutos ou nas folhas, se não houver raízes.

No trabalho com as constelações, sobretudo quando trabalhamos em grupo, as pessoas são escolhidas como representantes do sistema do cliente, percebe-se que ao se colocar o representante do pai e da mãe atrás da pessoa, ela toma força imediatamente. É um fenômeno observável em todas as vezes, sem exceção.

Um mês após finalizarmos o processo de *coaching* o *coachee* me procurou para dizer que havia sido promovido na empresa e que sua relação com a família tinha mudado significativamente, sem que ele conseguisse explicar o que estava acontecendo.

### Outras situações de aplicação

Tenho utilizado a abordagem também quando a pessoa está em dúvida em relação à escolha de carreira com bons resultados. Neste caso utilizo cinco representantes, sendo um para a cliente, outro para carreira ou escolha atual (A), outro para a nova escolha (B), outro que contempla as duas escolhas combinadas (A + B), outro para uma nova possibilidade (C). O profissional que está vivendo o processo da constelação tem a possibilidade de ver a dinâmica do sistema em relação às escolhas. O que traz luz e consciência sobre fatores que estão atuando e a pessoa até então não se dava conta – o que favorece a solução.

## CONCLUSÃO

O objetivo de incluir este capítulo no livro onde se trata de alta performance da liderança é possibilitar ao leitor, ampliar a sua percepção a respeito de inúmeras ferramentas disponíveis no mercado. Cada uma se ajusta a um perfil de pessoa, em função do que ela está vivendo, seus valores e necessidades e de aspectos de sua personalidade. A constelação familiar é considerada sistêmica porque trata o indivíduo e a sua história num universo maior que ele mesmo. Oportuniza o equilíbrio interno e externo na relação com outras pessoas. O que era inconsciente e desconhecido torna-se consciente e revelador oportunizando mudanças de comportamento transformadoras.

Comecei a trabalhar com as constelações porque me submeti ao método e obtive resultados que me surpreenderam positivamente. Já havia feito mais de vinte anos de psicoterapia e não tinha experimentado transformações tão profundas quanto após a constelação. Costumo dizer aos meus clientes que constelação não é mágica, seu resultado depende da mudança de postura diante da vida, da sua condição de assumir a responsabilidade por si e por seus atos. Essa é a condição essencial para a mudança e o crescimento.

## REFERÊNCIAS BIBLIOGRÁFICAS

GONÇALVES, Marusa Helena Graça. Constelação Familiar com Bonecos e os elos do amor que vinculam aos ancestrais, Curitiba: Juruá Editora, 2013.

HELLINGER, Bert. Êxito na Vida, Êxito na Profissão, Goiânia: Editora Atman, 2015.

HELLINGER, Bert. Olhando para a Alma das Crianças, Belo Horizonte: Editora Atman, 2015.

HELLINGER, Bert. Ordens do Amor, São Paulo, Editora Cultrix, 2001.

SHELDRAKE, Rupert. Uma Nova Ciência da Vida. São Paulo, Cultrix, 1981.

### Site consultado

HELLINGERSCHULE disponível em: http://www2.hellinger.com/en/home/portal/help-for-the-soul-in-daily-living/monthly-letter-december-2011/orders-of-success/acesso em 18.02.2020.

# Conclusão

Shirlene Ribeiro

Considerando que as estruturas organizacionais suportam a estratégia das organizações e que em tais estruturas estão as pessoas, é sempre oportuno falar a respeito da importância da liderança para engajar, inspirar, desenvolver pessoas.

O papel assumido pelos líderes de diferentes níveis da Organização requer sintonizar esforços coletivos para que haja sucesso nos resultados. Além disso, o grande desafio tem sido manter as pessoas motivadas percebendo o valor agregado de suas contribuições. Neste contexto, ser um líder de alta performance significa assumir diferentes papéis.

O líder de alta performance é um ***mentor*** quando serve de referência para outros que pretendem escalar postos mais altos na carreira. Neste sentido, eles ensinam e compartilham conhecimentos. São patrocinadores da carreira de outros.

Ele é um ***Adviser*** ao refinar conceitos durante um processo de aconselhamento. Assume uma postura franca e honesta ao formular perguntas que instiguem um pensamento crítico e assertivo por parte do colaborador. Quem aconselha nem sempre traz respostas, ao contrário, ajuda a construí-las.

O líder assume o papel de ***coach*** ao orientar, treinar, desenvolver, ofertar os recursos necessários para que um resultado seja alcançado. Também é aquele que promove, reconhece e defende sua equipe.

As ferramentas e instrumentos utilizados pelo líder de alta performance são, e precisam ser diversificadas. Ele precisa ter alternativas para identificar quais serão mais úteis em cada situação que se apresenta. **É preciso criar um ambiente** onde o potencial da equipe tenha espaço de melhoria contínua, onde a colaboração seja incentivada, ideias diferentes estimuladas pois é na diversidade que a alta performance é ampliada.

O propósito da liderança de alta performance deve ser o de estar a serviço de outros. Contribuir para uma sociedade mais justa, humana, sustentável. É ele quem cria a visão e o significado para que outros possam segui-lo. É preciso gerar aprendizado e desenvolvimento, desenvolver outros líderes, deixar um legado.

Empresas de alta performance são aquelas que tem como premissa que a cultura organizacional valoriza o erro honesto, tem o cliente como centro, sabe diferenciar custos de despesas e percebe a importância de inovar e mudar. Acima de tudo reconhece que são as pessoas que fazem acontecer!

As empresas estão evoluindo com o tempo e, nesta era digital, de forma acelerada e pouco linear. Novas tecnologias estão transformando a forma de inovar, operar e atender os clientes. Portanto, os líderes precisam adotar uma mentalidade de crescimento, enfrentar falhas, avaliar e continuar aprendendo para manterem-se atualizados e efetivos.

Alta performance é isso. Uma busca contínua e permanente pelo melhor que muda constantemente. As competências essenciais neste cenário são a agilidade, colaboração e a humildade para reconhecer que há muito o que aprender e transformar. Ter uma visão de que os recursos são compostos de habilidades humanas, operacionais e técnicas para alimentar transformações sustentáveis na sociedade. Líderes de alta performance est**ão** sintonizados com o impacto de suas decisões no seu entorno e sentem-se igualmente responsáveis pelo futuro de seu país.

# Bibliografia Completa


BARRETT, Richard. A organização dirigida por valores: liderando o potencial humano para performance e a lucratividade. Rio de Janeiro: Alta Books, 2017.

BERG, M. E.; KARLSEN, J. T. An evaluation of management training and coaching. Journal of Workplace Learning, v. 24, n. 3, p. 177-199, 2012.

BERNARDINHO; Transformando Suor em Ouro. Rio de Janeiro: Sextante, 2006.

BLANCHARD, K. Liderança de alto nível – como criar e liderar organizações de alto desempenho. Porto Alegre: Bookman, 2007.

BOCK, A.M.B., O.FURTADO e TEIXEIRA M. Psicologias. 15º.ed. SP: Saraiva. 2018.

BORBA, V.R. A Marca do Novo Líder: Diplomata Empresarial – Como Construir Liderança Renovadora de Integridade e Integralidade – coautoria com Raissa Venezia Borba e Bruno Garcia – EPD – Ribeirão Preto – SP, 2016.

BORBA, V.R. Coaching, Mentoring e Advice para profissionais de saúde, Editora DOC CONTENT, Rio de Janeiro, 2019 – no prelo.

BORBA, V.R. Espiritualidade na Gestão Empresarial: Como ser feliz no trabalho. Qualitymark, Rio de Janeiro, 2011.

BORBA, V.R. Integralidade Convergente. Editora DOC CONTENT, Rio de Janeiro, 2014.

BORBA, V.R. et all. Liderança e Inovação: a marca do líder internacional. Como construir-se líder de gestão padrão mundial. Editora Sarvier, São Paulo-Sp, 2019.

BORBA, V.R. Marketing de relacionamento para organizações de saúde: fidelização de clientes e gestão de parcerias. São Paulo, ATLAS, 2004.

BORBA, V.R, Estratégia e Ação: Balanced Scorecard no contexto de Saúde. Editora DOC Rio de Janeiro, no prelo, lançamento previsto para junho de 2011.

BORGES, D.F. Como Vencer a Crise: Superando desafios com liderança estratégica e Inteligência Espiritual. Editora Gulliver – Selo Artigo A. Divinópolis MG, 2016.

BORGES, D.F. Os Es da Gestão. Editora Ser Mais Ltda. São Paulo – Sp. 2013.

BRITTA, K.; HÖLZEL, A. B.; CARMODYC, J., VANGELA, M.; GARDA, T. and LAZARA, S. W. Mindfulness practice leads to increases in regional brain gray matter density. NIH Public Access, Psychiatry Res. January 30; 191(1): 36–43, 2011.

BROWN, Brené. A coragem de ser imperfeito. RJ: Sextante, 2016.

CAMERON, Kim S.; QUINN, Robert E. Diagnosing and Changing Organizational Culture: Based on the Competing Values Framework. CA: Jossey-Bass,1999.

CALÔBA Guilherme, KLAES Mario. Gerenciamento de Projetos com PDCA. São Paulo; Alta Books, 2016.

CARLSON, JAN. A Hora da Verdade, São Paulo: Sextante, 2005.

CARLSON, JAN: Derrube as pirâmides Cambridge, Massachusetts: Ballinger 1987.

COLLINS, Jim. Feitas para durar. São Paulo: Rocco, 2015.

COLLINS, Jim. Empresas feitas para vencer: Por que algumas empresas alcançam a excelência... e outras não. Rio de Janeiro: Alta Books, 2018.

CROSBY, B. Philip. The Absolutes of Leadership. A Warren Bennis Executive Briefing Series Book. USA: 1997.

CORDEIRO, Wayne; Liberador de Sonhos. Rio de Janeiro: Habacuc, 2004.

CORREA Henrique L. & GIANESI Irineu G. N. Just in Time, MRP II e OPT – Um Enfoque Estratégico. São Paulo: Atlas, 1996.

COSENZA, R. M. Fundamentos de neuroanatomia – 3ª ed. Rio de Janeiro, Guanabara Koogan, 2005.

COSENZA, R. M.; GUERRA, L. B. Neurociência e educação: como o cérebro aprende. Porto Alegre: Artmed, p 27-39, 61-85, 2011.

COVEY, Stephen R. O 8.o hábito: da eficácia à grandeza. Rio de Janeiro: Elsevier, 2005.

DAFT, L.Richard. Organizações. 11ª edição. SP: Cengage Learning Edições Ltda, 2012.

DAMÁSIO, A. A estranha ordem das coisas: a origem biológica dos sentimentos e da cultura. 1ª edição São Paulo: Companhia da Letras, p. 191-222, 2018.

DARWIN, C. A Origem das Espécies, no meio da seleção natural ou a luta pela existência na natureza. 1 vol., E-book baseado na tradução de Joaquim de Mesquita Paul., Lello & Irmão Editores, Porto, 2003.

DEMING, W. Edwards. The Essential Deming: Leadership Principles from the Father of Quality. Joyce Orsini Books, USA: 2012.

DI STÉFANO, Rhandy. O líder coach: Líderes criando líderes. RJ: Qualitymark, 2005.

DILTS, Robert B. A brief history of logical level. 2014. Disponível em: http://www.nlpu.com/Articles/LevelsSummary.htm>. Acesso em: 22 de janeiro de 2020.

DRUCKER, Peter. How to make people decisions. Harvard Business Review, Massachussetts, jul./aug. 1985.

DRUCKER, F. Peter. Inovação e Espírito Empreendedor: Prática e Princípios. São Paulo: Saraiva, 1985.

DRUCKER, Peter Ferdinand. O melhor de Peter Drucker: obra completa; tradução Maria L. Leite Rosa, Arlete Simille e Edite Sciulli. São Paulo: Nobel, 2002.

ETZIONI, A. A comparative analysis of complex organizations. New York: Free Press, 1975.

F. M., & FLEURY, M. T. L. (2010). O desenvolvimento de competências organizacionais em diferentes modelos gerenciais de subsidiárias de empresas multinacionais Brasileiras. Revista de Administração Contemporânea, 14(4), 575-593.

FERNÁNDEZ-ARÁOZ, Claudio. Grandes decisões sobre pessoas: por que são tão importantes, por que são tão difíceis e como você pode dominá-las a fundo. 3. ed. São Paulo: DVS, 2012.

FRANKL, Viktor E. Em busca do sentido. SP: Editora Vozes. 1984.

GIL, A. C. Gestão de Pessoas: enfoque nos papéis profissionais. São Paulo: Atlas, 2008.

GILLEY, Kay. Liderança com o Coração Aberto. 9.ª Ed. Trad. Paulo César de Oliveira – Cultrix. São Paulo, 2003.

GOFEE, R. Jones G. The character of a corporation. New York: Harper Business, 1998.

GOLEMAN, Daniel. Trabalhando com a Inteligência Emocional. Rio de Janeiro: Objetiva, 1998.

GONÇALVES, Marusa Helena Graça. Constelação Familiar com Bonecos e os elos do amor que vinculam aos ancestrais, Curitiba: Juruá Editora, 2013.

GOLDBERG, E. Creativity: The Human Brain in the Age of Innovation', NY: Oxford University Press, 2018. .

GOLDSMITH, Marshall; Lyons, Laurence, Freas; Freas, Alyssa. Coaching, o exercício da liderança. Rio de Janeiro: Elsevier – DBM, 2003.

GOLEMAN, D. Inteligência Emocional. Ed. Objetiva, Rio de Janeiro, 1996.

GOLEMAN, Daniel. (2006). Inteligência social: a nova ciência das relações humanas.

GILBRETH, Lillian Moller. The Psychology of Management. Northeastern University Press. Boston, MA, USA, 2018.

GRUBER, M. J.; GELMAN, B. D.; RANGANATH, C. States of curiosity modulate hippocampus-dependent learning via the dopaminergic circuit. Neuron, Oct 22;84; 486-96, 2014.

HASSON, Bob. SILK, Danny. Negócios de Honra: Restaurando a Essência dos Negócios. Editora Chara. Brasília-DF, 2018.

HELLINGER, Bert. Êxito na Vida, Êxito na Profissão, Goiânia: Editora Atman, 2015.

HELLINGER, Bert. Olhando para a Alma das Crianças, Belo Horizonte: Editora Atman, 2015.

HELLINGER, Bert. Ordens do Amor, São Paulo, Editora Cultrix, 2001.

JAPIASSÚ H. Introdução a Epistemologia da Psicologia. SP: Letras e Letras. 1994.

JURAM, J. M. Managerial Breakthrough. McGraw-Hill. USA: 1995.

KAHNEMAN, D. Rápido e devagar: duas formas de pensar. 1ª edição Rio de Janeiro, Objetiva, p 471-481, 2012.

KANDEL, E. R.; SCHWARTZ, J. H.; JESSEL, T. M.; SIEGELBAUM, S. A.; HUDSPETH, A. J. Princípios de Neurociência. 5ª ed. Porto Alegre: AMGH, p 1-17, 2014.

KING JAMES, Atualizada (KJA); Bíblia de Estudo. São Paulo: BV BOOKS, 2012.

KOLB, D. (1984). Experiential Learning: Experience as the source of learning and development. Englewood Cliffs, N. J.: Prentice Hall.

KOTTER, John P. Liderando mudanças. Transformando empresas com a força das emoções., 5. ed. Rio de Janeiro: Alta Books, 2017.

KRAUSZ, Rosa R. Coaching executivo: a conquista da liderança. São Paulo: Nobel, 2007.

LENCIONI, Patrick. Os cinco desafios das equipes. RJ: Sextante, 2015.

LOSIER, M.J. O propósito da sua vida. Editora Casa da Palavra- LEYA – Rio de Janeiro, Rj. 2017.

MAGALDI, S. Neto JS. Gestão do amanhã. São Paulo: Gente; 2018. p. 256.

MARCIC, Dorothy. Como Administrar com a Sabedoria do Amor. 9.ª Ed. Trad.

Marcus Rogério Tavares Sampaio Salgado, Cultrix. São Paulo, 2003.

McCOOL, J.D. Escolhendo líderes. São Paulo: Saraiva, 2010.

MONTGOMERY, Cynthia A. O estrategista. Rio de Janeiro: Sextante, 2012.

MOUNTIAN, Sofia. HAMA, Toshiko. Teoria da Abrangência: Um conhecimento inédito de transformação e mudança nas organizações. São Paulo. Cultrix Amaná-Key. 2001.

MRAZEK, M. D.; Franklin, M. S.; PHILLIPS, D. T,; BAIRD, B.; SCHOLLER, J. W. Mindfulness training improves working memory capacity and GRE performance while reducind mind wandering. SAGE Journals, vol 22 p 776-781, 2013.

NEIMEYER, G. J., Taylor, J. M., & Cox, D. R. (2012). On hope and possibility: Does continuing professional development contribute to ongoing professional competence? Professional Psychology: Research and Practice. 43(5), 476-486.

OLIVEIRA, S. Cicatrizes: os desafios de amadurecer no século 21. São Paulo: Integrare, 2018.

OLIVEIRA, S. Mentoria: elevando a maturidade e desempenho dos jovens. São Paulo: Integrare, 2015.

OSTERWALDER, A. These, The business model ontology a proposition in a design science approach, Universite de Lausanne Ecole des Hautes eEudes Commerciales, 2004.

PACHECO, L; SCOFANO, A.C.; BECKERT, M; SOUZA, V. Capacitação e desenvolvimento de pessoas. Rio de Janeiro: FGC, 2005.

PALLADINO, Connie, PhD. Como desenvolver a autoestima.RJ: Qualitymark,.

2007.

PERISSÉ, Gabriel. Palavras e origens. 2014. SP: Editora Saraiva.

PETER Tom, WATERMAN, Robert H. In Search of Excellence: Lessons from America's Best-Run Companies (Collins Business Essentials) USA E-Book Kindle, 2019.

PORTER, Michael. Estratégia competitiva: Técnicas para análise de indústrias e da concorrência. São Paulo: Elsevier, 2005.

REES, Martin. Hora Final. São Paulo. Cia de Letras, 2005.

SANTOS, Ricardo; Os 8 Segredos do Sucesso Financeiro. São Paulo: Biografia, 2017.

SANTOS, Ricardo e outros; Liderança e Inovação: A Marca do Líder Internacional. São Paulo: Sarvier, 2019.

SALOVEY E MAYER. Emotional Intelligence.1990.

SCHEIN, Edgar H. Cultura Organizacional e Liderança. São Paulo: Atlas, 2017.

SHELDRAKE, Rupert. Uma Nova Ciência da Vida. São Paulo, Cultrix, 1981.

SHELTON, Charlotte. Gerenciamento quântico. São Paulo: Cultrix-Amaná-Key, 1997.

SIEGEL, D. J. Cérebro adolescente; a coragem e criatividade da mente dos 12 aos 24 anos. São Paulo: Versos, 2016.

SINEK S., D.MEAD e P. DOCKER. Encontre seu porquê. RJ: Sextante: 2018.

SLOAN, P, Alfred. Meus Anos Com a General Motors. São Paulo: Negócio, 2001.

TAYLOR, Frederick Winston. Princípios da administração científica. São Paulo: Atlas, 1990.

TIEPPO, C. Uma viagem pelo cérebro: a via rápida para entender neurociência. São Paulo, SP: Conectomus, 2019.

TOFFLER, Alvin. O futuro do capitalismo: a economia do conhecimento e o significado de riqueza no século XXI. SP: Saraiva, 2012.

TRANJAN, Roberto Adami. A Empresa de Corpo, Mente e Alma.Editora Gente. 5.a. Edição revista e ampliada. São Paulo, 2004.

TZU, Sun; A Arte da Guerra. São Paulo: Pé da Letra, 2016.

VIANNA, Marco Aurélio Ferreira. A Empresa Ponto Omega. Editora Gente. São Paulo, 1996.

WATSON, John B. Psychology as a behaviorist views it. Psychological record, v.20, p.158-177, 1913.

WHITMORE, John. Coaching para performance: aprimorando pessoas, desempenhos e resultados. 1ª ed. Rio de Janeiro: Qualitymark, 2006.

## Sites consultados

ABRH. Associação Brasileira de Recursos Humanos, 2015. Questões Críticas na Gestão do Capital Humano, 2015. Disponível em: https://www.abrhbrasil.org.br/cms/acesso em 30/04/2019.

ALBRECHT, Karl. [S. l.], Disponível em: http://karlalbrecht.com. Acesso em: 10 fev. 2020.

https://administradores.com.br/artigos/o-poder-do-lider-coach acesso em 28 de janeiro de 2020.

https://www.ccl.org/articles/research-reports/executive-selection-a-research-report-on-what-works-and-what-doesnt/acesso em 23 de janeiro de 2020.

www.escoladementores.com.br – acesso em 12/12/2019.

www.holos.org.br – acesso em 12/12/2019.

http://www.hellinger.com/en/home/portal/help-for-the-soul-in-daily-living/monthly-letter-december-2011/orders-of-success/acesso em 18.02.2020.

História da Obra 4'33". Disponível em https://pt.wikipedia.org/wiki/4%2733%22 Acesso em 19.01.2020.

HARTMUT, Rosa. A paradoxal falta de tempo no mundo moderno. Disponível em: http://editoraunesp.com.br/blog/hartmut-rosa-discute-a-paradoxal-falta-de-tempo-no-mundo-moderno. Acesso em 22.01.2020.

ICF. International Coaching Federation, 2020. Conceito de coaching. Disponível em: https://www.icfbrasil.org/icf/sobre-a-icf. Acesso em 20.01.2020.

www.mentoresdobrasil.com.br – acesso em 06/12/2019.

InteligênciaFocoTemporal:PauloVieira,Febracis.Disponívelem:https://www.youtube.com/watch?v=BfHbemhKtCY acesso em 21 de janeiro/20.

PARASURAMAN. Modelo dos cinco gaps. [S.l.]. Disponível em: http://www.miami.edu. Acesso em: 10 fev. 2020.

Procrastinação. Disponível em https://pt.wikipedia.org/wiki/Procrastina%C3%A7%C3%A3o. Acesso em 19.01.2020.

PORTAL RH, 2020. Desempenho ou Performance? Disponível em https://www.rh-portal.com.br/artigos-rh/desempenho-ou-performance/acesso em 22.01.2020.

SERVIQUAL, SERVIQUAL. Modelo dos cinco gaps. [S. l.]. Disponível em: http://www.tspg-consulting.com. Acesso em: 10 fev. 2020.

SLAC – Sociedade Latino Americana de Coaching, 2020. Conceito de coaching. https://www.slacoaching.com.br/o-que-e-coaching acesso em 22.01.2020.

SBC. Sociedade Brasileira de Coaching, 2020. Conceito de coaching. Disponível em: https://www.sbcoaching.com.br/o-que-e-coaching. Acesso em 20.01.2020.

https://www.weforum.org/agenda/2020/01/davos-2020-future-work-jobs-skills--what- acesso em 15 de janeiro de 2020.

# Curriculum Completo dos Autores

**Alexandra Machado**

Graduada em Psicologia pela PUCMG/1992, Pós-graduada em Gestão Avançada de Recursos Humanos pelo Instituto de Educação Continuada PUCMG/2003, Cursou disciplina isolada de Marketing no Mestrado de Administração PUCMG/2006.

Certificada em Coaching pela Sociedade Latino Americana de Coaching. Possui Qualificação Internacional nas ferramentas de Avaliação de Perfil Psicológico Myers-Briggs Type Indicator - MBTI, DISC, FACET 5, MAPA - Método de Avaliação de Pessoas, Grafologia e em Constelação Familiar Sistêmica.

**Histórico profissional**

Conta com 28 anos de carreira desenvolvida em empresas de segmentos e portes variados. Atuou como gerente comercial de empresa do segmento financeiro responsabilizando-se por também por seleção e gestão de pessoas. Na área de recursos humanos e desenvolvimento tem vasta experiência em processos de *assessment*, diagnóstico organizacional, *hunting*, coaching e gestão de carreira. Prestou serviços diretamente ou através de parcerias para as empresas Bradesco, Banco Bonsucesso, Vale, Esab, Labtest Diagnostica, Pif Paf, Grupo Orguel, Belgo Bekaert, Plena Alimentos, Sebrae, entre outras.

Sócia da Savoir Desenvolvimento e Treinamento e consultora da Fundaçao Dom Cabral desde 2007. Atua como Coach e na seleção dos programas Executive MBA e Especialização em Gestão de Negócios. É a psicóloga responsável pelo acompanhamento psicológico no Programa Raízes.

Na área clinica atua como Consteladora Familiar Sistêmica.

**Giancarlo Silva Rego Pereira, Prof. Dr.**

profgian@hotmail.com
CV Lattes: http://lattes.cnpq.br/6750383783805353
Facebook: https://www.facebook.com/giancarlo.pereira1
Linkedin: http://br.linkedin.com/pub/giancarlo-pereira/71/a70/64b
Blog: http://h2oprofgian.blogspot.com.br/?view=magazine

Professor, Consultor e Pesquisador com Doutorado, junto à Escola Politécnica da USP, Departamento de Engenharia de Produção.

Está realizando seu Pós-Doutorado, junto a Escola de Administração de Empresas da Fundação Getúlio Vargas à área de Competitividade, Gestão de Operações e de Sustentabilidade, modelagem de negócios, previsão de futuro, cenários e inteligência de negócios.

Tem competência para trazer e expor as melhores práticas mundiais em torno desse assunto. Como Consultor, levou grandes organizações a se transformarem e serem competitivas.

Na área acadêmica, além de Professor, há mais de 30 anos, ocupou importantes funções em grandes universidades sendo responsável por propiciar forte crescimento, nessas instituições, com inúmeras inovações ao setor educacional brasileiro e internacional.

**Nelson P. Bressan Filho**

Professor Doutor e Chefe do Departamento de Reprodução Humana e Infância – da Faculdade de Ciências Médicas e da Saúde – PUC-SP, onde também desenvolve o Programa de Mentoria em Residência Médica, Sócio – Diretor da Escola de Mentores-SP, onde responde pela área de neurociência aplicada a mentoria, autor de vários capítulos em livros médicos. Atuou por mais de 20 anos como sócio-diretor de operadora de planos de saúde e administradora de ambulatórios médicos em empresas nacionais e multinacionais de grande porte.

**Ricardo Santos**

Ricardo Santos @prricardosantos é Empresário, Advogado pós-graduado pela PUC/SP, Autor do livro Os 8 Segredos do Sucesso Financeiro (Ed. Biografia) e coautor no Liderança e Inovação – A Marca do Líder Internacional (Ed Sarvier), Ghost Writer, Founder da RSantos Cursos, Seminários e Palestras, Investidor Anjo e Broker Internacional de Projetos e Startups em expansão, Especialista em Empreendedorismo pela University of Pennsylvania – EUA, Especialista em finanças para cristãos, Pastor há mais de 3 décadas com experiência em viagens nacionais pelos 27 Estados brasileiros e viagens internacionais em 3 continentes, foi Presidente da FIC – Fundação Internacional de Comunicação, detentora de emissoras de rádio e TV pelo país por, 3 anos. É Teólogo pós-graduado, Conciliador e Mediador judicial e extrajudicial, tem Curso em Terceiro Setor pela FGV/SP, foi Reitor da Academia Teológica da Graça de Deus (AGRADE) por quatro anos, apresentou o Programa Noite com os Adoradores de Deus pela RIT TV, foi colunista do site ongrace.com por mais de 10 anos, foi Diretor Nacional da USEM – União dos Servos Empresários. É casado, pai do Natã, Filipe, Júlia e Enrico, e avô da Laura e Alice.

Para consultorias, eventos, palestras ou aquisição de livros:

E-mail: prric2005@hotmail.com Tel.: 11 981678281 Insta: @prricardosantos.

**Rosana Venezia Borba**

Formação em Coaching, Mentoring and Advice Humanizado pelo Instituto Holos – Brasil Método "System ISOR de Marcos Wunderlich.

Treinamento Mentalidade de Riqueza – Tiago Benevides.

O Segredo da Lei da Atração – Tiago Benevides.

Curso sobre negócios: A chave da abundância pelo Instituto Vidana.

Curso e Treinamento. Eu mudo tudo muda – Tiago Benevides.

Curso: A ciência para ficar rico – Marcos Trombeta.

Curso " Os cinco pilares da Lei da Atração" – Marcos Trombeta.

Atuação como Coaching e Mentoring em Liderança e Gestão de Pessoas, Individual e Coletivo, no Desempenho nas Organizações.

Membro participante e colaboradora da organização Mentores do Brasil.

**Rosimeri Dalagnol Severo**

**CEO/founder** da consultoria Talent Dreams – Pessoas & Gestão, empresa focada no desenvolvimento humano e organizacional. Consultora na área de cultura organizacional e gestão de pessoas. **Coach** atuante deste 2011, é **certificada** pelo ICI – Integrated Coaching Institute, reconhecido pelo ICF International Coach Federation e possui também **formação e atuação em Executive Mentoring**.

Reúne **conhecimentos e sólida experiência**, com mais de 20 anos em Desenvolvimento Humano e Organizacional, como principal Executiva responsável pela implementação e condução de Gestão de Pessoas, Cultura Organizacional e Planejamento Estratégico de organizações de portes variados. Conhecedora de mercado financeiro, cooperativismo, varejo e prestação de serviços.

**Conselheira** capacitada pelo IBGC para atuação de Mulheres em Conselhos de Administração, bem como em organizações do 3º. Setor.

**Docente** convidada de cursos de pós-graduação ESPM, ESIC International.

***É avaliadora dos níveis de*** **Resiliência com certificação internacional** – Resilience Questionnaire – QR™.

**Certificação internacional em Cultural Transformation** Tools® (CTT) pelo Barrett Values Centre.

Possui domínio de ferramentas **de Assessment**: PDA, VECA, PI, dentre outros.

**Mestranda em Gestão de Conflitos e Mediação** pela Universidade Europeia do Atlântico - Espanha.

**Executive MBA pela Fundação Dom Cabral/FDC**.

**Pós-graduada** em Controladoria pela UPF/RS; e, em Gestão Empresarial pela PUC/RS.

**MBA em Gestão de Pessoas** pela FGV/RS.

Formação complementar no programa de **Gestão Estratégica de Pessoas/ FDC;** e **Executive Education (Strategic People Management) - INSEAD/ França**.

Formada e proveniente de área de negócios, faz deste seu diferencial, pela capacidade de promover conexão e saber como **alinhar pessoas e organização**.

**Autora** do case de **alinhamento estratégico da cultura organizacional** publicado no livro Aprendizagem e Desenvolvimento de Pessoas (Melo,2015), usado nos MBA´s de gestão empresarial da FGV, com o qual foi também **reconhecida** com o Top Ser Humano/ABRH – categoria conhecimento individual.

**Vencedora de premiações estaduais e nacionais** na área de RH com o Top Ser Humano/**ABRH**, Guia **Exame** de Sustentabilidade e Melhores para se Trabalhar (**GPTW**) fruto do trabalho que conduziu nas empresas em que trabalhou.

LinkedIn: https://www.linkedin.com/in/rosimeri-dalagnol-severo/

**Shirlene Ribeiro**

**Formação:**

Psicologia, pós-graduação Administração Estratégica de Recursos Humanos. Mestrado em Educação Tecnológica. Formação Internacional em Coaching. Formação no MBTI (diagnóstico de personalidade Myers, Briggs Type Indicator - Fellipelli/SP, Step I e II). Formação em FACET 5. Formação em MAPA - Método de Avaliação de Pessoas. Dinâmica de Grupos.

**Experiências profissionais mais relevantes:**

Petrobras (9 anos), Fiat Automóveis (6 anos), Ical Industria de Calcinação Ltda (4 anos). Gerente de Recursos Humanos. Professora associada da Fundação Dom Cabral desde 2002 atuando em diferentes programas *in company*. Professora na área de Gestão de Pessoas e Mudanças em diferentes Universidades em cursos de graduação e pós-graduação. Foi parceira da EDI/EUA para a metodologia *Work Out* - www.edinteractive.net.

**Atuação como coach:**

2002 a 2004 -Programa de Desenvolvimento de Liderança transformadora para a FCA (Fiat Chrysler Automotive - Grupo FIAT). Parceria com o Isvor - Educação Corporativa.

2004 a 2006 - Programa de Desenvolvimento da Liderança - Parceria com a AB Consultores/MG para a Arcelor Mittal em João Monlevade/MG. Coach individual e em grupo.

2007 - Desenvolvimento de Lideres na Ápia Construtora. Coach de executivos. (Savoir Consultoria).

2009 a 2017 - Desenvolvimento de Líder Coach - Belgo Mineira Bekaert - (Savoir Desenvolvimento e Treinamento Ltda).

2018 - 2019 - Trekker - Design de Carreira - Programa de Desenvolvimento da Liderança vinculado ao MBA da Fundação Dom Cabral.

**Consultorias e programas realizados para diferentes empresas:**

Assessment Center, Coaching individual e em grupo, Gestão por Competências, Desenvolvimento de equipes. Desenvolvimento de líderes de alta performance. Work Out (empresas no Brasil e exterior), Gestão Estratégica de Mudanças.

**Valdir Ribeiro Borba**

Mestre em Administração.

Cursando Doctor of Philosophy in Business Administration - Florida Christan University.

Especializado em Administração Hospitalar pela USP.

Pós-Graduado em Direção Empresarial Centro Universitário Sant'Anna

Pós Graduado em Gestão de Negócios em Saúde pela FDC, 2018.

MBA em Gestão de Negócios em Processos - ICE 2018.

International Certification Extraordinary Mentor pelo Global Mentoring Group. 2019.

Membro participante e colaborador da Organização Mentores do Brasil.

**Administrador Hospitalar Emérito, 1991 - Colégio Brasileiro de Administradores Hospitalares.**

**Gestor - Administrador do Hospital Unimed Regional Jau.**

Membro da Academia Ribeirão-pretana de Letras - cadeira 36.